2019
대한민국
재테크
트렌드

재테크 혹한기를
이기는 똘똘한 투자 전략

2019
대한민국
재테크
트렌드

조선일보 경제부 엮음

mo
men
tum

"매우 뛰어날 필요는 없다.
다른 사람들보다 아주 조금만 현명하라.
단, 매우 오랫 동안."

- 찰리 멍거

차례

부동산 01

채상욱

하나금융투자 건설·부동산 애널리스트. '전문가들의 전문가'로 불리며 부동산시장을 관통하는 통찰력을 보여준다. 2013년 3월 서울을 비롯한 구도심 대세 상승의 시작점과 2018년 9월 서울의 약세장 전환 등 가장 중요한 시점의 변곡점을 짚어냈다. 저서로 《오를 지역만 짚어주는 부동산 투자전략》, 《돈 되는 아파트 돈 안 되는 아파트》, 《뉴스테이 시대, 사야 할 집 팔아야 할 집》 등이 있다.

똘똘한 한 채가 대세?
2019년은 어디로

채상욱, 하나금융투자 애널리스트

    은퇴 시점이 임박하면 많은 사람이 부동산 투자에 솔깃해집니다. 은퇴 이후 현금흐름을 효과적으로 제공하는 금융 프로그램이 아직 발전하지 않았기 때문입니다. 주택연금제도가 있긴 하지만 9억 원 이상 고가주택은 연금신청을 받지 않을뿐더러 자산 총액을 기준으로 연금을 주는 것도 아닙니다. 여기에다 주택 소유권이 주택연금에 넘어가는 부분 때문에 꺼리는 사람도 많습니다. 결국 많은 사람이 은퇴 이후 시점에 어쩔 수 없이 소형 아파트를 갭투자로 사거나 빌라 혹은 오피스텔 같은 수익형 부동산에 투자합니다.

더구나 건강보험료를 비롯한 세금이 큰 폭으로 오르고 건강보험에 피부양 가족으로 등재되는 조건이 까다로워 쓸 돈은 늘어나고 있습니다. 이에 따라 지금은 은퇴 이후 현금흐름을 만들어야 한다는 압박감을 그 어느 때보다 강하게 받고 있습니다.

시장을 투기적이라고 표현할 때 사실 '투기'란 게 별것 아닙니다. 오랜 기간에 걸쳐 내야 할 수익을 단기간에 내고 싶은 마음이 들면 그것이 투기가 되지요. 무엇보다 한국 부동산시장은 은퇴가 임박한 세대가 투기적으로 행동하도록 만듭니다. 시스템 자체가 부동산에 활발하게 투자하도록 만들고 있지요.

2018년 말 현재 한국에는 총 2,000만 가구가 살고 있습니다. 총주택은 약 1,700만 호인데 그중 아파트가 1,000만 채입니다. 서울시 기준으로는 주택 370만 호가 있고 이 중 아파트가 160만 채를 약간 넘습니다. 다시 말해 한국의 주택은 아파트가 절반 정도고 나머지는 단독, 연립, 다세대, 다가구입니다. 2,000만 가구 중 무주택 가구가 865만 가구(약 43퍼센트)이며 1주택 가구는 800만 정도입니다.

무주택 가구와 1주택 가구를 합하면 총 1,665만 가구로 전체 가구의 80퍼센트가 넘습니다. 300만이 넘는 나머지가 2주택자, 3주택자, 다주택자 가구지요. 이들 다주택 가구가 865만 무주택 가구에 전세나 월세를 제공하고 있습니다. 흥미롭게도 이런 시스템으로 돌아가는 나라는 전 세계에 한국밖에 없습니다. 이처럼 많은 무주택 가구에 임대를 제공하는 쪽이 다주택자인 나라는 한국이 유일합니다.

이 이상한 주택시장 구조 속에서 1주택 가구가 2주택 가구, 3주택 가구로 올라갑니다. 물론 최근에는 1주택 가구가 2주택으로 갈 수 없도록 금융대출 규제 대책을 적극 활용하면서 이렇게 순환하는 시장구조를 깨뜨리고 있습니다.

한국에서는 무주택 가구가 1주택 가구가 되는 것뿐 아니라 다주택자가 집을 더 사는 것, 1주택자가 1채 더 사는 것도 강력한 주택 수요입니다. 사실 무주택 가구는 전 세계 모든 나라에 존재하며 무주택 가구가 자본을 축적해 집을 사는 비중보다 유주택자가 집을 더 사는 비중이 훨씬 높습니다. 이미 집을 소유한 사람이 계속 더 산다는 말이지요.

그래서 자가수요와 투자수요를 구분해서 볼 필요가 있습니다. 한국은 무주택 가구가 43퍼센트, 유주택 가구가 57퍼센트로 유주택자가 집을 1채 더 사는 투자수요가 더욱 높습니다.

기존의 가격 요인이 통하지 않는 새해 부동산시장

과연 어떤 주택을 사야 할까요? 아파트는 주거와 단지, 입지라는 3가지 특징을 기준으로 살펴볼 필요가 있습니다.

주거 특징은 면적, 연식, 층고, 베이, 평면, 마감재 등을 말하는데 이것은 가격에 다 녹아 있습니다. 가령 같은 아파트라도 평면이 잘 빠진 주택이 덜 빠진 주택보다 더 비싸고, 판상형 평면이 타워형보다 더 인기를 끕니다.

단지 특징에서는 건폐율, 용적률, 연식, 커뮤니티 수준이 중요합니다. 커뮤니티는 문화시설이나 스포츠시설 등을 말하며 문화센터를 갖춘 아파트도 있습니다. 조경 역시 중요한 요소인데 단순히 나무를 심는 것을 넘어 눈높이에 맞는 레벨의 나무를 심어 조경 수준을 높여야 합니다. 물론 이런 것은 모두 가격에 반영합니다.

입지 특징은 아파트 단지의 상품성을 말합니다. 서울의 경우 대부분 개발을 완료한 상태라 특정 지역 입지가 다른 지역 입지를 갑자기 역전하기는 쉽지 않습니다. 사람들이 좋은 입지라고 생각하는 곳은 이미 알려져 있고 이것도 가격에 다 녹아 있습니다.

아파트 가격은 이 모든 요소를 합해 형성됩니다. 자가수요로 사든 투자수요로 사든 한국의 모든 투자자는 부동산시장 가격결정 요인을 면밀히 분석하는 펀더멘털리스트에 가깝습니다. 아파트 단지에 어떤 사람들이 사는지, 얼마나 아이를 키우기에 적합한 환경인지 등을 모두 분석하니까요.

다음 도표는 2017년 발표한 8.2대책이 나오기 이전의 상황을 그린 겁니다.

한국은 실수요와 투자수요가 광범위하게 분산되어 있습니다. 어느 투자자의 눈에 재건축해야 하는 대형 평형이 평당 단가가 낮아 저평가된 것처럼 보이면 그는 그 아파트를 사서 묻어둡니다. 역세권

2017~2018년 부동산시장 흐름

	8.2 대책 전		8.2 체제		9.13 체제		
	85m² 이하	85m² 초과	85m² 이하	85m² 초과	구분	85m² 이하	85m² 초과
실수요 (무주택 → 1주택, 1주택 → 1주택)	실수요분산		수요분산		공시가격 6억 원 이하	수요분산	투자수요 → 1채 집중
					공시가격 6억 원 초과		
투자수요 (有주택 → +more)	투자수요분산		투자 수요 분산 ↑	투자 수요 소멸 ↓	공시가격 6억 원 이하	투자수요 집중 ↑	
					공시가격 6억 원 초과	투자수요 소멸 ↓	

자료: 하나금융투자

소형 평형 대단지가 좋아지리라고 판단하는 투자자는 역세권 소형 아파트를 삽니다. 어떤 분은 지하철이나 GTX 같은 교통망 개발 호재, 신도시 개발 호재를 염두에 두고 연관된 투자대상을 선택합니다. 여기에다 좋은 평형, 좋은 단지 디자인, 좋은 조경 디자인, 좋은 브랜드 같은 펀더멘털(fundamental, 근본 요소)을 보고 집을 삽니다.

또한 1주택자가 2주택자가 되거나 부모가 자녀의 거주지를 마련해주거나 자녀가 돈을 벌어 부모를 봉양하느라 집을 사주기도 합니다. 자녀양육을 위해 부모님 집 주변에 주택을 마련하는 젊은이들도 있습니다.

이러한 수요들은 부동산시장의 기본 펀더멘털인데 이것이 8.2대책과 2018년의 9.13조치로 완전히 와해되고 있습니다. 한마디로 지금은 지난 몇 십 년간 한국 부동산시장의 펀더멘털을 구성하던 요소가 완전히 무너진 무법시장입니다. 즉, 시장 분절화로 종전에 알던 상승과 하락 논리가 하나도 통하지 않습니다. 답은 벌써 결정이 났고 우리는 그저 상승 지역과 하락 지역이 분절화한 시장에 대응할 뿐입니다.

아무리 입지, 상품성, 커뮤니티가 좋고 대단지인 신축 건물일지라도 특정 구역에 속하지 않으면 가격이 추풍낙엽처럼 떨어집니다. 반대로 입지와 상품성이 떨어져도 특정 구역에 속해 투자수요가 몰리면 가격이 이유 없이 상승합니다. 9.13조치 이후 시장 분절화가 더 강해졌고 이런 경향은 2019년 더 심해질 것입니다.

정책이 바꾼 수요 변화 포인트, 면적

시장 상황이 이럴 때는 과연 어떤 전략으로 대응해야 유리할까요?

먼저 면적을 살펴봅시다. 주택 매매에서 면적이 요즘처럼 중요했던 시대는 없었습니다. 물론 소형 평형은 과거에도 많은 관심을 받았지만 지금은 면적이 그 무엇보다 중요합니다. 심지어 입지보다 면적이 더 중요할 정도입니다. 설령 강남권일지라도 면적이 85제곱미터를 초과하면 투자자는 사지 않습니다.

2018년 1월, 2월, 3월과 7월, 8월, 9월에 주택가격이 많이 상승했습니다. 그러나 이때도 85제곱미터 이상 주택은 상승하지 않았습니다. 서울 외에 85제곱미터가 넘는 대표적인 지역은 인천 송도와 세종시입니다. 특히 세종시는 문재인 정부의 부동산 정책으로 커다란 수혜를 볼 거라는 말이 많았지만, 전반적으로 아파트가 85제곱미터를 넘는 이곳은 가격이 상승하지 않았습니다. 소형 평형이 가격 랠리를 이어갈 때조차 상승하지 않았죠. 강남권에서도 40평대 중심인 위례신도시는 가격이 상승하지 않았어요. 혹자는 1인 가구, 2인 가구가 미래 가구 구성의 표준이니 당연한 것 아니냐고 할지도 모르지만 그 정도를 훨씬 상회하는 강도로 투자수요가 발생하지 않았습니다. 아예 그냥 버려진 셈입니다.

물론 자가수요로는 대형 평형 수요가 점점 늘어날 것입니다. 가구 수나 가구구성원이 감소해도 인당 주거 면적이 계속 증가하는 추세이기 때문입니다. 가령 여러분이 1주택자이고 몇 억 원의 여유자금이 생겼는데 세부담 상한과 종합부동산세(이하 종부세), 양도소득세를 고려해 외곽에 공시가격 6억 원 이하를 사려고 했더니 모르는 동네라 망설여진다고 해봅시다. 이 경우 사는 곳에서 평형을 늘리거나 좀 더 좋은 입지로 갈아타거나 상품성이 나은 아파트로 갈 확률이 높습니다. 만약 투자수요가 대형 평형 실수요로 가면 가격 강세가 나타날 수 있습니다. 실은 대형 평형도 공급이 부족한 상태입니다.

특히 서울시는 1인당 주거 면적이 전국에서 가장 좁고 대형 평형은 강남과 강북을 불문하고 가장 희소성이 높습니다. 그러므로 실수요자이면서 청약을 넣을 생각이라면 대형을 권합니다. 주택 구매에서 분명 대형 평형이 유리한 시대가 올 겁니다. 강북지역은 98퍼센트가 85제곱미터 이하인데 더 높은 가치를 주고 2퍼센트를 사려는 사람이 늘어나면 시장이 재편될 가능성이 있습니다.

어쨌든 투자자, 즉 1주택자나 유주택자가 집을 1채 더 살 때는 85제곱미터를 초과하는 주택을 사지 않습니다. 85제곱미터는 국민주택 규모를 나타내는 기준으로 투자자들은 8.2대책 이후 이것을 예민하게 바라보고 있습니다.

8.2대책은 양도소득세에 핵폭탄을 던져 부동산시장에 엄청난 변화를 일으켰습니다. 주택을 매각할 경우 양도소득세를 내는데 8.2대책 이전에는 장기보유공제 제도에 따라 주택을 오래 소유하면 다주택자도 공제를 해주었습니다. 10년 동안 모든 평형 주택에 30퍼센트를 공제해줬으나 2018년 4월 1일 이후부터 다주택자는 장기보유공제가 0퍼센트입니다.

다음 표에 나와 있듯 2001년 가격이 3억 원이던 34평 아파트가 2018년 봄 15억 원에 거래가 이뤄졌습니다. 매도인은 아파트를 17년간 보유했고 3억 원에 사서 15억 원에 팔았으니 보유비용을 차감하고 양도차익 10억 원이 발생했습니다. 8.2대책 이전이라면 장기보유공제를 30퍼센트 받아 3억 원을 차감하고 나머지 7억 원에만 과세표준을 냈을 겁니다. 그러나 8.2대책은 장기보유특별공제(이하 장특

3주택 이상, 주택 10년 보유 후 양도시 양도세액 비교	2018.4월 전	2018.4월 후	임대사업자 등록시
A. 매수가격(2001년)	3억 원	3억 원	3억 원
B. 매도가격(2018년)	15억 원	15억 원	15억 원
C. 보유비용	2억 원	2억 원	2억 원
D. 양도차익=(B−C−A)	10억 원	10억 원	10억 원
E. 장기보유공제	3억 원	없음	7억 원
F. 과세표준(D−E)	7억 원	10억 원	3억 원
양도세율(양도세+주민세)	46.20%	68.20%	63.80%
G. 양도세(누진공제 적용 전)	3.23억 원	6.82억 원	1.91억 원
H. 누진공제	2,940만 원	3,540만 원	1,940만 원
T. 양도세액(최종)	2.94억 원	6.46억 원	1.72억 원

자료: 하나금융투자

공제)를 0퍼센트로 만들었고, 임대사업자 등록을 해야 장특공제 70퍼센트를 받을 수 있습니다. 이것은 주택 투자자가 임대사업자 제도를 활용하도록 만들기 위한 조치입니다. 그런데 임대사업자로 등록해 장특공제 70퍼센트를 받으려면 면적이 85제곱미터 이하여야 합니다. 그 결과 투자수요가 85제곱미터 이하 시장에 집중된 것입니다.

투자수요 흐름을 보면 분명 2017년 7월에도 임대사업자 등록이 있었지만 2018년에는 더 많이 집중되고 있습니다.

원래 투자수요는 광범위하면서도 완만하게 분산되어 있었는데

월별 임대사업자 등록 현황

(천 호)

■ 임대사업 등록 주택 수

자료: 국토교통부, 하나금융투자

8.2대책으로 면적이라는 기준을 제시하자 집중되는 현상이 나타났습니다. 공제받을 수 있는 쪽으로 집중 이동했기 때문이지요. 공교롭게도 강북지역에서 재개발하는 아파트의 98퍼센트가 85제곱미터 이하입니다. 강남 반포에서 재건축하는 소형 아파트 중에는 100퍼센트가 85제곱미터인 단지도 있습니다. 이처럼 부동산시장이 85제곱미터 중심으로 완전히 재편된 것은 임대사업자 등록 제도와 8.2대책의 합작품입니다.

만약 펀더멘털이 좋다는 이유로 세종시에서 부동산을 매입할 경우 양도소득세와 종부세를 내면 별로 남는 게 없습니다. 반면 임대사업자로 등록해 70퍼센트를 공제받으면 세금을 대폭 절약하니 투자수요가 그쪽으로 몰리는 것이지요. 여기에다 무주택자가 1주택자로 가는 실수요자도 처음부터 대형 평형을 사지는 않습니다. 대개는 소형 평형을 구입합니다. 이에 따라 실수요자의 주택대상과 투자자의 주택대상이 만나면서 8.2대책 이후 2018년 9월까지 85제곱미터 중심으로 가열 찬 가격 랠리가 발생했습니다. 그것이 어찌나 강력했던지 2018년 여름 기준으로 전국의 30평대가 신고가를 찍지 않은 지역이 없고, 평당 1억 원 시대라는 말로 논란이 된 강남의 단지들도 이 랠리에 동참했습니다. 아마도 그때 많은 사람이 '면적'을 확실히 인지했을 겁니다.

변화된 부동산시장을 빨리 파악하라

시장은 굉장히 스마트하고 혜택을 면밀히 분석합니다. 이에 따라 '투자하는 주택은 85제곱미터 이하로만 사야 한다'는 인식 아래 시장이 기계적으로 움직이면서 집중 현상이 나타났습니다.

이후 9.13조치로 또 다른 기준이 등장했는데 그것은 바로 공시가격입니다. 8.2대책에서는 '면적'이 중요했지만 9.13조치에서는 공시가격이 핵심입니다. 이제 공시가격 6억 원 이상 주택은 세액공제가 0퍼센트라 투자수요가 소멸했다고 봐야 합니다. 6억 원 이하는 여전히 70퍼센트를 공제해주므로 이쪽으로 더 극렬하게 투자수요가 집중될 것입니다.

종전에는 투자수요가 얇은 밀도로 넓게 분산되었습니다. 그것을 85제곱미터 이하가 투자수요를 2배 밀도로 몰았습니다. 그다음에는 공시가격 6억 원 이하 부동산이 4배 밀도로 몰았지요. 결국 부동산시장은 85제곱미터 이하와 85제곱미터 이상으로 완전히 분절되었습니다.

부동산시장은 서로 연속성이 있어야 하는데 8.2대책 때 85제곱미터 이하는 축포를 쏘아올리고 85제곱미터 이상은 거의 장례식장 분위기였습니다. 그러다가 9.13조치로 공시가격 6억 원 이하는 더 높은 강도로 축포를 쏘아올리고 6억 원 이상은 더 슬픈 장례식장 분위기가 되었습니다.

사실 공시가격 6억 원 이상의 소형 평형이 많은 지역은 서울입니다. 그러다 보니 2018년 8월과 9월까지만 해도 굉장히 뜨거웠던 서울 부동산시장이 언제 그랬냐는 듯 완전히 냉각되었습니다. 총수요의 절반이 투자수요이기 때문입니다. 투자수요가 사라지면 실수요자만 남고 그들은 자신에게 맞는 조건을 찾아 완만하게 주택을 구매합니다.

투자수요의 가장 큰 특징은 분위기에 따라 쏠림 현상이 나타난다는 점입니다. 반면 자가수요는 어디가 좋다는 것은 알아도 자신의 상황에 맞게 구입해야 하므로 자연스럽게 분산됩니다. 실제로 투자자가 빠져나간 서울시는 거래량이 한산하고 상승 탄력을 거의 다 잃었습니다.

2018년 말 현재 대부분의 단지에서 실거래가를 조정한 상태로 매물이 나오고 있습니다. 호가가 내려간 것이 아니라 실거래가 기준으로 10퍼센트씩 하락한 단지가 나오는 것입니다. 저는 앞으로 이런 일이 더 늘어날 것이라고 생각합니다.

물론 펀더멘털만 보고 '여긴 대단지고 신축이고 커뮤니티가 좋고 심지어 조경도 잘되어 있어. 거기다 요즘 가장 잘나가는 브랜드야. 그런데도 가격이 하락하네' 하며 달라진 상황을 잘 받아들이지 못하는 사람도 있을 겁니다.

경기도 특정 지역의 경우 2018년 11월과 12월에 신고가가 나왔습니다. 서울 부동산시장도 하락하는데 서울도 아닌 지역에서 왜 신고가가 나오는지 의아해하는 사람도 많습니다. 펀더멘털만 보면 정말 이해할 수 없는 상황이지만 이는 청약조정지역이나 투기과열지역, 투기지역, 주택법, 소득세법, 민간임대사업에 관한 법률, 대출규제 등 모든 것이 합쳐져 부동산시장이 완전히 분절된 결과입니다.

간단히 말해 부동산시장이 85제곱미터 이하와 공시가격 6억 원 이하만 상승하고, 85제곱미터 이상이거나 공시가격이 6억 원을 넘으면 펀더멘털에 상관없이 하락하는 시장으로 분절된 것입니다. 투자수요가 전체 수요의 절반을 차지하는데 그게 사라졌으니 이는 당연한 현상입니다.

이제 부동산시장의 가격결정 요인, 각 단지마다 보유한 가격특화 요인은 종전과 달리 가격에 반영되지 않습니다. 즉, 앞서 말한 주거·단지·입지 특징을 따지지 않습니다. 정말 안타까운 일이지요. 분절된 부동산시장의 변화를 받아들이지 못하고 여전히 펀더멘털을 따지는 것은 공허한 외침에 불과합니다.

서울을 조이자 경기도에 붙은 불

서울 투기과열지구에서 3억 원 이상의 부동산을 매입하면 자금조달계획서를 쓰는데 앞으로 이것이 더 강력해질 전망입니다. 증여도 포함할 계획이기 때문입니다. 그 자금조달계획서에는 보증금 승계로 사는지, 아니면 보증금 미승계로 사는지 기입해야 합니다.

가령 내가 10억 원짜리 아파트를 매매하러 갔는데 전세 6억 원이 들어 있을 경우, 그 보증금을 승계하고 살지 아니면 승계하지 않고 살지 기록합니다. 자금조달계획서의 보증금 승계 여부는 그것이 갭으로 사는 것인지 아닌지 알려줍니다. 보증금 승계에 표시하면 갭 매수자로 보고, 보증금 미승계에 표시하면 실수요자로 보는 겁니다.

다음 도표가 보여주듯 2018년 1월, 2월, 3월에는 서울시에서 보증금을 승계하고 집을 산 갭 매수자가 아주 많았습니다. 그 비중이

서울시 자금조달계획서(12.5만 건)상 보증금 승계 vs. 보증금 미승계 비율

자료: 김상훈 의원실, 하나금융투자

각각 64퍼센트, 61퍼센트, 57퍼센트입니다. 7월, 8월, 9월에도 각각 55퍼센트, 68퍼센트, 76퍼센트입니다.

투자수요가 많이 몰린 이 기간에는 주택가격도 대폭 올랐습니다. 다음 도표에 나온 것처럼 2018년 1월, 2월, 3월 서울시 주택가격 상승률이 상당히 높았고 이것은 7월, 8월, 9월도 마찬가지입니다.

그런데 2018년 12월 초 현재 주택가격 상승률은 마이너스로 돌아섰습니다. 서울에서 투자수요가 더 이상 일어나지 않기 때문입니다. 서울시 평균 투자수요는 50퍼센트대고 특정 기간에는 70퍼센트를 넘어서는데 그 수요가 서울시가 아니라 다른 데서 일어나면 서울

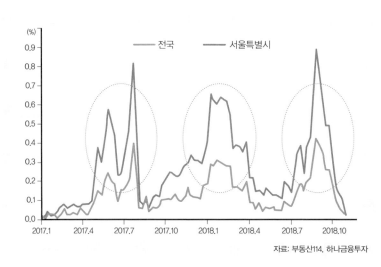

서울시 주택가격 추이(투자수요 집중시 고 변동성)

자료: 부동산114, 하나금융투자

시 주택가격 수요 70퍼센트가 사라지는 셈인데 그걸 버틸 수 있을까요?

그렇다고 투자수요가 영원히 없어질 거라는 얘기는 아니지만 지금은 정책 효과로 고액부동산, 고액 플러스 국민주택 규모 이상 부동산 구역에서 투자수요가 빠져나간 상태입니다. 그 수요는 공시가격 6억 원 이하 부동산으로 몰려들어 그 지역을 올리고 있습니다. 그 결과 2018년 11월과 12월에 서울시 부동산시장은 완전히 얼어붙고 경기도 부동산시장은 과열되기 시작했습니다. 경기도 중에서도 수원시, 부천시, 인천시 계양구·남동구·부평구, 구리, 의정부, 남양주, 하남 쪽의 공시가격 6억 원 이하와 85제곱미터 이하를 찾아 자금이 기계처럼 움직이면서 그 지역이 불타오르고 있습니다. 이건 펀더멘털과 상관없는 투자자금 흐름입니다. 그 탓에 시장에 이상 기류가 흐르고 있습니다.

다주택자는 팔고 무주택자는 사야 살아나는 시장

2019년에는 2가지 중요한 이벤트가 있는데 그중 하나는 종부세 개정입니다. 한국에서는 종부세를 내는 사람이 상당히 적습니다. 종부세는 다주택자가 더 많이 내는 것으로 1주택자는 일반적으로 몇십만 원 정도를 내고 2주택자와 3주택자 이상은 종부세를 좀 많이 냅니다.

종부세 개정안은 2018년 7월 발표했는데 다음 표에 나오는 당초 정부안은 현행 종부세율보다 모두 약간 더 높습니다.

맨 밑에 표시한 세부담 상한을 보면 '현행 유지'라고 되어 있습니다. 종부세를 잘 모르는 사람은 1주택을 기준으로 해서 생각하지만 사실 종부세는 1주택자가 아니라 다주택자를 겨냥한 세금입니다. 간단히 예를 들어보겠습니다.

만약 강북지역에 신축 2채가 있으면 34평 기준으로 시세가 25~30억 원입니다. 이 경우 종부세는 300~400만 원을 냅니다. 시가기

9.13조치 종합부동산세 개편안

과세표준(시가)	현행	당초정부안		수정안	
		2주택 이하	3주택 이상	일반	3주택 이상 및 조정대상지역 2주택
3억 원 이하 (1주택 18억 원 이하 다주택 14억 원 이하)	0.50%	현행 유지	현행 유지	현행 유지	0.6% (+0.1%p)
3~6억 원 (1주택 18~23억 원 다주택 14~19억 원)				0.7% (+0.2%p)	0.9% (+0.4%p)
6~12억 원 (1주택 23~34억 원 다주택 19~30억 원)	0.75%	0.85% (+0.1%p)	1.15% (+0.4%p)	1.0% (+0.25%p)	1.3% (+0.55%p)
12~50억 원 (1주택 34~102억 원 다주택 30~98억 원)	1.00%	1.2% (+0.2%p)	1.5% (+0.5%p)	1.4% (+0.4%p)	1.8% (+0.8%p)
50~94억 원 (1주택 102~181억 원 다주택 98~176억 원)	1.50%	1.8% (+0.3%p)	2.1% (+0.6%p)	2.0% (+0.5%p)	2.5% (+1.0%p)
94억 원 초과 (1주택 181억 원 초과 다주택 176억 원 초과)	2.00%	2.5% (+0.5%p)	2.8% (+0.8%p)	2.7% (+0.7%p)	3.2% (+1.2%p)
세부담 상한	150%	현행유지		150%	300%

주1: 1주택자 공시가격 9억 원(시가 약 13억 원) 이하, 다주택자 공시가격 6억 원(시가 약 9억 원)는 과세 제외

주2: 괄호는 현행대비 증가 세율을 의미

자료: 기획재정부, 하나금융투자

준 실효세율이 0.1~0.13퍼센트에 불과하니까요. 반면 강남지역에 2채가 있는데 25억 원짜리 2채라서 50억 원이라면 종부세를 거의 1,000만 원 냅니다. 실효세율이 0.2퍼센트 정도지요.

이처럼 낮은 실효세율을 적용하니 50억 원짜리 부동산에 1,000만 원 정도는 기꺼이 냅니다. 1년에 올라가는 액수가 매우 높으니까요.

여기에 세부담 상한 내용을 적용해보면 올해 종부세를 1,000만 원 낼 경우 내년 종부세는 그 150퍼센트인 1,500만 원입니다. 이 말은 종부세 계산세액이 3,000~4,000만 원 나왔는데 올해 1,000만 원을 냈으니 세부담 상한을 적용해 내년에는 1,500만 원을 낸다는 뜻입니다. 그러니까 2018년 초 종부세를 올린다며 언론 플레이를 많이 해놓고 막상 발표한 것을 보니 종이호랑이였던 것입니다. 종부세 1.5배만 더 내면 끝이었으니까요.

대신 양도세 혜택이 커서 다주택자는 2018년 7월 발표한 종부세를 보고 부동산을 적극 매입하기 시작했습니다. 2018년 여름의 주택가격 상승 랠리는 종부세 개정안이 종이호랑이였던 탓이지 현 서울시장이 여의도와 용산을 맨해튼처럼 개발하겠다고 말해서 발생한 것이 아닙니다.

결국 9.13조치에서 종부세 개편(안)을 발표했는데 핵심은 세부담 상한이었습니다. 보다시피 9.13조치에서는 세부담 상한을 300퍼센트로 늘렸지요. 이것은 올해 1,000만 원을 냈다면 내년에는 3,000만 원, 그다음 해에는 9,000만 원까지 낸다는 의미입니다. 이 경우 2년 만에 종부세나 재산세를 합한 보유세가 순식간에 불어납니다.

이런 부분 때문에 종부세 개편(안)이 화두로 떠올랐는데 2018년 12월 초 국회에서 통과되었습니다. 그 내용을 보면 조정지역 2주택은

200퍼센트, 3주택 이상은 300퍼센트입니다. 200퍼센트만 해도 올해 1,000만 원을 냈으면 내년에는 2,000만 원, 그다음 해는 4,000만 원 또 그다음 해는 8,000만 원입니다. 3년 만에 8,000만 원까지 가는 것이지요. 아무튼 종부세 세부담 상한이 높아진 상태로 국회에서 통과되어 다주택자는 세금을 열심히 계산해볼 수밖에 없는 상황입니다.

다른 하나는 공시가액인데 이것은 2019년 4월 말에 나옵니다. 2019년 1월 1일 기준 공시가액을 4월 말에 발표할 경우 주택 공시가액과 종부세 세부담 상한을 기초로 계산한 종부세액이 대략 나올 겁니다. 이것이 부담스러운 가계는 주택 매도 압박을 받을 테지만 9.13조치 아래에서는 그 주택을 받아줄 사람이 실수요자밖에 없습니다. 투자자는 그것을 받지 못해요. 그래서 저는 2019년 4월 말 이후 다주택자가 물량을 내놓으면서 하락세가 가속화할 것이라고 생각합니다. 구체적으로 말해 서울시 부동산은 2019년 약 8퍼센트 하락할 것으로 보입니다. 그것도 상반기보다 하반기의 하락폭이 클 것입니다. 4월 말에 공시가액을 보고 나서 팔려는 매도자가 있을 것이기 때문입니다.

2019년 하반기의 하락세를 막으려면 무주택 가구에 대출한도를 열어줘야 합니다. 아직은 무주택 가구도 다주택자와 거의 동등한 대출규제를 받고 있는데 무주택 가구에 주택담보대출비율(LTV)을 10~20퍼센트포인트 열어주어야 주택거래가 활발하게 일어날 수 있습니다.

만약 2019년 하반기에 이런 정책을 쓴다면 그때가 변곡점의 바닥이 될 거라고 봅니다. 즉, 다주택자는 팔고 무주택자는 그걸 받아주는 것이지요. 이렇게 거래가 이뤄질 경우 자연스럽게 9.13조치가 만들려고 한 시장 분절화는 유지하되 거래 성립이 늘어나면서 시장이 살아날 겁니다. 저는 이때가 바닥일 거라고 생각합니다.

이와 달리 2019년 4월 공시가액을 발표했는데 예상보다 높아 다주택자가 5~6월 매도에 들어갔어도 실수요자의 구매력을 살려주지 못하면 거래는 드문드문 일어날 수밖에 없습니다. 유동성은 매도자 유동성과 매수자 유동성으로 나뉩니다. 집을 사려는 사람이 많을 때는 매도자만 유동성을 느낍니다. 사려는 사람은 많고 파는 사람은 적어 파는 사람은 큰 유동성을 느끼면서 행복해하지요. 반대로 팔려는 사람은 많은데 사려는 사람은 없으면 사려는 사람만 유동성을 느낍니다. 이처럼 유동성은 상대적인 것입니다. 시장이 건강하게 돌아가려면 매수자 유동성과 매도자 유동성의 균형을 맞춰주어야합니다.

10년 이후 주택 부족 현상이 심해질 것

한국의 부동산시장은 이미 펀더멘털이 통하지 않는 시대에 돌입했습니다. 이것이 가속화할지 아니면 완화할지는 종부세와 2019년

4월 발표할 공시가액이 결정할 겁니다. 종부세는 벌써 꽤 강하게 발표했으니 이제 공시가액 결정에 따라 시장이 한 번 더 방향성을 잡고 변화가 일어날 것입니다. 매도자, 매수자 유동성 부분에서는 양쪽을 완화하는 조치를 아직 발표하지 않았습니다.

2018년 말 현재 나타나는 특정 지역 쏠림 현상은 정책을 이렇게 세팅한 결과지 시장이 알아서 갑자기 그런 변화를 일으킨 것은 아닙니다. 이것은 나중에 본래대로 되돌아갈 것이라고 봅니다. 그래도 1년에서 1년 반 정도는 이 흐름을 유지할 확률이 높습니다.

그러니까 마음 편하게 '아, 모르겠다. 나는 그냥 쭉 버티겠다' 하면서 2~3년 기다리든 '2019년에는 반드시 집을 사겠다'고 결심하든 그에 따른 전략은 각자 세워야 합니다.

지난 6년 동안 저는 수많은 세미나와 인터뷰에서 부동산시장의 펀더멘털이 견고하다고 강조했고, 최근에는 미중 분쟁이나 여러 가지 이유로 성장률이 다소 낮아지긴 하겠지만 마이너스가 아니라서 가격이 하락세로 전환할 이유는 없다고 말했습니다. 그러나 지금은 정책, 세법, 은행규제 등이 시장을 왜곡한 상황이라 부동산 펀더멘털이 통하지 않고 있습니다.

다음 도표는 2018년 말 현재 한국 부동산시장이 맞닥뜨린 가장 큰 문제를 보여주고 있습니다.

2020년이면 1986~1990년 사이 목동, 상계, 중계, 하계에 지은 아파트와 1991~1995년 사이에 지은 1기 신도시 아파트의 연식이 도

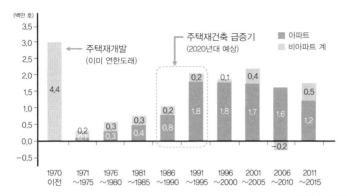

아파트와 단독주택의 5년 단위 순공급추이

주택재개발
(이미 연한도래)

주택재건축 급증기
(2020년대 예상)

■ 아파트
▨ 비아파트 계

자료: 하나금융투자

래합니다. 이것을 재건축해야 하는데 그걸 계속 미루는 것이 가장 큰 문제입니다. 이미 대치동을 비롯해 강남권에서는 많은 재건축이 이뤄졌지요. 그래서 지금까지 재건축을 많이 했다고 생각할지도 모르지만 실은 누적해서 공급한 80만 호 아파트 안에서 재건축한 겁니다. 여의도는 아직 재건축을 하지 못했어요.

이제 5년 정도만 지나면 1986년차 아파트들의 연식이 도래하고, 다시 5년이 지나면 1990년대 초반 아파트들의 연식이 도래합니다. 더 중요한 것은 행정구역이 다르다는 사실입니다. 앞으로 한국은 재건축을 엄청나게 많이 해야 합니다.

이런 점을 감안할 경우 초창기가 아니라 장기적인 측면, 그러니까

10년 이후의 상황을 보면 주택 부족 현상이 심각해질 가능성이 큽니다. 그래서 부동산에 장기 투자할 기회를 보는 사람이 많습니다. 다만 2018년과 2019년, 아니면 2020년 상반기까지 정책 효과에 따른 시장 분절이 어떤 분에게는 기회로 또 어떤 분에게는 위기로 다가올 겁니다. 당장 서울시 부동산이 어수선하고 주택가격이 하락하니까 불안해하는 사람도 있지만 멀리 내다보면 지금이 기회일 수도 있습니다.

각자 좀 더 치열하게 고민해서 훌륭한 판단을 내리기 바랍니다.

홍춘욱

키움증권 리서치센터 투자전략팀장. 데이터에 기반한 명쾌한 시장 진단과 믿을 수 있는 투자전략을 안내하며 '가장 신뢰받는 애널리스트'(《조선일보》·FNGuid 선정)로 꼽힌다. 1993년 한국금융연구원을 시작으로 다양한 금융기관과 연기금에서 경제 분석 및 정량 분석 업무를 담당하여 경제 분석 및 투자전략 전문가로 명성을 쌓았다. KB국민은행 수석 이코노미스트와 국민연금 기금운용본부 투자운용팀장을 역임했다. 저서로 《인구와 투자의 미래》, 《환율의 미래》, 《잡학다식한 경제학자의 프랑스 탐방기》 등이 있다.

2장

3기 신도시가 바꿀 새해 부동산 투자 기상도

홍춘욱, 키움증권 투자전략팀장

2019년 한국 부동산시장의 외부환경은 긍정적인 면이 더 많습니다. 다만 장기적인 순환 측면에서 부동산시장이 어떤 방향으로 움직일지 예측할 때는 여러 변수를 고려해야 하는데 그중 한두 가지는 역풍 가능성도 있습니다. 즉, 전반적인 부동산시장의 방향은 우상향이지만 2019년은 2018년에 비해 만만치가 않습니다.

부동산시장에는 시장 상황을 결정짓는 수많은 요소가 존재하고 각종 데이터도 있지만 가장 중요한 것은 결국 '공급'입니다. 그런 의미에서 저는 다음 도표가 무엇보다 중요하다고 생각합니다.

주거용 건물 착공률과 주택가격 변화 비율 비교

（%, YoY）　주거용 건축물 착공(좌축)　주택가격(우축)　（%, YoY）

자료: 통계청, KB은행, 키움증권

　부동산에 관심이 있다면 최근 1~5년차 아파트가 지역별로 유난히 가격이 상승했음을 알 것입니다. 그 이유를 알아보기 위해 지난 부동산시장을 살펴봅시다. 2005~2010년 부동산시장에 수많은 변화가 있었습니다.

　먼저 커뮤니티센터가 많이 생겼습니다. 어떤 아파트 단지는 아이들을 위한 일종의 숙박시설까지 갖추고 있습니다. 이를테면 아이들이 저녁을 먹고 모여서 즐겁게 파자마파티를 할 수 있는 시설입니다.

　그다음으로 아파트 구조가 예전과 완전히 다릅니다. 최근에 지은 아파트일수록 20평대도 3베이는 기본이고 안에 다양한 옵션을 갖추고 있습니다. 상상을 넘어설 정도로 과거의 아파트와 질적으로 확 달라졌지요.

마지막으로 아파트 단지 안 지상도로에 차가 다니는 공간이 상당히 제약적입니다. 초품아, 즉 '초등학교를 품은 아파트'가 부모들에게 상당히 인기인데 그런 아파트는 지상에서 자동차를 보기 힘든 구조로 설계되어 있습니다.

이런 이유로 최근 부동산시장에서는 1~5년차 아파트와 최대 10년차 신축 주택이 독보적으로 강세입니다. 질적인 차이가 크다 보니 이제 아파트라고 다 같은 아파트가 아닙니다.

42쪽 도표에서 주거용 건축물 착공을 보면 주택가격과의 관계가 밀접한 것을 발견할 수 있습니다. 2000년대 중반 보금자리주택 2기 신도시를 착공했는데 2년 뒤 주택공급이 전년 동기 대비 2배씩 늘어났습니다. 착공 당시에는 주택가격이 급등했지만 2~3년이 지나 입주가 시작될 때에는 주택시장이 안정된 것을 발견할 수 있습니다. 주택공급이 폭발적으로 늘어나는 시기에 집값이 가장 많이 오릅니다. 집값이 많이 오르는 것을 보고 정부가 도저히 견디지 못하고 신도시 착공에 나서니까요.

2014~2015년 역시 마찬가지입니다. 동탄부터 시작해 2기 신도시 잔여물량에 한국토지주택공사(이하 LH)가 보유한 택지개발이 이뤄지면서 2014년과 2015년 주택공급이 폭발적으로 증가했습니다. 물량은 전년 동기 대비 50퍼센트 수준입니다.

그런데 도표를 보면 2016년, 2017년, 2018년 3년 연속 주택공급이 감소하고 있습니다. 이런 상황에서 부동산시장에 나타난 두드러진 특징이 새집 선호입니다. 수요 대비 공급이 많으면 나쁜 지역, 수요 대비 공급이 적으면 좋은 지역인데 아무리 지역이 나빠도 새집은 인기가 있습니다.

이 상황을 놓고 볼 때 우리는 향후 2~3년 내에 새집 공급이 턱없이 부족하리라는 것을 인지해야 합니다. 동시에 저렴한 아파트, 재건축이 많이 남아 있는 아파트를 싸다고 매입하는 것이 바람직한 전략인지 신중하게 따져봐야 합니다. 부동산시장의 향후 추세를 좌우하는 가장 중요한 요인은 '공급'입니다. 사람들이 많이 사는 곳에 제때 공급이 이뤄지는가만 보면 됩니다.

2019년 상반기까지 주춤하는 시장

2017년 말 저는 2017년은 주식이 최고였지만 2018년은 부동산이 좋을 거라고 예측했습니다. 2017년과 2018년 모두 주택공급이 부족한 것은 똑같지만 둘 사이에는 한 가지 차이가 있습니다. 바로 경기입니다.

만약 경기선행지수가 바닥을 향해 쭉쭉 떨어지면 불황이 옵니다. 즉, 경기선행지수가 떨어질 때 성장률이 내려갑니다. 예를 들어 2003~

2004년 중국이 갑자기 긴축정책에 돌입하면서 차이나 쇼크가 발생했습니다. 2000년대 역사상 한국에서 주택가격이 가장 오르지 않은 해가 2004년입니다. 또 2008~2009년은 글로벌 금융위기로 인한 주식가격의 하락과 수출 경기 부진 영향으로 집값이 안정되었습니다.

이처럼 주택가격상승률이 마이너스를 기록한 시기의 특징은 경기가 나빴다는 점입니다. 경기동행지수 순환변동치는 매달 말에 나오는데, 뉴스에서 경기선행지수가 몇 달 연속 하락했다는 말을 하면 부동산시장이 어려워지리라고 예상해야 합니다.

2018년 말 현재 한국은 주택공급이 부족한 상황이라 집값이 올라야 하지만 탄력이 둔화하고 있습니다. 물론 9.13조치의 영향일 수도 있으나 일부에서는 한국경제가 불황 영역에 접어들고 있는 것은 아닌지 의심하고 있습니다. 그렇다고 경기지수를 100퍼센트 다 믿을 수는 없습니다. 경기지표는 늘 왔다 갔다 하지요. 실제로 한국은 2003년 잠깐 나빴다가 곧 회복했고 2011년에도 급격히 나빠졌다가 좋아졌습니다.

따라서 불황 가능성은 단정하기 어렵지만 정부가 3기 신도시를 모색할 만큼 주택공급이 부족한 상황이라 시장 추세는 확실히 우상향일 겁니다. 여하튼 2004년과 2008년처럼 경제에 잠깐 브레이크가 걸려 경기지표가 나빠지면 심리적 분위기는 가라앉습니다. 저는 2019년 상반기까지는 시장이 그리 활기차지 않을 거라고 봅니다. 다만 하반기는 정부의 경기부양정책 등에 따라 분위기가 달라질 수 있습니다.

공급과 경기에 이어 부동산시장을 좌우하는 요인은 '금리'입니다.

2018년 12월 초 한국 정부는 50년 만기채권을 발행했는데 대출이자가 1.9퍼센트입니다. 알다시피 한국은행이 정책금리를 1.75퍼센트까지 올린 상황에서 2068년 만기가 도래하는 채권의 연이자를 1.9퍼센트로 책정했어요. 이것은 앞으로 대출이자가 내려간다는 것을 의미합니다. 향후 50년간 무슨 일이 벌어질지 우리가 어찌 알겠습니까?

그럼 지금으로부터 50년 전인 1968년을 생각해봅시다. 당시 한국은 월남전에 군대를 보냈고 일본이 지불한 청구권 자금으로 포항 모래밭에 포항제철을 건설하는 중이었습니다. 몇 년 뒤에는 경부고속도로를 건설했지요. 마찬가지로 앞으로 50년 뒤 한국이 어떻게 바뀔지 우리가 어떻게 압니까? 그런데 시장의 그 똑똑한 채권투자자들이 '적어도 몇 년 안에 금리가 오를 일은 없다. 오히려 금리를 인하할 수도 있다'라고 생각했으니 1.9퍼센트 채권을 구매한 것이 아닐까요?

결국 2019년 대출이자는 떨어질 가능성이 큽니다. 2018년 말 현재보다 6개월이나 9개월 뒤 대출을 받으면 이자가 더 떨어지리라는 것이 시장의 지배적인 의견입니다. 왜 한국은행은 금리를 올린 걸까요? 부동산을 잡기 위해서지요. 만약 그것이 목적이었다면 경기도 나쁘지 않고 주택가격이 급등하기 직전이던 2018년 봄에 올렸어야 합니다. 딱하게도 2018년 7월, 8월, 9월 석 달 동안 최고 10퍼센트 이상 오른 지역이 속출하자 금리 인상으로 부동산 경기를 잡으려고 뒷북을 친 겁니다. 그러다가 경기가 나빠지면서 오히려 금리를 인하해야 하는 상황에 놓인 것이죠. 언제 인하할지는 모르지만 채권투자자들은 '적어도 몇 년 내 이것이 마지막 금리 인상'이라는 것을 알아채고 금리 1.9퍼센트로 50년 채권을 산 것입니다.

3기 신도시, 기대감은 갖더라도 행동은 신중히

주택시장에서 가장 중요한 것은 소득 대비 집값 수준을 보는 것인데, 한국의 집값이 많이 오른 것은 사실이지만 전국 평균 집값은 역사적 평균에 미치지 못합니다. 서울의 경우 주택구입부담지수를 기준으로 역사적 평균을 소폭 상회하는 정도입니다. 주택구입부담지수란 주택구입에 필요한 요소, 즉 소득, 금리, 주택가격을 감안해 판단하는 지표로 이것이 상승할수록 주택구입 부담은 커집니다. 그러나 한국은 아직 주택시장이 고평가 단계에 이르지 않았습니다.

어쨌든 집값이 오르면서 여론이 들끓자 정부는 3기 신도시 개발계획을 발표했습니다. 20만 호 이상의 대규모 신도시를 개발하겠다는 것인데 골치 아프게도 수도권에는 남은 땅이 별로 없습니다. 현실적으로 서울과 그곳을 둘러싼 핵심지역에는 약 3,000만 명이 살고 있으며, 세계 3위의 그 메갈로폴리스(megalopolis, 거대 도시)에는 남은 땅이 많지 않습니다.

고양시 장항처럼 이미 택지개발이 이뤄지고 있는 곳은 제외하고 부천, 과천, 남양주 등 많은 신도시 후보지가 있지만 여러 가지 문제점을 안고 있는 상황입니다. 그러므로 3기 신도시 부동산시장을 정확히 알아보지 않고 투자하는 것은 곤란합니다. 그것이 직접 주택시장에 영향을 미치는 것은 2~3년 뒤일 것입니다. 많은 사람이 3기 신도시의 대대적인 확충에 기대감을 보이지만 행동은 좀 더 기다려야 합니다. 예를 들면 택지개발촉진법이 부활하지 않는 한, LH의 어마어마한 부채를 해결할 획기적인 대안이 나오지 않는 한 일을 진행하기는 쉽지 않습니다. 2기 신도시를 개발하느라 100조 원이 넘는 부채를 짊어지고 허덕이는 LH 재정을 살릴 대대적인 자금투입이 필요하고 또 후보지역도 만만치 않으므로 이 모든 것을 쓸어버리고 추진할 원동력이 있는지 봐야 합니다.

여기서 잠깐 한국 주택시장의 역사를 돌이켜봅시다. 다음 도표는 1965년을 100으로 보고 한국의 주택가격 추이를 나타낸 것입니다.

한국 부동산시장은 1960년대와 1980년대에 강력한 상승을 기록했습니다. 집값이 상승한 이유는 두 가지 때문입니다. 물가는 매년 20퍼센트씩 오르고 1965~1980년 서울 인구가 200만 명에서 1,000만 명으로 뛰어올랐거든요. 서울 인구가 5배 증가하는 가운데 주택가격은 폭발적으로 상승했고 그것을 가라앉힌 것이 강남 개발입니다. 이

1965년 이후 한국 주택가격 추이

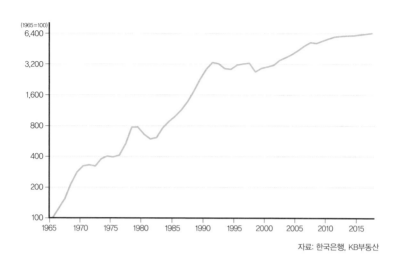

자료: 한국은행, KB부동산

후 1985년 급격히 상승했다가 다시 조정을 받았는데 그것을 잡아준 것은 1기 신도시 개발입니다. 2000년대 후반 부동산시장은 또다시 급등했고 이것은 2기 신도시 개발로 붙잡았습니다. 이렇듯 한국의 주택시장은 계속 우상향으로 이동해왔습니다.

결국 승자는 1960년대 서울에 집을 산 사람입니다. 위의 도표를 보면 100에서 800까지 그야말로 한 방에 갔습니다. 20년 내에 8배의 수익을 올린 것입니다. 여기서 다시 8배로 가는 데는 1980년부터 시작해 40년 넘게 걸렸습니다. 신도시라고는 강남 개발밖에 없던 1960~1970년대가 대한민국 역사상 부동산이 가장 좋았던 시기입니다.

그다음으로 좋았던 시기는 1980년대입니다. 2018년에 집값이 많이 올랐다고 하지만 당시 오른 것에 비하면 그야말로 새 발의 피입니다. 이처럼 상승 탄력이 둔화한 이유는 예상을 깰 정도의 대규모 주택공급으로 수요 증가에 맞불을 놨기 때문입니다. 즉, 주택가격 하락은 예상을 뛰어넘는 수준으로 공급해야 가능한데 현실적으로 그것은 좀 어려워 보입니다.

주택착공이 감소하면 집값이 오른다

1991년을 기점으로 한국의 주택가격 상승세가 꺾인 이유는 무엇일까요? 다음 도표에는 1990년 이후 주택 인허가 실적과 실질 주택가격지수가 나옵니다.

알다시피 인허가가 났다고 다 집을 짓는 것은 아닙니다. 인허가를 받아놓고 집을 짓지 못하는 경우도 허다합니다. 그러니 이 도표는 참고용으로만 보십시오.

1990년부터 1997년까지 60~70만 호의 주택인허가가 있었습니다. 일명 국민주택 200만 호보다 더 많은 집을 공급했고 물가상승률 대비 주택가격이 1991년부터 2000년까지 10년 연속 하락했습니다. 한국 부동산 역사상 주택가격이 가장 쌌던 시기는 2001년입니다. 집

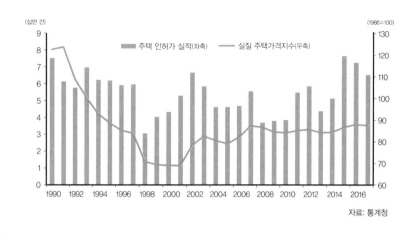

1990년 이후 주택 인허가 실적과 실질 주택가격 추이

(십만 건)　　　　　　　　　　　　　　　　　　　　　　　　　　(1986=100)

■ 주택 인허가 실적(좌축)　　━ 실질 주택가격지수(우축)

자료: 통계청

값은 인플레이션 때문에 잘 내리지 않지만 물가보다 오르지 못하면 실질 집값은 내려간 셈입니다.

　어느 시기든 집을 많이 짓는 데는 장사가 없습니다. 그러니까 인허가가 60만 호 이상 폭발적으로 늘어나는 시기에는 정말 조심해야 합니다. 주택공급 상황은 착공 데이터를 보고 판단해야 하는데 2018년 말 현재 인허가는 잔뜩 받아놨지만 착공으로 이어진 것은 거의 없습니다. 규제와 여러 가지 어려움이 많기 때문입니다. 저는 2018년 9~10월 시작된 경기하강 충격 때문에 2019년 상반기는 분위기가 좋지 않겠지만, 수요와 공급만 본다면 전체적으로는 우상향 흐름일 거라고 생각합니다.

영국도 1970년대부터 시작된 주택착공 감소를 주택가격 상승의 결정적 요인으로 보고 있습니다. 어느 나라에서든 주택건설 호수가 줄어들면 집값은 오릅니다. 소득이 증가할수록 사람들은 새로 지은 좋은 조건의 아파트에 입주하려 하지만 여기에 부응하는 주택공급이 없으면 신축 주택 수요는 더욱 높아질 수밖에 없습니다.

호주, 노르웨이, 프랑스, 스웨덴도 주택시장에서 공급이 감소하는 국면에 주택가격이 상승했습니다. 다만 호주는 예외적으로 주택공급이 거의 늘지 않다가 2010년부터 폭발적으로 늘었습니다. 주택가격 급등에 맞춰 주택공급이 급격히 증가하는 나라는 그 뒤 조정 가능성이 있습니다. 실제로 2018년 들어 유럽의 몇몇 나라와 호주의 부동산가격 탄력이 둔화되었다는 것이 데이터에 다 나옵니다. 결국 한국뿐 아니라 선진국에서도 주택공급이 줄어들면 경기가 나빠도 주택가격은 급락하지 않습니다.

일본은 1990년대까지 주택공급이 폭발적으로 증가했습니다. 특히 1990년대 초반 버블 붕괴 이후에도 계속 높은 수준으로 주택을 공급한 것이 수급불균형을 심화시켰지요.

다음 도표를 보면 일본의 실질 주택가격은 500포인트에서 시작해 30~40년 만에 6배 올라 3,000포인트까지 갔습니다. 세계에서 주택가격이 가장 급등한 나라가 인구 1억 명의 일본입니다. 그런데 1980년대 후반부터 1996년까지 10년 동안 주택공급 호수가 160만 호였습니다. 한국은 주택공급이 가장 많을 때가 60만 호였는데 인구가 한

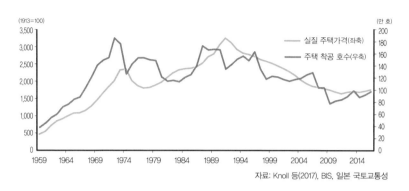

일본 실질 주택가격과 신규 주택 착공 흐름

(1913=100)   (만 호)

실질 주택가격(좌축)
주택 착공 호수(우축)

자료: Knoll 등(2017), BIS, 일본 국토교통성

국의 2배인 일본은 주택공급 호수가 3배에 달했습니다. 결국 일본의 부동산시장을 망가뜨린 주요 원인은 지나친 주택공급입니다. 건설 경기를 부양하느라 집을 지어 집값을 떨어뜨리다 악순환을 유발한 것입니다. 이로 인해 2009년 80만 호까지 줄었는데 1억 인구에 주택 공급이 80만 호다 보니 다시 주택가격이 오르고 있습니다.

실수요자는 2019년 상반기에서 하반기로 가는 시점을 노려야

　주택시장은 너무 어렵게 생각할 필요가 없습니다. 토지시장과 상 가시장은 정말 잘 알고 들어가야 하지만 주택시장은 외부환경, 그중 에서 공급만 봐도 얼추 윤곽이 나옵니다. 문제는 어느 지역에 얼마나 들어올 것인가 하는 점인데 이때 정부의 개발계획을 맹신하지 않아야 합니다. 실제로 정부가 군단위, 시단위로 세워놓은 개발계획을 믿고 토지를 샀다가 고생하는 사람이 아주 많습니다.

토지를 구매할 때는 시행사업자를 선정한 다음부터 관심을 기울여도 됩니다. 그들은 사업자라 일반인보다 정보가 훨씬 더 많습니다. 부동산시장에서도 건설장비가 땅을 파고 집을 철거해야 진짜 정보입니다. 그 뒤 2년이 지나야 분양이 이뤄지니 이런저런 고민하지 말고 '삽을 들었는가'만 보십시오.

간혹 대출이 늘어 집값이 오르는가, 아니면 집값이 올라서 대출이 늘어나는가를 두고 논란이 일어납니다. 답을 제시하자면 집값이 오른 뒤 대출이 늘어납니다. 정부가 금리를 인하하고 경기부양을 위해 노력한다고 집값이 오르는 게 아닙니다. 공급이 부족한 상황에서 사람들이 새집을 찾는 수요가 늘어나면 주택가격이 상승한 다음 대출이 증가합니다.

왜 이런 일이 일어날까요? 집값이 상승하면 상승할수록 추가담보대출 여력이 높아집니다. 어느 나라든 그 사람의 소득수준과 집값수준을 보고 돈을 빌려주는데 집값이 상승하면 아무리 정부가 주택담보대출 비율을 강화해도 추가담보대출 여력이 생깁니다. 보유자산이 많으면 빚을 더 얻을 수 있지요. 집값이 상승할 때마다 추가담보대출은 늘어나는데 통계에 따르면 20퍼센트까지 증가합니다.

부동산시장을 억제하는 것은 2가지, 즉 공급과 경기입니다.

집을 대규모로 공급하거나 경기가 나빠지면 집값은 하락합니다. 2019년의 경우 공급은 늘지 않고 경기만 나쁜 상황입니다.

그럼 집은 과연 누가 살까요? 한국의 전체 가구수가 약 1,900만 호인데 주택보유 가구는 1,100만 정도입니다. 이것은 한국 가구의 절반 정도만 자가소유라는 얘기입니다. 더구나 서울과 수도권의 자가소유 비율은 40퍼센트대로 이곳에 자가주택을 보유한 사람은 소득자산 기준 상위 20퍼센트에 속합니다.

두말할 필요 없이 부동산 투자는 돈이 있는 사람이 합니다. 그들은 좋은 회사의 CEO 혹은 임원이거나 그들의 주주일 가능성이 높습니다. 2018년 말 현재 한국의 경기는 별로 좋지 않은데 기업은 역사상 돈을 가장 잘 벌고 있습니다. 2016년, 2017년, 2018년 3년 연속 상장기업 이익은 폭발적으로 늘어났습니다. 이들은 근로자에게 인센티브를 주고 주주에게는 배당을 줍니다.

그러자 어떤 일이 벌어졌는지 아십니까? 다음 도표는 상위 20퍼센트 대비 주택가격비율입니다.

보다시피 2010~2011년을 정점으로 '소득대비 집값'이 떨어지고 있습니다. 더 나아가 한국은행이 정책금리를 인상했어도 상위 20퍼센트의 소득 대비 이자부담은 역사상 최저 레벨입니다. 이들의 소득이 폭발적으로 늘어나고 이자율이 대단히 낮은 상황에서, 주택시장은 2018년 4분기부터 조정 국면에 접어들었습니다.

이들의 입장에서 이자부담은 낮고 소득 대비 주택가격은 싼데 이

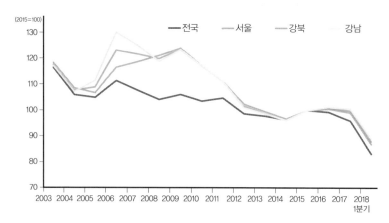

상위 20% 가구 소득 대비 주택가격비율 변화

(2015=100)

전국 ― 서울 ― 강북 ― 강남

자료: 통계청 〈가계동향조사〉, KB부동산, 키움증권

들은 대체 무엇을 기다리고 있을까요? 내가 살 테니 좀 빠져라! 이겁니다. 지금 가격조정을 기다리는 사람이 아주 많습니다. 2017년 7월, 8월, 9월에는 낚시성 호가까지 거래가 잘 이뤄졌습니다. 조건이 좀 좋지 않아도 물건이 나오는 족족 사라졌지요. 지금이 아니면 영원히 살 수 없을 것 같은 압박감에 주택을 산 사람이 많았는데 그들에게 이번 조정은 참 괴로울 것입니다.

나아가 2018년 말 현재 한국의 상위 0.3퍼센트 기업만 어마어마하게 돈을 벌고 나머지 중소기업과 개인사업자 가구는 경기가 가라앉은 상황이라 사업을 위해 주택을 팔아야 하는 압박을 받을 여지도 있습니다.

2019년 상반기까지는 분명 경기가 좋지 않겠지만 신축 주택 소유
자는 겁먹을 필요가 없습니다. 그리고 상반기에 어쩔 수 없이 주택
을 팔아야 하는 사람의 매물이 나올 수 있는 여건이므로 실수요자
는 2019년 상반기에서 하반기로 가는 시점을 노려보십시오.
2019년은 주택시장 조정기입니다. 다만 주택공급이 부족하므로 3기
신도기가 예상보다 큰 폭인 경우를 제외하면 2019년 하반기에 시장
이 돌아설 여지는 있습니다.

질문자1   정부에서 2018년 4월 말까지 5년 임대사업자를 추천했고 그 뒤 8년, 10년짜리도 추천했는데 그와 관련해 부동산의 미래 상황과 임대사업자를 위한 조언을 들려주십시오.

홍춘욱   임대사업과 관련된 정부 정책은 명확히 물량을 잠그겠다는 것입니다. 정부는 주택시장에서 새로운 물건이 나오지 못하게 거래 자체를 위축시킨 뒤, 분양가를 통제하고 나아가 다양한 세금정책으로 부동산시장을 잡겠다는 목표입니다. 정부가 최근 주택가격이 상승한 것은 소수의 다주택자 때문이라고 생각해서 그렇습니다.

결국 부동산시장의 큰손인 다주택자의 손발을 묶어놓고 그 밖에 다른 참가자에게 세금을 부과함으로써 버티기에 들어가겠다는 것이 정부의 의도입니다. 제가 볼 때 여기에는 2가지 측면에서 커다란 실수가 있습니다.

먼저 부동산시장 추세와 움직임은 인구가 증가하고 부유한 사람이 늘어나는 과정에서 신규 주택을 얼마나 공급하는가에 달려 있습니다. 다시 말해 1970년대와 1980년대에 지은 노후 주택을 얼마나 빨리 신축으로 교체하고 신규 주택을 공급하느냐가 관건입니다.

그다음으로 정부의 2018년 발표는 2017년 데이터를 기반으로 하고 있습니다. 2017년에는 기존 다주택자가 주택을 보유하는 빈도도 늘었지만 사실 가장 적극적인 매수 세력은 무주택자나 1주택자였습니다. 정부가 여기에 애써 눈감고 있는 것입니다.

2018년 주택시장은 일부 다주택자, 즉 임대주택사업자로만 움직인 것이 아니라 실수요자들이 전세가격 상승을 견디지 못하고 저금리 여건 속에서 움직인 실수요자 장세였습니다. 다만 정부가 6억 원이하 아파트에서 준공공임대 쪽으로 방향을 틀면서 수도권 도시 6억원 이하 아파트 쪽으로 매매가 쏠리는 것은 충분히 이해합니다. 그러나 그 흐름에 동조하는 것은 바람직하지 않습니다.

소득 증가와 저금리로 차입 여력이 개선된 고소득자 증가 그리고 보다 나은 주거여건 니즈가 주택시장의 중요한 흐름을 만들어냈다는 데 초점을 맞출 필요가 있습니다.

질문자2　한국은 가계부채가 상당히 많습니다. 최근 한국은행이 기준금리를 0.25퍼센트 올려서 1.75퍼센트까지 올랐고 미국도 계속 기준금리를 올려 2퍼센트에서 2.25퍼센트까지 갔습니다. 미국의 기준금리가 한국보다 높은 상황이라 중장기적으로 한국도 더 올릴 수밖에 없다는 말이 있는데, 이 경우 한국은 가계부채 때문에 어렵지 않을까 싶습니다. 향후 한국의 기준금리가 어느 정도까지 오를 것으로 예측하십니까? 혹시 정부가 조정하지는 않을지, 미국처럼 계속 올릴 수밖에 없는 것인지 알고 싶습니다.

홍춘욱　결론부터 말하자면 향후 1년간 금리 인상은 없다고 봅니다만 설령 있더라도 최소한일 겁니다. 사실 저는 2년간 없을 거라고 봅니다. 그 이유는 간단합니다.

보통 주택가격이 상승하면 주택대출이 늘고 또 가격이 상승하고 다시 대출이 늘어납니다. 지금은 정부가 주택대출을 억제하고 있는데도 불구하고 주택가격이 오히려 상승하고 있습니다. 고로 가계대출을 옥죄는 것이 부동산시장에 미치는 영향은 크지 않습니다. 현재 주택시장을 적극 움직이는 가장 중요한 세력이 실수요자라 대출 통계와 주택가격이 잘 맞지 않는 것입니다.

나아가 정부 규제로 부동산 담보대출 증가속도는 상당히 줄어든 반면 자영업자 대출은 늘어나고 있습니다. 예를 들어 2016년 9월만 해도 중국 관광객이 월 90만 명이었습니다. 그러던 것이 2018년에는 월 40만 명으로 줄었습니다. 중국 관광객은 1인당 200만 원씩 쓰는데 그 수요가 반 토막이 난 것입니다. 여기에다 2016~2017년 수익형 호텔과 음식점을 지은 사람들은 중국인 관광객 90만이 아니라 100만이나 120만을 기대하고 투자했을 겁니다. 또 다른 악재로 정부가 긴축정책을 폈고 최저임금 인상으로 외국인 근로자가 물밀 듯이 밀려오면서 국내 근로자들의 여건이 나빠졌습니다.

이런 여러 가지 영향이 복합적으로 작용한 결과 역사상 최대 호황을 누리는 대기업은 대출이 줄었지만 자영업자는 사업자금을 대출받지 못하면서 추가로 가계대출을 받는 경우가 늘었습니다.

1980년대만 해도 한국은 80퍼센트가 전세일 만큼 압도적인 임대주택 형태였습니다. 그것이 40년 만에 바뀌면서 전세는 30퍼센트 이하로 떨어진 반면 월세와 사글세, 반전세는 60퍼센트까지 올랐습니다. 이 과정에서 전세보증금을 돌려줘야 하는 사람들이 주택담보대출을 받았지요.

이 모든 것을 종합해볼 때 가계부채 하나만 놓고 금리 인상을 말하기는 어렵습니다. 특히 최근 채권시장에서 똑똑한 펀드매니저들이 1.9퍼센트에 50년 만기채권을 구매했다는 것을 잊지 마십시오. 이것은 굉장히 중요한 신호입니다. 채권시장 프로들이 앞으로 금리가 오르기 어렵다는 쪽에 베팅한 것이니까요.

이광수

미래에셋대우 리서치센터 수석연구위원. 건설회사 출신 1호 애널리스트로 건설업과 부동산시장 분석을 담당하고 있다. 데이터와 실제 시장 변화를 접목한 분석을 통해서 장기적 안목을 가진 부동산 애널리스트로 인정받고 있다. 언론사에서 꼽은 베스트 애널리스트에 자주 이름을 올렸고 저서로 《흔들리지 않는 부동산 투자의 법칙》이 있다.

3장

문턱 높아진 청약,
새해 유망 단지
정밀 분석

이광수, 미래에셋대우 수석연구위원

　시장이 좋을 때는 어떤 것을 사도 다 오르지만 불황일 때는 선택
에 신중해야 합니다. 즉, 부동산시장의 움직임과 그 안에서 청약시장
이 어떻게 움직일지 고민하며 큰 흐름을 봐야 합니다.

　한국의 부동산가격, 그중에서도 서울이나 강남을 중심으로 한 아
파트 가격은 왜 오르는 걸까요? 가격이 오르려면 2가지 조건을 충족
해야 합니다. 수요가 많거나 아니면 공급이 감소해야 하지요. 둘 중
하나의 조건이 갖춰져야 가격이 오르는데 이 2가지에는 커다란 차이
가 있습니다.

수요자가 아주 많아서 가격이 오르는 것은 좋은 일입니다. 그만큼 소득과 인구가 증가해서 가격이 오르는 것이니까요. 반면 공급 감소로 가격이 오르는 것은 고민해볼 필요가 있습니다. 일단 집값이 오르면 수요가 증가해서 그런지 아니면 공급이 감소한 탓인지 그 원인을 살펴봐야 합니다.

사실 수요 증가와 공급 감소 중 하나를 결정하는 것은 '거래량'입니다. 예를 들어 가격이 오를 때 거래량이 같이 오르면 수요자가 많은 것입니다. 반면 가격이 오르는데 거래량이 떨어지면 공급이 감소한 겁니다.

부동산시장에서는 매년 수요 증감과 공급 증감이 일어납니다. 따지고 보면 이것은 매우 특이한 상황입니다. 매년 가구와 인구가 감소했다 증가했다 하지는 않거든요. 아파트 공급 역시 어떤 때는 줄었다가 또 어떤 때는 감소했다 하지 않습니다. 가령 서울지역 아파트 전체량을 보면 계속 증가해왔습니다. 한데 2018년 말 현재 부동산가격 상승 원인은 공급 감소에 있습니다. 왜 서울지역 아파트는 계속 공급이 증가하기만 했는데, 즉 총량이 늘어났는데 공급 감소 때문에 가격이 올랐다고 하는 걸까요?

다음 도표는 압구정동 아파트의 실거래가 변동률과 거래회전율 변화를 나타낸 것입니다.

보다시피 최근 실거래가가 계속 올랐는데 거래회전율은 감소했습니다. 회전율은 주택이 얼마나 거래되었는가를 의미합니다. 이 자료

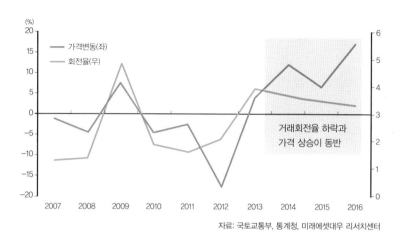

압구정동 아파트 실거래가 변동률과 거래회전율 변화

자료: 국토교통부, 통계청, 미래에셋대우 리서치센터

는 가격 상승을 견인한 것이 공급 감소라는 것을 보여줍니다. 그것도 아파트가 분양되지 않거나 아파트 총량이 감소한 것이 아니라 사람들이 집을 팔지 않아서 가격이 오른 것입니다. 거래회전율이 떨어진 이유가 여기에 있습니다. 집을 소유한 사람들이 팔지 않아서 집값이 올랐다는 얘기입니다. 이처럼 원인을 명확히 파악해야 청약을 하든 집을 사든 전략을 세울 수 있습니다.

왜 집을 소유한 사람들이 집을 팔지 않았을까요? 그 이유는 5가지로 정리할 수 있습니다.

첫째, 금리가 상당히 낮았습니다. 따라서 사람들이 대출을 받아 집을 사는 데 전혀 부담을 느끼지 않았습니다. 둘째, 전세가가 매우 높았습니다. 셋째, 보유세가 낮아 주택 소유에 전혀 부담이 없었습니다. 넷째, 문재인 정부가 임대사업자 등록을 많이 해주면서 집을 팔지 않아도 되는 원인을 제공했습니다. 다섯째, 집값 상승 기대감이 커서 굳이 집을 팔 이유가 없었습니다.

이런 이유로 집값이 오른 것입니다. 이처럼 원인을 파악하면 시장을 전망하기가 쉽습니다. 그럼 향후 집값은 어떻게 결정될까요? 결국 집을 소유한 사람들이 파느냐, 팔지 않느냐에 달려 있습니다.

다른 이유는 없어요. 새집, 새 아파트, 재건축이 집값을 움직이는 것은 절대 아닙니다. 새집이 부족해서 오르는 것이라고 말하기도 하지만 새집은 늘 부족했습니다. 똑같은 상황인데 왜 어떤 경우에는 집값이 내려가는 걸까요? 우리는 문제의 원인과 현실을 잘 파악해야 합니다.

2018년 말 현재 대출금리는 오르고 전세가는 떨어지고 있습니다. 보유세도 올랐고 임대사업자는 더 이상 증가하기 어렵습니다. 이럴 경우 집을 소유하고 있는 것이 부담스러워질 가능성이 큽니다. 그러면 시장에 점차 매도 공급이 증가할 것입니다. 위기의식을 느낀 시장이 이미 출렁이고 있지요. 집을 계속 팔지 않을 수는 없을 겁니다.

이제부터 우리가 지금까지 봐온 지난 5년 동안의 시장과 양상이 다른 시장이 펼쳐질 거예요. 이것이 청약시장에 더 관심을 기울여야 하는 이유이기도 합니다. 구 아파트 매물이 쏟아지면 시장이 출렁이면서 가격이 하락할 텐데, 이때 새 아파트 청약시장은 더 뜨거워질 수 있습니다.

지역 편차가 커지고 있는 청약 경쟁률

사실 청약시장 분양물량이 의미 있게 줄어들고 있습니다. 그 이유는 먼저 건설사들이 분양 공급할 땅이 부족하기 때문입니다. 2015년 50만 가구를 분양했지만 이후 계속 감소했습니다. 즉, 새 아파트 공급이 지속적으로 감소하는 추세입니다. 여기에다 서울은 예외적으로 그동안 분양물량이 적었습니다. 2015년 경기도는 20만 가구 이상의 아파트를 분양했지만 서울은 기껏해야 5만 가구만 분양했을 뿐입니다. 매년 5만 가구 분양물량만 있었던 겁니다. 그런 의미에서 서울은 새 아파트의 이점이 지속될 전망입니다.

반면 경기도 분양물량은 과거 대비 만만치 않습니다. 경기도는 여전히 수도권을 중심으로 많은 물량이 예정되어 있지요. 그러므로 수도권 청약시장은 주의해서 볼 필요가 있습니다.

최근 서울의 아파트 청약 경쟁률이 거의 25 대 1에 육박합니다. 이 청약 경쟁률은 크게 변화한 부분이기도 합니다. 다시 말해 청약 경쟁률의 지역 편차가 커지고 있는 상황입니다. 예를 들어 2015~2016년 부산 청약시장 경쟁률이 100 대 1을 넘었습니다. 해운대를

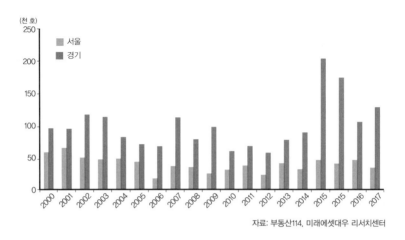

서울, 경기 지역 아파트 분양물량

(천 호)

■ 서울
■ 경기

자료: 부동산114, 미래에셋대우 리서치센터

분양받으면 로또다, 일본인이 몰려와서 아파트를 살 거다 하는 얘기 때문에 청약 경쟁률이 상당했는데 최근 큰 폭으로 떨어지고 있습니다. 심지어 미분양도 조금씩 증가하고 있지요.

한마디로 청약 경쟁률은 시장 상황에 따라 변동성이 아주 큽니다. 앞으로 부동산시장이 위축되면 청약 경쟁률도 의미 있게 떨어질 것입니다.

여기에다 2018년 말 주택공급에 관한 규칙, 즉 청약제도가 바뀌었습니다. 쉽게 말하면 무주택자에게 기회를 많이 주는 방향으로 선회했습니다. 알고 있다시피 85제곱미터 이하는 가점제만 가능하지만 85제곱미터 초과 물량에는 추첨제가 있습니다. 그 추첨제 중 75퍼센트 이상은 무주택자에게 돌아가고 나머지 25퍼센트도 무주택자와 유주택자가 함께 경쟁해야 합니다. 덕분에 무주택자는 청약시장에서 유리한 위치를 차지하고 있습니다. 경쟁률이 너무 세서 쉽지 않다고 말하는 사람도 많지만 앞으로 경쟁률은 대폭 떨어질 겁니다.

흥미롭게도 2018년 11월에 분양한 서초 래미안리더스원은 50퍼센트 정도가 청약가점 계산을 잘못해 계약이 취소되었습니다. 청약가점 만점은 82점입니다. 그 내역은 무주택 기간, 부양세대 수, 청약통장 가입 기간 등인데 그중 가장 중요한 것이 부양가족과 무주택

주택공급에 관한 규칙 주요 개정사항

■ **분양권 등 소유자는 무주택자에서 제외**
　　현재 – 소유전 이전 등기 시부터 유주택자 간주
　　변경 – 분양권, 입주권을 계약 체결하는 날, 매매잔금 완납 이후 유주택자

■ **추첨제 공급시 무주택자 우선 공급**
　　현재 – 유주택자도 1순위 청약 가능, 동등한 기회 제공
　　변경 – 투기과열지구, 청약과열지역 및 수도권, 광역시 추첨제
　　　　① 추첨제 대상 주택의 75% 이상을 무주택자에게 우선 공급
　　　　② 잔여 주택은 무주택자와 1주택 실수요자 (기존주택 처분조건) 우선 공급

■ **세대원의 배우자에 청약자격 부여**
■ **신혼기간 중 주택 처분 신혼부부 특별공급에서 제외**
■ **주택 소유 직계존속은 부양가족 가점 부여 제외**

기간입니다. 그렇게 20억 원짜리 아파트를 분양받아 당첨되었다가 취소되는 경우 앞으로 청약을 할 수 없습니다. 그러므로 청약을 할 때는 가점 부분과 제도 변경을 주의 깊게 살펴봐야 합니다.

다음 표는 서초 래미안리더스원 당첨가점인데 50점 미만에서도 당첨이 이뤄지고 있습니다.

서초 래미안리더스원 당첨가점표

주택형	공급가구수	순위내 경쟁률	당첨가점 최저	당첨가점 최고
59A	4가구	422.25	74	79
74A	4가구	73.25	69	74
74B	3가구	88	69	79
83A	23가구	6.96	48	69
84A	111가구	21.56	60	79
84B	24가구	9.58	54	69
84C	27가구	19	60	78
114A	16가구	153.38	69	84
114B	13가구	110	68	79
135A	2가구	52.5	69	69
135B	2가구	26.5	69	69
178.02A	1가구	51	57	57
205.02	1가구	19	67	67
238.73	1가구	17	84	84

자료: 금융결제원

이는 무주택자 중 가점이 높은 사람들이 현금 여력이 부족하기도 하고 또 합리적으로 고민하는 사람이 늘어났다는 증거입니다. 앞으로 경쟁률과 함께 가점이 계속 떨어질 가능성이 있습니다. 특이하게도 무주택자는 보통 대형 평형에 넣지 않을 거라고 생각하는데 오히려 대형 평형 가점이 높게 나타났습니다. 이것은 현금을 쥐고 있는 사람 중에도 가점이 높은 사람이 많다는 얘기입니다. 역으로 소형 평형 청약가점이 낮아지고 경쟁률도 떨어질 확률이 높습니다.

72쪽 표는 2019년 서울의 주요 아파트 분양단지입니다.

일단 위치가 좋고 재건축으로 일반분양을 하는 분량이 많습니다. 그동안 신규 아파트 청약이 위험했던 이유 중 하나는 입지가 좋지 않았기 때문입니다. 새 아파트이지만 입지가 좋지 않아 비교하기도 어렵고 분양도 잘 이뤄지지 않았지요. 반면 재건축으로 공급하는 아파트는 입지가 좋습니다. 여기에다 분양보증으로 분양가를 억제하고 있어서 서울 유망지구는 조건이 좋은 편입니다.

특히 서초구와 강남구의 일반단지를 눈여겨볼 필요가 있습니다. 부동산시장이 불안정하다 보니 건설회사가 분양가격을 낮춰서라도 일정을 앞당기려 하므로 유의해서 봐야 합니다.

뭐니 뭐니 해도 핵심은 자금조달 문제입니다. 이제 계약금을 20퍼센트 내야 하기 때문에 부담이 만만치 않습니다. 예를 들어 분양가격이 16~17억 원이면 계약금 3억 5,000만 원 정도를 내고 4개월마다 1억 6,000만 원에서 1억 7,000만 원을 계속 내야 합니다. 사실 지

서울의 주요 아파트 분양 예정 단지

위치	사업명	총가구	일반분양	사업 구분
강남구 삼성동	상아2차 래미안	679	115	상아 2차 재건축
강남구 개포동	개포 그랑자이	3,343	239	개포주공 4단지 재건축
강남구 일원동	디에이치 포레센트	184	63	일원 대우 아파트 재건축
노원구 공릉동	태릉 효성래링턴	1,287	516	태릉현대아파트 재건축
동대문구 용두동	e편한세상 청계	823	403	용두5구역 재개발
동대문구 용두동	청량리 한양수자인	1,152	1,152	청량리 동부청과 재개발
동작구 사당동	사당3구역 푸르지오	507	159	사당3구역 주택재건축
동작구 상도동	상도역세권 롯데캐슬	948	415	상도동 지역주택조합 아파트
동작구 동작동	이수교 KCC 스위첸	366	180	동작 1구역 주택재건축
동작구 사당3동	이수역 힐스테이트	818	170	사당3동 지역조합 아파트
마포구 아현동	아현2구역 주택재건축	1,419	298	아현2구역 주택재건축
서대문구 홍제동	홍제1 푸르지오	819	334	홍제동 1주택 재건축
서대문구 홍제3동	홍제역 효성해링턴	1,116	419	홍제3구역 주택재개발
서초구 반포1동	디에이치 반포	835	210	삼호가든 3차 재건축
서초구 방배동	방배 그랑자이	761	271	방배경남 재건축
서초구 서초2동	서초 그랑자이	1,446	215	무지개 아파트 재건축
서초구 잠원동	신반포 메이플자이	3,685	600	한신4지구 재건축
성북구 장위동	장위10구역 푸르지오	1,968	1,100	장위뉴타운 10구역 주택재개발
성북구 길음동	길음 롯데캐슬 클라시아	2,029	632	길음1구역 주택재개발
송파구 거여동	거여2-1구역 롯데캐슬	1,945	745	거여2-1구역 주택재개발
송파구 장지동	위례신도시 계룡	502	502	위례신도시
은평구 응암동	힐스테이트 녹번역	879	336	응암1구역 재개발
은평규 수색동	수색9구역 SK뷰	753	251	수색9구역 주택재개발
은평구 역촌동	동부센트레빌	740	444	역촌 1구역 재건축

자료: 언론자료, 미래에셋대우 리서치센터

금은 은행대출이 쉽지 않으므로 자신에게 그런 자금 여력이 있는지 분명히 확인해야 합니다.

투자보다 거주할 아파트를 찾아라

최근 분양물량이 대거 쏟아져 나오는 경기도 쪽에도 유망한 단지가 많습니다. 위례신도시의 경우 2019년 1분기에 분양하는 북위례는 평당 분양가가 2,000만 원 밑으로 나올 전망입니다. 가격이 이보다 더 낮게 나올 수도 있습니다. 40평짜리가 평당 2,000만 원 미만이면 8~9억 원 정도입니다.

그동안 분양가와 인허가, 분양승인 등으로 계속 분양시기가 늦춰지던 과천 지식정보타운도 2019년 상반기에 분양합니다. 공공택지라 전매제한이나 거주요건을 강화하긴 했지만 저렴한 분양가로 나올 예정입니다. 어디까지나 예측치지만 분양가격이 평당 1,700만 원 정도로 보입니다.

경기도의 분양물량이 많긴 해도 일부 지역만 나오는 상태라 경쟁률이 치열할 것입니다. 성남시 대장동도 2019년 분양이 이뤄지는데 분양가가 2,400~2,500만 원이지만 위치가 그다지 좋은 곳은 아닙니다. 신도시라는 장점은 있으나 용인과 성남 사이에서 용인 수지 쪽에 더 가까워 입지가 조금 떨어집니다.

사람들이 분양에 관심을 보이는 이유는 분양가격 때문인데 분양가가 주변 거래가보다 싸긴 해도 과거 대비 많이 오른 상황입니다. 이에 따라 요즘 건설사들이 주택사업으로 돈을 벌고 있습니다. 우리는 현재 시점으로 분양가를 따지지만 과거 대비 대폭 올랐으니까요. 다시 말해 거래가격과 분양가격에 차이가 있어서 저렴하게 느끼지만 과거 대비 분양가가 상당히 올랐습니다. 그런 차원에서 합리적으로 고민할 필요가 있습니다.

예를 들면 서초 래미안리더스원이 로또 아파트로 불렸는데 진짜 로또 아파트인지 고민해볼 필요가 있습니다. 다음 도표가 그 차이를

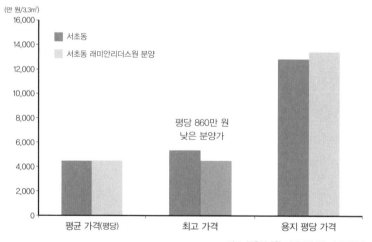

강남 대표 로또 분양 단지 분양가격 비교

(만 원/3.3㎡)

자료: 금융결제원, 미래에셋대우 리서치센터

한눈에 보여줍니다.

도표에서 초록색이 서초 래미안리더스원 분양가격인데 서초구의 오래된 아파트 가격 평균과 비슷합니다. 다만 서초구에서 가장 비싼 아파트와 비교했을 때 이점이 있는 것입니다. 언론과 일반인은 이 관점으로 접근해 최고라고 여기지만 투자 관점에서는 좀 다릅니다.

사실 꼭 강남의 새 아파트에 살아야 하는 입장이 아닌 사람이 투자 차원으로 접근할 때는 대지면적이나 용적률을 따져봐야 합니다. 제가 평당 분양가격을 계산하고 건축비를 감안해 더해도 실은 래미안리더스원이 더 비싸게 나왔습니다. 다시 말해 땅값으로 따지면 로또 아파트가 아닙니다.

분양가격을 계산할 때 단순히 거래가만 보고 대박이라고 생각하면 오산입니다. 15억 원이 넘는 자산을 구매하면서 감정적으로 달려들면 안 됩니다. 어디까지나 합리적인 추정, 생각, 고민이 필요합니다.

역시 로또 분양이라 불린 개포8단지는 어떨까요? 주변보다 최고가격이 싸서 평당분양가가 1,700만 원이었습니다. 30평짜리 아파트가 4~5억 원 차이가 난다고 해서 사람들이 대거 몰렸지요.

용지의 평당 가격을 계산해보니 기존 아파트와 현격하게 차이가 났습니다. 개포 주변에는 훨씬 더 오래된 아파트가 있는데 여기에는 땅이 많습니다. 한데 새로 지은 아파트는 땅이 좁고 위로 많이 올라갔습니다. 땅값 가치에 큰 차이가 있는데 과연 로또 아파트일까요?

서울에서 아파트를 살 때 주거환경을 제외하고 가장 중요한 게 뭡니까? 바로 토지가격입니다. 일단 아파트를 구매하면 그 순간부터 계속 감가상각이 일어나기 때문에 입지와 땅값을 반드시 고려해야합니다. 그 관점에서 저렴한 것인지 고민해봐야 한다는 얘기입니다.

제가 강력하게 권하건대 직접 거주할 게 아니면 청약하지 마십시오. 어떤 사람은 청약을 넣으면서 '이 가격에서 더 떨어지지는 않겠지' 합니다. 한데 투자 관점에서 가장 좋지 않은 것은 바로 변화가 없는 겁니다. 오르지도 않고 떨어지지도 않으면 속이 터집니다. 그런데 새 아파트가 그럴 확률이 가장 높습니다.

이제 새 아파트를 받으면 최소 3년 이상 거주해야 하고 5년 이상 보유해야 합니다. 보유기간, 거주기간, 불확실성 등을 감안해 '난 꼭 여기에 살아야 해' 하는 경우가 아니면 청약에 그리 의미 있게 접근할 필요가 없습니다. 특히 구주택, 오래된 아파트의 가격 변동성이 커지고 하방으로 갈수록 새 아파트에 탄력 있게 접근해야 합니다.

투자자가 시장이 아주 좋을 때 저렴한 것을 분양받는다고 늘 좋은 것은 아닙니다. 시장은 흔히 좋다가 나빠지기도 하는데 나빠질 경우 팔리지도 않고 전세가는 떨어지면서 곤경에 처할 수 있습니다. 또 거기에 자금이 묶여 다른 기회를 노려볼 수도 없지요. 그러므로 청약은 토지가격과 분양가격을 고려하고 무엇보다 투자가치가 있는지 합리적으로 고민해야 합니다.

땅값이 비싸면 청약하지 마라

부동산 세미나에 가보면 으레 물가가 오르니 아파트 한 채는 있어야 한다는 말을 합니다. 그러나 제가 물가지수를 반영해 주택가격지수를 도출해보니 현실은 그렇지 않았습니다.

비율로 볼 때 주택가격보다 짜장면 가격이 더 올랐습니다. 그러니까 물가가 오르고 있으니 무주택자는 무조건 집을 사야 한다는 말에 현혹되지 마십시오. 〈머니투데이〉 2012년 2월 9일 기사에 강남이 1년에 3억 원씩 내려간다는 내용이 나온 적 있습니다. 가

한국 주택가격지수

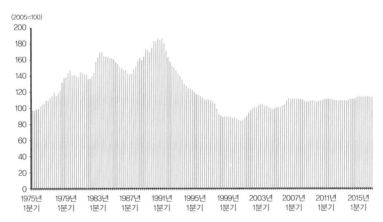

자료: Dallasfed, 미래에셋대우 리서치센터

격이 늘 오르기만 하는 것은 아닙니다. 강남도 예외가 아닙니다.

최근 사람들은 새 아파트에 청약을 넣으면서 오래된 아파트와 비교합니다. 만약 오래된 아파트의 가격이 내려가면 어떻게 될까요? 2011~2013년 서울에서 아파트 가격이 가장 많이 내려간 곳이 서초구, 강남구, 송파구입니다.

최근 강남이 가장 많이 오른 이유가 무엇일까요? 사람들의 소득이 많이 늘어나서? 새 아파트가 부족해서? 그만큼 살고 싶은 동네라서? 전부 아닙니다. 많이 내려온 상태라 많이 오른 겁니다. 6년 전에 많이 내려가서 최근에 가장 많이 오른 것이지요.

중요한 것은 매입 시점입니다. 부동산 세미나에 가보면 대부분 학군, GTX 같은 입지를 얘기하는데 아무리 입지가 좋아도 시장이 나쁘면 가격은 내려갑니다. 오히려 많이 오른 곳일수록 더 많이 내려갑니다. 최근 강남의 호가가 가장 많이 내려가고 있지 않나요? 이런 차원에서 부동산시장은 합리적으로 고민하며 접근해야 합니다.

한창 집값이 빠질 무렵이던 5~6년 전, 〈뉴스플러스〉 2013년 4월 30일 기사를 보면 한국은행이 금융안정보고서에서 한국의 집값 하락세를 위험하게 보고 있다는 내용이 나옵니다. 전문가들이 앞으로 집값이 많이 빠질 것 같다고 진단했다는 얘기입니다.

그런데 〈연합인포맥스〉는 2013년 4월 30일 기사에 제가 집을 사자고 주장한 인터뷰 내용을 실었습니다. 인터뷰를 하면서 주택가격이 반등할 거라고 했더니 기자가 놀라면서 이색적인 주장이라고 하더군요. 불과 5년 전인데 당시 제가 강의 중에 집을 사라고 하면 사람들이 죄다 웃었습니다. 아마 그때 집을 샀다면 지금쯤 회심의 미소를 짓고 있을 겁니다.

저는 2018년 6월부터 강남의 집값이 빠질 거라고 계속 얘기했습니다. 〈머니투데이〉 2018년 6월 25일 기사를 보면 제가 사람들이 앞다퉈 아파트를 분양받으려 하고 투자자가 집값이 더 오를 거라고 전망하며 거래량이 극심하게 줄어들면 그때가 고점이라고 말한 내용이 나옵니다. 여기에 온갖 댓글이 달렸는데 '넌 영원히 전세 살아라', '월세 살아라', '넌 생긴 게 왜 그러냐' 하는 비난이 많았지요.

2018년 6월 말에 강남 아파트를 팔라고 말하는 사람이 있었습니까? 없었어요. 이런 변화를 읽어야 합니다. 사람들은 보통 장기간 쭉 올라온 것만 보여주며 얘기합니다. 하지만 그 안에는 계속 곡선이 그려집니다. 본래 오르락내리락하는 것이 세상살이잖아요.

세밀하게 분석하지 않고 뭉뚱그려서 장기적으로 가격이 오른 것만 얘기하는 사람의 말은 믿을 필요가 없습니다. 오르내리는 곡선의 고점과 저점을 잘 따져 어느 시점에 청약을 넣어야 하는지 고민해야 합니다. 다시 말해 곡선의 흐름을 파악해야 합니다.

청약 전략을 단순하게 제시하자면 절대로 땅값이 비싸면 청약을 넣지 마십시오. 건설사들은 수영장이 있느니, 공동목욕탕이 있느니 하면서 홍보하지만 살다 보면 거기에 몇 번 안 갑니다. 일단 부동산시장의 변화를 잘 읽고 선별해서 청약해야 합니다.

분양가격, 청약 경쟁률, 가점이 떨어질 2019년 청약 시장

그러면 최근 부동산가격이 상승한 원인을 한번 생각해봅시다.

다음 도표에서 보듯 주택담보대출이 2012년 400조 원에서 2018년 582조 원으로 거의 200조 원이나 증가했습니다. 200조 원이면 40만 가구 이상이 대출을 받아 서울의 10억 이상 아파트를 살 수 있는 금액입니다. 아주 많은 사람이 대출을 받아 집을 샀다는 얘기인데 그러다 보니 한국은 가계대출 부채가 유일하게 증가한 나라입니다. 이런 상황에서 부동산시장이 강남만 유일하게 오르기는 쉽지 않을 거

서울 아파트 실거래가격 지수와 주택담보대출 비율

자료: 국토교통부, 한국은행, 미래에셋대우 리서치센터

라고 봅니다.

그렇다고 집을 사지 말자는 게 아닙니다. 청약이든 구주택이든 사긴 사되 '언제'가 중요합니다. 어떤 사람은 이렇게 말하기도 합니다.

"무주택자는 괜찮아. 뭘 고민해? 아무 때나 사고 그냥 살면 되잖아."

그럼 무주택자는 거기 살면서 집값이 내려가면 기분이 좋습니까? 아니잖아요. 내가 살 집을 사는 거니까 집값이 내려가도 괜찮다는 사람은 없습니다. 일단 집을 구매하면 보유세를 내야 하고 대출금을 갚아야 하며 다른 것을 살 기회가 사라집니다.

주위에서 분양가격과 오래된 아파트의 가격을 비교하며 무주택자를 부추기는 경우가 많습니다. 그런데 나중에 오래된 아파트가 가격이 떨어지면 분양가격이 비싸지는 겁니다. 단순하게 현재 시점만 생각하면서 집값을 비교하지 말고 시장의 변화를 읽어야 합니다. 무주택자에게 분명 좋은 시절이 올 테니 너무 조급해하지 말고 흐름을 보면서 기다려야 합니다.

그다음으로 많이 하는 얘기가 내가 신이 아닌 이상 언제 사야 하는지 그 시점을 짚어내는 것은 아주 힘들다는 것입니다. 하지만 그 어려운 걸 해내야 돈을 벌지요. 어려운 일을 하는 사람이 돈을 버는 거잖아요. 그래서 시장 변화를 관심 있게 지켜봐야 합니다.

제가 청약지역을 상세하게 안내해봐야 별다른 의미가 없어요. 중요한 것은 앞으로 분양가격, 청약 경쟁률, 가점이 떨어질 거라는 점입니다. 가점이 낮다고 고민하지 말고 느긋하게 기다리십시오. 그러다 정말로 좋은 곳이 나오면 가점을 적절히 계산해서 접근하면 됩니다. 새 아파트는 계속 늘어나고 있습니다. 더구나 시장 상황이 좋지 않으면 분양가격보다 더 싸게 나올 수도 있어요.

언론에서 말하는 '로또 분양', '로또 청약'이란 말에 현혹될 것 없습니다. 단순하게 주변의 최고 비싼 아파트와 비교하면 그럴 수 있지만 일단 분양을 받으면 거주기간과 보유기간을 채우고 온갖 불확실성을 견뎌내야 합니다. 더구나 그 비싼 아파트와 유사한 가격에 팔린다는 보장도 없어요.

특히 무주택자는 마음이 조급해서 값이 막 오를 때, 비싸졌을 때 삽니다. 2018년 서울의 주택거래량이 가장 많았을 때가 9월입니다. 9.13조치가 나오기 전 마음이 조급해진 무주택자들이 집을 많이 구매했습니다. 심리적으로 쫓기지 말고 시장을 객관적으로 봐야 합니다.

2017~2018년 집을 가장 많이 구매한 연령대는 60세 이상입니다. 이미 은퇴한 그들이 부족한 현금흐름을 만회하려고 자산운용을 목적으로 부동산을 1채 더 산 것이지요. 아쉽게도 그들은 집값이 비쌀 때 구매했는데 만약 집값이 내려가면 골치입니다. 젊은 샐러리맨은 월급을 받으니 이자를 내는 데 무리가 없지만 가뜩이나 현금흐름이 부족한 그들은 감내하기가 쉽지 않을 겁니다.

지금 한국의 주택시장에는 이러한 리스크가 포함되어 있습니다. 그러니 청약을 한다고 무작정 달려가지 말고 내가 꼭 원하는 곳이 나올 때까지 기다리는 전략이 필요합니다.

Q&A

질문자1　재건축 아파트에서 조합원이 분양받은 것도 거주 3년, 보유 5년인가요? 그리고 공급물량이 절대적으로 부족해서 집값이 계속 오르거나 최소한 하방 리스크는 없을 거라는 얘기도 있는데 어떻게 생각하는지요.

이광수　조합원 물량은 그 조합원이 언제 샀느냐에 따라 달라집니다. 예를 들면 그분의 거주기간이나 보유기간에 따라 매도가 나오는데 평균적으로 그 기한이 중요한 게 아니고 입주한 뒤 2년이 지나야 양도세가 적습니다. 물량이 2년 후에 나오는 이유는 세금 때문입니다.

그다음으로 한국은 주택공급이 늘 부족했습니다. 그런데 왜 예전에는 집값이 빠졌느냐고 단순 논리로 시장을 바라보면 한계가 있을 수밖에 없습니다. 전형적으로 시장을 선으로 연결해서 보고 주택매매가격지수 같은 것에만 주목하면 안 됩니다. 직선으로 연결하면 20년 동안 한 번도 빠지지 않은 것으로 보입니다. 하지만 그 안에서 시장은 계속 오르락내리락했습니다.

2018년 분당이 많이 올랐는데 그게 거의 8년 만의 일입니다. 단지 집값을 그때 가격과 지금 가격을 선으로 연결하니까 쭉 오른 것으로 보이는 겁니다. 그 안에 얼마나 많은 아픔과 고통이 있었겠습니까? 만약 '나는 괜찮아. 20년을 바라보고 있어' 하는 생각이라면 아무 때나 사도 괜찮습니다. 그렇지만 돈을 벌고자 한다면 가장 합리적인 시점을 찾아 들어가야 합니다. 그런 의미에서 변화를 잘 읽어야 합니다.

질문자2 부동산 사이클상 지금 고점에서 저점으로 가는 추세라고 했는데 그 하향 추세에서 저점에 이르는 기간을 언제까지로 봅니까?

이광수 핵심은 전망이 아니라 한국의 집값이 왜 올랐는가 하는 부분입니다. 집값은 수급보다 사람들이 집을 팔지 않아서 오른 겁니다. 그럼 사람들이 집을 팔기 시작하면 집값이 빠지겠죠. 그들은 보유세나 금리 부담 때문에 팔 겁니다. 물론 당장은 팔지 않아요. 제가 보기엔 2019년 6월을 앞두고 매물이 증가할 거라고 봅니다. 이때 시장의 거래량이 증가할 테고 그처럼 거래량이 증가할 때가 집값 하락의 신호탄입니다.

과연 언제 집값이 바닥일까요? 사람들이 더 이상 집을 팔지 않을 때입니다. 팔 사람들이 다 팔고 가격이 떨어지면 다시 거래량은 대폭 감소합니다. 그래서 2년이든 3년이든 전망이 아니라 거래량에 주목해야 합니다. 거래량이 증가했다가 다시 떨어질 때가 집을 사기에 가장 좋은 시점입니다.

그 시점이 2019년에 올 수도 있고 2020년에 올 수도 있어요. 다른 사람들이 내놓는 전망에 의지하지 말고 시장 변화와 지표를 보면서 스스로 판단해야 합니다. 집값은 떨어졌는데 거래량이 감소하면 수요자가 증가하기 시작합니다. 이 경우 다시 거래량이 늘어나지요. 바닥을 찍고 다시 올라가는 겁니다.

가격과 거래량의 상관관계를 유심히 관찰하십시오. 유주택자가 집을 팔기 시작하면 거래량이 늘어납니다. 이 변곡점 이후 변화가 쭉 이어지다가 마지막에는 거래량이 큰 폭으로 감소합니다. 그때는 사는 사람도, 파는 사람도 없어요. 이미 우리는 2013년에 그런 경험을 했습니다.

질문자3　　2019년 12월 국회에서 전년 대비 보유세 비율을 원래 300퍼센트였는데 200퍼센트로 조금 완화했습니다. 이를 어떻게 보는지요.

이광수　　3주택자 이상은 완화된 것이 없기 때문에 시장에 큰 변화는 없을 거라고 봅니다. 계산해보니 1,700만 원에서 1,500만 원으로 200만 원 줄었습니다. 핵심은 과세표준을 올리는 일입니다. 그것이 3년 동안 계속 오를 겁니다.

보유세를 내는 과세표준이 거래가격의 60퍼센트 이하였는데 그것이 올라가면 세금이 마구 늘어납니다. 과거에 보유세를 강화할 때 3년 만에 종부세 세수가 5,000억 원에서 2조 5,000억 원으로 증가했습니다. 간단히 말해 500만 원 내다가 3년 안에 1,500만 원을 낸다는 얘기입니다. 단순하게 200만 원이 줄었다는 것이 아니라 전체적인 변화의 흐름을 봐야 합니다.

질문자4   저는 금리도 아주 중요하다고 봅니다. 일부에서는 미국의 장단기 금리가 역전되었기 때문에 더 이상 금리 인상은 없을 거라고 하는데 저는 개인적으로 그렇게 생각하지 않습니다. 금리를 어떻게 보는지요. 또 금리를 부동산과 연관해서 설명을 듣고 싶습니다.

이광수   좀 뜬금없다고 생각할지도 모르지만 저는 모든 현상을 흐름으로 분석하거든요. 지금 금리가 올라갔는데 여기서 시장이 더 좋아지려면 금리를 고정하는 게 아니라 더 낮아져야 합니다. 한데 지금 흐름을 보면 그렇게 하기가 어렵습니다. 한국도 그렇지만 이것은 미국도 마찬가지입니다. 즉, 금리가 낮아지기는 힘듭니다.

반대로 금리만으로 집값이 떨어지려면 금리가 더 올라가야 하는데 그러기에는 경기위축이나 기업 상황을 고려하지 않을 수 없습니다. 한국의 가계대출은 계속 증가해왔지만 그것이 결정적으로 금리 때문만은 아니라고 봅니다. 과거에는 금리도 낮고 대출규제도 완전히 풀었으나 지금은 부동산시장에서 대출을 엄청나게 규제합니다. 금리가 오르지 않아도 더 이상 대출할 수 없는 상황이지요.

자본시장 구성에는 금리도 영향을 주지만 총량을 규제하는 대출규제가 더 큰 영향을 미친다고 생각합니다. 금리가 더 오르지 않아도 시장을 안심하고 볼 상황은 아닙니다.

조영광

대우건설에서 빅데이터로 '유망 사업지역'을 예측하는 '하우스노미스트(house+nomist)'. 매년 전국 245개 시·군·구 가운데 '오를 지역'을 선정하고 있으며, 높은 적중률로 7년간 개별 분양단지의 '청약률·분양률 예측'까지 전담하는 실전 빅데이터 전문가로 활동하고 있다. 지난 8년 동안 전국 아파트, 오피스텔, 상권의 부동산시장을 예측했던 노하우를 담은 《실전 빅데이터 투자가이드》, 《빅데이터로 예측하는 대한민국 부동산의 미래》를 출간했다.

4장

빅데이터로 고른
덜 오른
도시와 아파트

조영광, 《빅데이터로 예측하는 대한민국
부동산의 미래》 저자

　최근 3년간 서울 집값이 20퍼센트 이상 폭등하면서, 부동산 심리
는 어느 때보다 극단을 치닫고 있습니다. "대한민국 부동산은 영원
하다"는 '부동산 신앙'과 그 반대급부로, "이제 대폭락의 시대가 왔
다"라는 '부동산 종말론'입니다.

　아무튼 2019년 변곡점을 맞이해 우리에게는 균형 감각이 필요한
데 이를 위해서는 팩트를 확인해야 합니다. 사방에서 '떨어질 거다'
혹은 '오를 거다' 하는 이야기가 들려오는데 여기에 귀를 닫고 팩트
로 대한민국 주택시장이 현재 어디에 있는지 정확히 확인하는 것이

중요합니다.

흔히 부동산을 볼 때는 입지와 개발호재에 주목합니다. 부동산에서 입지는 무척 중요한 요소지만 지난 3년 동안 '좋을 때, 좋은 곳을 사라'는 메시지가 아주 강했습니다. 따라서 '호경기'에 매수세가 몰릴 수밖에 없는 '좋은 곳'이 폭등하며 생기는 것이 '버블'입니다. 개발호재 역시 중요한 요소입니다. 그러나 건설사조차 개발호재는 상당히 보수적으로 봅니다. 예를 들어 GTX나 5호선은 초기발표 대비계속 지연되고 있지요. 결국 2019년 변곡점의 시장에서는 입지나 개발호재에 앞서 시장흐름을 봐야 합니다.

2018년 말 현재 정부가 가장 싫어하는 것은 내가 살지도 않는 남의 동네에 투자하는 겁니다. 집을 '실거주 관점'에서 살펴보면 아무래도 거주 관성의 법칙에 따라 동일생활권에서 살게 마련이지요. 이를테면 강동에 사는 사람이 갑자기 강서에 가서 살기는 어렵습니다. 그런 의미에서 '우리 동네' 부동산에 집중하십시오. 특히 2019년에는 정부에서 열어주는 '실거주 정책'에 부응하여 내가 사는 인근 부동산을 살펴보는 것이 중요합니다.

뉴스 빅데이터 분석 서비스인 '빅카인즈(BIG KINDS)'로 대한민국 부동산에 얽혀 있는 키워드를 분석해보니, 우리나라 정치·경제·교육 등 각종 키워드가 거미줄 같이 얽혀 있습니다. 그만큼 대한민국 부동산은 복잡다단한 재화인 것입니다.

이런 이유로 건설사도 수주를 검토할 때면 상당히 많은 말이 오갑니다. 사업을 할 것인가, 말 것인가를 놓고 치열하게 고민하고 토론을 벌이는 것이지요. 개개인도 마찬가지일 겁니다. 어느 부동산을 놓고 여기에 들어가야 할지, 말아야 할지 얼마나 많은 고민을 합니까.

무작정 토론만 하면 끝도 없으니 명확한 기준을 세우는 것이 중요한데 이때 답을 주는 것이 바로 데이터입니다. 그런 데이터를 8년쯤 관리한 저는 전국 시군구를 대상으로 어디가 오를지, 분양하면 얼마나 분양이 이뤄질지, 청약이 얼마나 될지 등의 예측치를 내놓을 수 있습니다.

대부분의 부동산 강의는 '물고기를 잡아주는 데' 목적이 있습니다. 그러나 저는 이번 강의에서 물고기를 어떻게 '낚을 수 있는지', 즉 '시장을 보는 눈'에 대한 저만의 노하우를 알려드려 여러분이 '어디에 살든지', '향후 주택경기가 어떻든지' 간에 두고두고 써먹을 수 있는 내용을 준비했습니다.

주택고령화와 인구밀도에 주목하라

첫 번째 키워드는 '뿌리 데이터'입니다.

부동산은 실시간으로 파는 주식과 많이 다릅니다. 장기적·실질적으로 어디가 좋을지 예측할 때 가장 중요한 것은 '변하지 않는 데이터'를 찾는 일입니다. 우리나라 부동산에는 천재지변 같은 대형사고가 일어나지 않는 한 변하지 않는 요소가 2가지 있는데 그것은 주택 고령화와 인구밀도입니다. 이 2가지는 어지간해서 변하지 않는 '메가트렌드'로 그 지역 부동산의 미래를 결정짓는 '뿌리 데이터'입니다. 그리고 이 뿌리를 바탕으로 성장하는 부동산의 '속도'를 결정짓는 '사이클'(순환주기)과 공급량(입주량)이 있습니다. 제 경험상 이 4가지 데이터만 정확히 알면 더 이상 자극적인 뉴스에 휘둘릴 일은 없을 겁니다.

2018년 수도권과 지방의 가격변동률을 비교해보면 수도권은 11퍼센트, 지방은 0.2퍼센트가 올랐습니다. 청약경쟁률도 수도권은 평균 14 대 1이 나왔지요. 여기까지는 언론에서 얘기하는 일반상식으로 많은 사람이 알고 있는 내용입니다.

한데 2018년에는 지방도 만만치 않은 청약경쟁률을 보였고 5대광역시를 뺀 나머지 지방의 경쟁률이 6 대 1이었습니다. 6 대 1이라는 것은 1,000세대를 분양할 경우 평균 6,000건의 청약이 들어왔다는 의미입니다. 지방의 부동산 경기가 가라앉은 지 3년이 지났는데 청약은 잘 이뤄지고 있는 셈입니다.

시도별로 가격변동률을 보면 서울이 거의 20퍼센트, 대구와 경기가 6퍼센트 올랐습니다. 그러나 그 외 대부분의 지역은 0퍼센트 구간에 있습니다. 반면 2018년 청약경쟁률은 5 대 1이 넘어가는 곳이 상당히 많았습니다. 가격이 오르지 않아도 '분양'은 여전히 잘 되고 있는 것입니다.

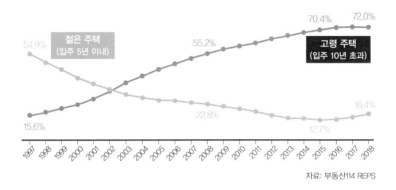

주택고령화 추이

젊은 주택
(입주 5년 이내)

고령 주택
(입주 10년 초과)

54.9%
55.2%
70.4%　72.0%
15.6%
22.8%
16.4%
12.7%

1997 1998 1999 2000 2001 2002 2003 2004 2005 2006 2007 2008 2009 2010 2011 2012 2013 2014 2015 2016 2017 2018

자료: 부동산114 REPS

　왜 이런 일이 일어나는지 궁금해서 뿌리 데이터를 찾아보니 결국 고령화 때문이었습니다. 인구고령화가 아니라 주택고령화입니다. 1997년만 해도 고령 주택, 즉 입주한 지 10년 된 아파트는 15퍼센트에 불과했습니다. 반면 2018년 말 현재 오래된 아파트가 72퍼센트에 달해 10채 중 7채가 고령 주택입니다. 젊은 주택은 2015년 12퍼센트였고 입주가 가장 많이 이뤄진 2018년에도 16퍼센트 수준입니다.

　앞으로도 젊은 주택이 크게 늘어날 확률은 높지 않습니다. 다시 말해 주택고령화 트렌드는 계속 이어질 것입니다. 젊은 주택과 고령 주택의 평당 가격을 비교해보니 2004년에는 평당 100만 원의 차이가 났는데 2018년에는 그 차이가 300만 원입니다. 이는 34평을 기준으로 고령 아파트와 신규 아파트가 1억 원 정도 차이가 난다는 얘기입니다.

앞으로 아파트를 살펴볼 때는 젊은 주택과 중년 주택, 고령 주택으로 구분해야 합니다. 예를 들어 2015년 대구의 집값이 하락했지만 젊은 주택은 떨어지지 않았습니다. 오히려 그때 구입한 젊은 아파트는 모두 가격이 올랐지요. 대개는 집값을 평균으로 얘기하기 때문에 언론이나 일반인은 이것을 잘 구분하지 못합니다. 다행히 한국감정원에서 주택의 연식별 정보를 제공하고 있습니다.

이제부터 부동산시장은 쪼개서 봐야 합니다. 아파트의 생애주기에서 분양시장은 탄생기에 해당합니다. 탄생하고 2~3년 후의 입주시장은 신규 주택이고 그다음은 재고주택시장으로 넘어갑니다. 재고주택시장으로 넘어갈 경우 입주 5년 이내는 젊은 주택, 입주 6~10년은 중년 주택, 입주 10년 초과는 고령 주택으로 분류합니다. 그러니까 분양시장, 입주시장, 재고주택시장으로 구분해서 살펴봐야 기회를 찾을 수 있습니다. 전체나 평균을 따지지 말고 나누면 새로운 시야가 열립니다.

각 시장별 데이터로 좋은 시장을 확인하는 방법은 이렇습니다.

분양시장은 1순위 청약률이 '높고' 미분양이 적으면 좋은 시장입니다. 입주시장은 준공 후 미분양을 봐야 하는데 준공 후에도 분양되지 않은 집은 불이 꺼져 있습니다. 이는 아파트 입주를 시작했지만 팔리지 않은 것으로 건설사들이 상당히 두려워하는 데이터입니다. 재고주택시장은 가격변동률을 보아야 합니다. 그리고 제가 강조했듯이, 고령 주택은 가격이 떨어질 수 있지만 중년 주택 혹은 젊은 주택은 가격이 오를 수 있기 때문에 연령별로 가격흐름의 차별화된 양상을 유심히 살펴봐야 합니다.

주택고령화와 함께 인구밀도도 잘 변하지 않는 요소입니다. 인구가 줄어들면 가격이 떨어지면서 주택시장이 무너질까요? 그렇지 않습니다.

96쪽 도표에서 왼쪽은 인구증감률, 오른쪽은 가격변동률을 비교해 놓았습니다. 인구가 줄어든 서울, 부산, 대구의 가격변동률을 보면 오히려 올랐습니다. 반대로 인구가 늘어난 충남, 충북은 가격이 떨어졌어요. 결국 인구증감으로는 기회를 정확히 찾아낼 수 없습니다.

서울의 인구밀도는 제곱킬로미터당 1만 6,000명입니다. 이 말은 서울 인구 1,000만 명 선이 무너져도 별다른 의미가 없다는 뜻입니다. 인구밀도가 그야말로 넘사벽이니까요. 서울에서 수급을 따지는 것은 별다른 의미가 없고 나머지 수도권과 5대광역시도 모두 제곱킬로미터당 1,000명이 넘습니다. 주로 이런 곳의 주택가격이 많이 올랐지요.

왜 인구밀도가 높으면 주택가격이 비쌀까요? 인구밀도가 높다는 것은 아파트를 지을 땅은 별로 없는데 사람은 많이 산다는 뜻입니

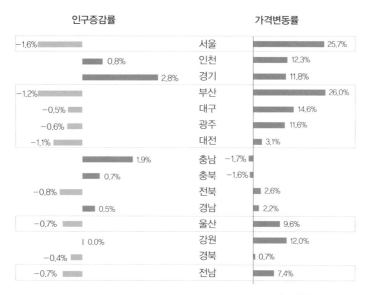

2015~2017년 시도별 인구증감률과 가격변동률

인구증감률		가격변동률
−1.6%	서울	25.7%
0.8%	인천	12.3%
2.8%	경기	11.8%
−1.2%	부산	26.0%
−0.5%	대구	14.6%
−0.6%	광주	11.6%
−1.1%	대전	3.1%
1.9%	충남	−1.7%
0.7%	충북	−1.6%
−0.8%	전북	2.6%
0.5%	경남	2.2%
−0.7%	울산	9.6%
0.0%	강원	12.0%
−0.4%	경북	0.7%
−0.7%	전남	7.4%

자료: 행정안전부, 부동산114

다. 그래서 앞으로 오를 확률이 높습니다. 더구나 주택고령화는 거스를 수 없는 대세입니다. 3기 신도시도 빨라야 2024~2025년 입주라 젊은 주택 공급은 당분간 증가하기 어렵기 때문입니다.

또한 인구밀도가 높은 지역은 도시가 팽창하는 데 한계가 있습니다. 이런 이유로 서울이나 부산은 젊은 주택이 들어갈 여지가 적습니다. 설령 서울에 젊은 주택이 들어갈지라도 희소가치가 아주 높습니다. 최근 강남에 분양한 어떤 단지 경쟁률이 몇 백 대 1이 나온 이유가 여기에 있습니다. 인구밀도가 높으면 인기 좋은 '도심'에 대부분의 고령 주택이 몰려 있어 '주택고령화'도 의미가 퇴색됩니다.

부동산 사이클을 설명하는 입주량

장기적인 흐름에서 자신이 현재 어디에 있는지 보려면 사이클이 아주 중요합니다. 미국의 가치투자자 하워드 막스는 "사이클은 과거의 패턴과 함께 내가 현재 어디에 있는지 보여준다"고 했습니다. 사이클을 통해 향후 시장의 방향을 100퍼센트 맞출 순 없지만, 적어도 현재의 정확한 위치파악을 통해 미래를 가늠하는 큰 단서를 얻을 수 있다는 것입니다.

당연히 부동산시장에도 사이클이 있고 이것으로 우리는 패턴과 위치를 알 수 있습니다. 98쪽 도표는 경상남도의 사이클을 나타낸 것입니다.

경상남도는 2000년부터 2017년까지 두 번의 큰 골짜기와 두 번의 큰 봉우리가 있었습니다. 이러한 사이클을 형성하도록 만드는 것은 바로 입주량입니다. 물론 사이클이 입주량만으로 만들어지는 것은 아니지만 제가 8년간 살펴본 결과 입주량이 사이클의 절반 이상을 설명해줍니다.

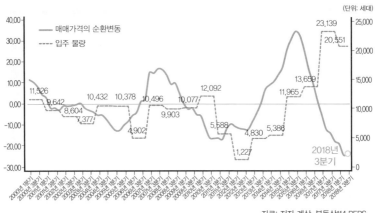

경상남도의 매매 사이클과 입주량

(단위: 세대)

매매가격의 순환변동
입주 물량

11,526
9,642
8,604
7,377
10,432
10,378
10,496
10,077
4,902
9,903
12,092
5,588
1,227
4,830
5,386
11,965
13,659
23,139
20,551

2018년
3분기

자료: 저자 계산, 부동산114 REPS

도표를 보면 경상남도는 2000년부터 입주량이 줄어들다가 1만 세대가 되자 2008년 이후 꺾입니다. 그 뒤 다시 시장조정으로 입주량이 줄어들면서 2016년 상당히 오르지요. 또다시 입주량이 역대 최고인 2만 세대를 찍자 시장이 크게 내려옵니다. 그렇지만 입주량이 줄어드니까 2018년 3분기 현재 머리를 살짝 들고 있습니다. 이런 현상은 경상남도가 전반적으로 회복하기는 어렵지만 소위 '경남의 강남'으로 불리는 곳은 이미 저점에 다다랐다는 것을 뜻합니다.

그럼 입주량이 중요한 이유는 뭘까요? 아파트를 분양받을 때 우리는 10~20퍼센트의 계약금을 냅니다. 사실 그때는 10~20퍼센트만 내므로 분위기에 휩쓸리는 경우가 많습니다. 그러다가 입주를 앞두고 잔금을 치러야 하는 순간이 오면 그제야 아파트를 놓고 심각하게 고민합니다. 이처럼 자산을 내가 보유할 것이냐 말 것이냐를 결정하는 순간이기에 입주량은 굉장히 중요합니다. 더구나 입주 물량은 향후 2~3년간 확정된 물량이라 미래를 예측하는 데 큰 도움을 줄 수 있습니다.

따라서 입주량을 알면 향후 3년간 어느 시도가 좋을지 예측할 수 있습니다. 다음 도표는 2가지 입주량지표로 시·도의 입주부담을 분석한 것입니다. 첫 번째 입주량지표(가로축)는 향후 3년간 과거 대비

입주량으로 본 2018~2020년 주택시장

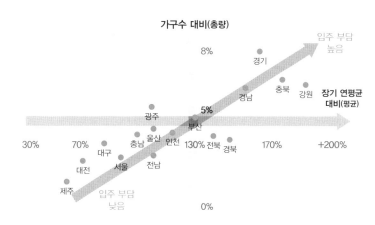

자료: 부동산114 REPS

'급격한 증가'가 있는지를, 두 번째 입주량지표(세로축)는 '지역 가구 수 대비' 너무 많은 입주가 있는 것이 아닌지를 따져본 것입니다.

이 두 가지를 함께 봐야 하는데 위 도표의 1사분면에 있는 화살표는 '입주 부담이 좀 높다, 공급이 힘들다' 하는 상황을 나타냅니다. 반대편에 있는 대전·서울·제주는 입주 부담이 낮은, 다시 말해 공급 측면에서 자유로운 지역입니다. 제주도는 입주부담이 낮은 3사분면에 있는데도 시장이 하락하고 있습니다. 제주는 '수급'이 아닌 '투자심리'에 의해 좌지우지 되는 시장임을 나타내고 있습니다. 마찬가지로 3사분면에 있는 울산의 하락은 역시 '수급'이 아니라 지역경기 때문임을 알 수 있습니다.

재미있는 지역은 충남입니다. 2017년까지만 해도 충남은 입주 부담이 높은 데 있었지만 2018년 입주가 줄었습니다. 이는 앞으로 충남의 괜찮은 지역을 눈여겨봐둘 필요가 있음을 암시합니다.

다시 사이클로 돌아가 화성시에 있는 동탄2신도시를 살펴봅시다. 다음 도표의 검은 실선은 2001년부터 화성시 아파트 가격 추이를 보여줍니다.

이걸 보면서 '아, 아파트는 사두면 오르는구나' 하고 단순하게 생각하지 말고 추세선을 그어 사이클을 봐야 합니다. 추세선을 돌파한 2002년과 2006년 아파트를 매입한 사람들은 재미를 봤을 겁니다. 어둡게 표시한 부분은 최근 좋지 않았던 기간을 말합니다.

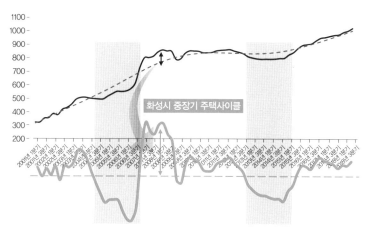

화성시 중장기 아파트 가격 추이

화성시 중장기 주택사이클

자료: 저자 계산, 부동산114 REPS

이후 사이클을 보면, 남동탄의 입주로 동탄2신도시는 2017년 1분기를 정점으로 하락했습니다. 저 또한 올초까지만 해도 동탄2신도시 입주가 많아 2019년까지 어려운 시장을 예상했는데 2018년 3분기 반등을 하며 예상보다 빨리 회복되고 있어요. 이는 남동탄의 전세가가 오른 영향이 큽니다. 이 말은 남동탄이 저점은 지났고 아직 급매는 나오고 있으니 4억 원 후반대 매물은 기회가 있다는 뜻입니다.

이제 사이클과 입주량을 토대로 대한민국 주택시장의 미래를 살펴봅시다.

다음 도표를 보면 2018년 3분기 현재 역대급으로 진폭이 올라갔

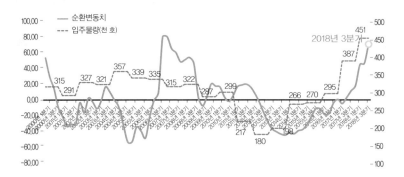

전국 주택시장의 중장기 사이클(2000~20018년 3분기)

자료: 저자 계산, 부동산114 REPS

습니다. 이것은 어디까지나 서울 때문에 나타난 현상입니다. 이걸 보고 '이제 대폭락하겠구나'라고 생각할 수도 있지만 그렇지 않습니다. 2017년과 2018년 80만 호라는 역대 최대 입주물량이 쏟아졌어요. 그렇게 물량이 쏟아져서 가격이 대폭락했나요? 저는 그렇게 생각하지 않습니다. 입주물량이 많으면 불 꺼진 집이 늘어나게 마련인데 지난 2년간 80만 호가 쏟아졌음에도 불구하고 준공 후 미분양이 2018년 초 대비 3,000호 증가에 불과했습니다. 절대적인 양도 준공 후 미분양이 전국적으로 1만 5,000호입니다. 가장 많을 때인 6만 호의 4분의 1 수준이죠.

이 점에서 저는 공급 충격의 8부 능선은 통과했다고 봅니다. 앞으로 입주가 감소할 거라 완만한 둔화를 예상합니다.

앞 도표에 나오듯 2011~2013년에는 입주공백기가 있었습니다. 최근 전세가율이 떨어지고 있지만 2008년에는 40퍼센트였고 2018년 3분기에는 60퍼센트 후반대를 유지했습니다. 또한 언론에서 말하는 금리 5퍼센트는 신용등급이 좋지 않은 사람에게 해당하는 금리입니다. 이런 사람은 이미 2년 전부터 은행대출을 받지 못했어요. 직장인이나 신용이 괜찮은 사람들이 그 정도 금리를 적용받으면 충격이 오겠지만 아직 그들의 금리는 3~4퍼센트입니다.

덜 오른 도시와 아파트 찾는 법

두 번째 키워드는 '덜 오른 도시와 아파트'입니다.

어디가 오를지 분석할 때 흔히 쓰는 지표가 전세가율, 입주물량 그리고 가격 트렌드입니다. 전세가율은 70퍼센트 정도면 좋다고 봅니다. 입주물량은 시군구 단위로 2,000호 미만 지역이 괜찮은데 미분양은 국토부에서 월단위로 발표합니다. 미분양이 900호 미만이면 안정적이라고 판단합니다.

그다음으로 중요한 것이 가격이며 무엇보다 젊은 주택 대비 중년 주택 가격을 눈여겨봐야 합니다. 이때 중년 주택이 젊은 주택의 90퍼센트 이상이어야 합니다. 각자 사는 곳에 KB부동산이 제공하는

KB시세가 있는데 국토부에서 발표하는 실거래가가 KB시세보다 높아지는 지점이 있습니다. 이 경우 앞으로 좋아질 거라고 보면 맞습니다. 주택 순환주기, 즉 사이클은 현재 매매가가 장기추세를 상회할 때 해당 주택시장이 '좋아진다'라고 할 수 있습니다.

특히 인구밀도가 1만 6,000명에 달하는 서울에서는 입주나 미분양이 아니라 가격이 중요합니다. 가격이 감당할 정도면 서울로 들어오고 싶지 않은 사람이 어디 있겠습니까. 가격적정성을 말할 때 우리는 PIR(소득 대비 주택가격)이라는 용어를 쓰는데 이 말은 한 푼도 쓰지 않고 몇 년을 모아야 집을 살 수 있느냐는 의미입니다.

KB에서 발표한 서울 중위가구의 PIR을 보면 2012년에 10년입니다. 10년 동안 한 푼도 쓰지 않고 모으면 집을 살 수 있다는 거지요. 2017년은 고작 1년 더 늘어 11년인데, 이 기간 동안 서울 아파트 가격은 5~7억 원까지 상승했습니다. 2018년 현재 8억 원까지 올랐습니다. 과연 사람들이 이 지표를 현실감 있게 받아들일까요? 2012년 대비 1년만 더 모으면 집을 살 수 있을 정도로 과거 몇 년간 소득이 급성장 했습니까?

다시 한 번 강조하지만 시도(市道)로 주택시장을 뭉뚱그려 판단하지 마십시오. 주택시장은 시군구별로 다 다릅니다. 그런데 언론에서 다루는 PIR은 시도밖에 나오지 않아 의미가 없습니다.

저는 가격적정성을 따질 때, 주택연령을 나누어 젊은 주택, 중년 주택, 고령 주택의 평당가로 나누어 생각합니다. 여기에는 차이가 많

덜 오른 도시를 찾아주는 시군구 6대 선행지표

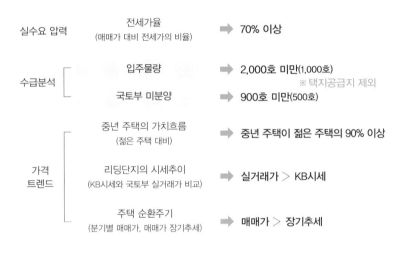

시·군·구 주택시장 6대 선행지표

실수요 압력	전세가율 (매매가 대비 전세가의 비율)	➡	70% 이상
수급분석	입주물량	➡	2,000호 미만(1,000호) ※ 택지공급지 제외
	국토부 미분양	➡	900호 미만(500호)
가격 트렌드	중년 주택의 가치흐름 (젊은 주택 대비)	➡	중년 주택이 젊은 주택의 90% 이상
	리딩단지의 시세추이 (KB시세와 국토부 실거래가 비교)	➡	실거래가 > KB시세
	주택 순환주기 (분기별 매매가, 매매가 장기추세)	➡	매매가 > 장기추세

이 나는데 2018년 10월 현재 재건축 단지를 제외한 주택 평당가가 젊은 주택은 약 1,400만 원이고 중년 주택은 1,300만 원, 고령 주택은 1,000만 원입니다(부동산114 REPS 참조). 상식적으로 고령 주택에 사는 사람은 가격 차이가 많이 나서 새 아파트를 사기 어렵습니다. 반면 중년 주택은 100만 원 정도의 차이라 도전해볼 만합니다.

건설사도 분양가를 책정할 때 너무 차이가 나는 고령 주택은 제외하고 젊은 주택으로 비교하려 하는데 젊은 주택이 너무 없다 보니 결국 중년 주택으로 비교합니다. 그래서 중년 주택 가격이 중요합니다. 중년 주택을 젊은 주택 가격과 비교했을 때 괜찮으면 그 지역은 앞으로도 가격이 괜찮습니다.

중년 주택 가격은 어느 정도 수준이어야 적당할까요? 먼저 젊은 주택 대비 중년 주택의 가치와 주택의 가격변동률을 살펴봅시다.

도표에서 마이너스로 내려온 부분은 가격이 떨어지던 2012년과 2013년 상황입니다. 꺾은선 그래프는 중년 주택 가치를 나타낸 것인데 대체로 젊은 주택 대비 중년 주택 가치가 90퍼센트 이상이면 가격이 상승합니다. 가령 젊은 주택이 평당 1,000만 원일 때 그 지역 중년 주택이 900만 원 이상이면 사람들이 옮겨간다는 말이지요. 이렇게 움직이는 수요는 대개 실수요입니다. 사실 가격이 오르려면 실

중년 주택의 가치(젊은 주택 대비)와 주택가격변동률

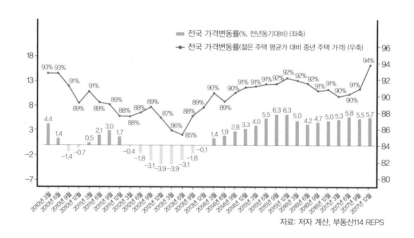

자료: 저자 계산, 부동산114 REPS

수요가 움직여야 합니다.

거꾸로 젊은 주택이 중년 주택보다 10퍼센트 이상 높아지면 시장이 어려워집니다. 바로 여기에 로또 분양의 비밀이 있습니다. 주택도시보증공사(HUG)에서 분양가 규제지역을 통제하는데 어느 곳에 열풍이 불면 10퍼센트를 통제합니다. 신규 아파트는 그 10퍼센트를 계속 지켜주는 까닭에 사람들이 분양시장에 몰리는 것입니다.

중년 주택 가격 추이를 보면 서울은 2013년 3분기 이후 계속 좋은 편이었는데 2018년 3분기에 90퍼센트 이하로 떨어졌습니다. 그러므로 아무리 서울이라고 해도 덮어놓고 사는 것은 무리입니다. 서울은 글로벌 도시로 캐나다 토론토대학교의 마틴경제발전연구소(Martin Prosperity Institute)에 따르면 2018년 현재 세계 슈퍼스타 도시 순위에서 8위를 차지하고 있습니다. 그중에서도 강남이 글로벌 도시라 할 수 있는데 2008년 리먼 브러더스 사태 때 강남이 무너졌습니다. 그러다가 2012년부터 미국이 살아나자 서울도 2014년부터 살아났습니다. 그런 의미에서 서울은 경기도나 강원도가 아니라 글로벌 도시와 비교해야 합니다.

경제주간지 〈이코노미스트〉에서 2018년 8월 기준으로 글로벌 도시 주택가격상승률을 비교했는데 서울에 선행하는 글로벌 도시인 워싱턴과 뉴욕이 '하락세'로 전환했다는 데이터를 제시했습니다. 글로벌 기준으로 봐도 둔화세가 완연하므로 이제 서울은 변동성을 따져봐야 합니다. 많이 오르는 것도 중요하지만 시장 방향이 변하면 변동성을 고려해야 하지요. 성장성은 얼마만큼 올랐는지를 보고 변동성은 표준편차 개념으로 봅니다. 한마디로 안정성지수를 봐야 하는데 이것은 연평균 매매가 성장률을 가격변동률 표준편차로 나눠서 구합니다. 이것이 좋으면 안정성도 좋고 성장성도 좋습니다. 안정성지수를 중심으로 서울을 그룹 A, B, C로 구분하면 다음 도표와 같습니다.

그룹 A는 안정성지수가 좋은데 이 자치구의 공통점은 중심업무지구에 있다는 것입니다. 이것은 핵심 업무 일자리가 주택시장 안정성을 담보한다는 뜻입니다. 그룹 B는 평균 이상으로 강북구가 앞서

안정성 지수로 본 서울의 자치구

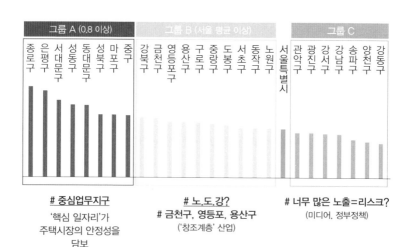

중심업무지구
'핵심 일자리'가
주택시장의 안정성을
담보

노,도,강?
금천구, 영등포, 용산구
('창조계층' 산업)

너무 많은 노출=리스크?
(미디어, 정부정책)

있고 노원구는 최근 너무 급등하는 바람에 뒤로 밀려 있습니다. 도봉구도 노원구보다 높지만 도봉구는 좀 예외적인 상황입니다. 도봉구 위에 의정부가 있는데 이곳에 앞으로 3,000~5,000세대가 새 아파트에 입주합니다. 이 말은 도봉구에서 의정부로 옮기는 새 아파트 수요가 많을 거라는 의미입니다. 그리고 금천구와 영등포구, 용산구가 상위에 있습니다. 이는 IT, 금융, 대기업 본사처럼 사람들이 모이는 창조계층이 있으면 그것이 안정성을 담보한다는 의미입니다. 그룹 C는 대폭락할 가능성은 극히 낮지만 매력도가 다소 떨어지는 지역입니다.

간혹 강남의 어느 유명한 아파트가 2~3억 원 내린 가격으로 거래되면 그것이 메인 뉴스로 뜹니다. 그 1건이 평균 시세도 아닌데 뉴스는 집값이 떨어졌다고 호들갑을 떨지요. 데이터를 연구하는 저로서는 그런 뉴스가 납득이 가지 않습니다. 개인적으로 각자 사정이 있는 거니까 어쩌다 급매물이 그렇게 나올 수도 있는 거지 그것이 평균 시세는 아닙니다.

2019년은 개발호재보다 시장흐름을 먼저 보라

서울을 제외한 경기도, 인천은 가격이 문제가 아닙니다. 서울은 많이 올랐지만 경기도와 인천은 과거 10년 전의 '고점' 수준에 겨우 도

달했습니다. 수도권시장의 미래는 '입주량 증가'에도 전세가율이 받쳐주느냐에 달려 있습니다. 앞서 따져본 2018~2020년 입주량 도표에서 경기도는 '입주부담'에 해당하는 1사분면에 있습니다. 이 와중에 향후 수도권에서 입주량이 많음에도 전세가율이 비교적 높은 수준을 유지하고 있는 지역은 의외로 '괜찮은' 지역임을 역으로 유추해 볼 수 있습니다.

지역에 거주하는 가구 대비 입주량이 적은 지역일수록 괜찮습니다. 향후 3년(2018~2020년) 동안 1만 세대가 입주하는 도시를 비교해보니 의정부시가 전세가율 80퍼센트가 넘으면서도 입주량이 적어 양호한 흐름을 보였습니다. 안산 단원구도 괜찮은 지역입니다. 화성 동탄, 평택 고덕, 남양주 다산, 양주 옥정신도시는 택지지구만 보십시오. 하남시도 좋긴 하지만 전세 시세가 많이 떨어졌습니다.

2019년부터는 시장의 판을 깔아놓고 그다음에 개발호재를 봐야 합니다. 예를 들어 의정부는 7호선, 기흥구는 GTX와 인덕원선이 있습니다. 안산 단원구에는 초지역에 KTX가 예정되어 있지요. 안산 중앙역에도 신안산선이 개통되고 시흥도 월곶판교선이 지나갑니다. 지난 호황기 때와 달리 앞으로는 '시장흐름'을 본 다음 이런 개발호재를 살펴보십시오.

5,000~1만 세대 도시(2018~2020년 입주량 합계) 중 가장 밑에 있는 인천 남동구는 파이(가구수 대비 입주량 수준)가 작아 괜찮습니다. 의왕

시도 좋은데 가구 수 대비 입주량이 너무 많아 파이가 큽니다. 그 원인은 이곳에 커다란 단지 하나가 입주하기 때문이고 나머지 지역에는 공급이 없습니다. 용인 수지와 수원 영통구도 괜찮고 광명은 재건축과 재개발이 주축입니다.

재건축, 재개발에서 관리처분이 끝났다는 것은 이제 사업이 시작된다는 얘기입니다. 그런데 관리처분이 끝나면 가격은 이미 많이 오른 상태입니다. 아무튼 광명시에서 시공사를 선정하는 지역이 생기는데 이는 시공사가 리스크 검토를 끝냈다는 뜻이므로 재개발과 재건축은 시공사를 선정한 단지를 눈여겨봐야 합니다. 그래야 리스크도 줄이고 미래가치도 볼 수 있습니다.

그다음으로 5,000세대 미만의 중소 입주 도시를 보면 전세가율이 높습니다. 인천 동구는 소득수준 때문에 예외로 치고 계양구와 부평구가 좋은 지역입니다. 일산 동구와 서구를 비교하면 일산 서구는 킨텍스의 긍정적 영향을 받지만 그 외에는 파주 운정신도시가 바로 위라 성장에 제약을 받습니다. 반면 일산 동구는 대곡역에 역세권 개발이 있고 한강이 보이는 장항지구에 보상이 시작되었습니다. 이것은 곧 분양을 할 수 있다는 얘기입니다.

지방은 인구밀도가 높아 수급을 걱정할 필요가 없는 5대광역시를 따로 보아야 합니다. 예를 들어 대구와 부산을 비교해봅시다. 최근 부산은 힘들고 대구는 잘나갑니다. 그 이유는 대구는 규제지역이 1군데고 부산은 7군데이기 때문입니다. (정부는 2018년 12월 31일부로 부산의 규제지역 4곳을 해제했다.) 재건축 분양도 대구는 7,900세대, 부산은 3만 세대를 했습니다. 재건축에서 조합원 분양분을 제외한 일반분양만 따지면 대구는 지난 3년 동안 5,000세대만 분양했어요. 그만큼 대구는 분양이 이뤄지지 않았는데 수급은 괜찮지만 앞으로 정부가 규제지역을 늘려갈 신호가 보이면 조정을 받을 수 있습니다. 거꾸로 부산은 정부가 규제를 줄여갈 경우 회복될 가능성이 있지요.

대전과 광주를 보면 원래 잘나가던 지역들이 주택고령화로 왕좌를 내주는 공통점이 있습니다. 대전은 서구에 도안신도시, 관저지구 그리고 도마변동 재건축이 이뤄지며 유성구를 앞서고 있습니다. 광주 역시 새 아파트가 많은 광산구, 북구의 첨단·수완지구 중심으로 가격이 많이 올랐습니다. 특히 광주에는 공원특례사업이 있는데 이것은 공원을 조성해주고 아파트를 짓게 허가해주는 것입니다. 따라서 광주의 요지에 많은 분양이 이뤄질 전망이므로 이 기회를 포착하는 것이 좋습니다.

울산은 조선과 자동차가 부활하면 좋은 도시로 거듭날 수 있습니다. 산업통계 포털사이트(istans.or.kr)에는 정부가 발표하는 분기별 수출증가율이 나오는데 이것으로 미래를 예측해볼 수 있습니다.

그 밖에 인구가 많은 통합시는 국지적으로 회복하리라고 예상합니다. 실제로 하이닉스가 있는 청주 흥덕구와 창원 성산구가 회복 기미를 보이고 있습니다. 속초는 입주 부담이 있고 여수는 석유화학 호황이 계속되고 있어 좋아질 전망이며 순천은 양호합니다.

인구소멸을 역이용하는 것도 한 방법입니다. 정부 발표에 따르면 울산 북구, 대구 유성구, 경북 구미, 광주 광산, 세종, 천안, 거제는 인구소멸가능성이 '매우 낮은' 지역입니다. 다만 거제 같은 경우는 기반산업이 중요하므로 기반산업(조선업)의 동향을 함께 살펴봐야 합니다.

그럼 과연 어떤 아파트를 골라야 할까요?

시세 패턴을 보면 답이 나오므로 결국 KB시세와 국토부 실거래가를 비교해봐야 합니다. 예를 들어 어떤 33평 아파트가 가격이 떨어지는데 이를 좋게 볼 사람은 없습니다. 하지만 이때 실거래가가 KB시세보다 높으면 회복 기미로 봐야 합니다. 단, 4층 미만의 실거래가는 저층이라 의미 있는 시세로 보기 어렵습니다. 만약 KB시세보다 실거래가가 낮게 나오면 좋지 않다는 의미입니다.

층수도 굉장히 중요합니다. 국토부 실거래가 자료는 괄호에 층수를 표기해주는데 회복 신호는 허리층에서 나옵니다. 주택시장 회복은 투기꾼이 아니라 건전한 실수요자가 주도합니다. 시장저점기의 실수요자는 '고층'이 너무 비싸 보입니다. 그렇다고 실제 거주하기에 '저층'은 망설여집니다. 그래서 대개 중간층이 거래되기 시작합니다. 그러다 향후 시장이 완연한 상승세에 있으면 우리의 상식대로 저층부터 고층까지 우상향의 시세패턴이 형성됩니다. 만약 시장이 좋지 않으면 중간층은 물론 고층까지 가격이 내려앉습니다. 가령 1층과 4층, 13층의 가격이 비슷할 경우 시장이 힘들

112

어진다는 신호입니다.

　주택을 선택할 때 알아두면 좋은 사이트로는 호갱노노(hogang nono.com), 국토교통정보시스템(molit.go.kr/network), 주택정보포털(housta.khgc.kr) 등이 있습니다. 특히 국토교통정부시스템에는 시세, 실거래가, 미분양, 거래량, 교통 등 온갖 정보를 다 모아놨습니다. 주택정보포털 하우스타는 주택도시보증공사에서 운영하는 곳으로 분양가 등을 참고하는 데 좋습니다.

대박 분양 단지 찾는 법

　세 번째 키워드는 '대박 분양 단지 찾는 법'입니다.

　모델하우스는 보통 금요일에 오픈합니다. 금요일, 토요일, 일요일까지 많이 보라는 의미지요. 제가 분양률을 예측하면서 계산해보니 월요일, 비가 오는 날, 추운 날 많이 올수록 분양이 대박입니다. 이런 날 금·토·일에 오는 사람들의 3분의 1만 와도 분양이 잘됩니다.

　그리고 특별공급을 많이 접수할수록 좋은 분양단지입니다. 특별공급은 생애 한 번밖에 청약할 수 없는데 여기에 많이 넣는다는 것은 그만큼 분양이 잘된다는 얘기입니다. 특별공급 접수현황은 사이트 아파트투유(APT2you.com)에서 확인할 수 있습니다. 최근 '로또분양'이라고 해서 당첨되기 힘든 '핫'한 곳이 많습니다. 그럴 때 오히려 '특별공급' 접수가 덜된 타입(type)을 공략해서 당첨확률을 높이는 것도 한 방법이라 할 수 있습니다.

한때 경제계 키워드로 부상했던 블랙스완(black swan)이란 말은 확률적으로 예외적이라 발생 가능성이 없어 보이지만 일단 발생하면 엄청난 충격과 파급 효과를 내는 사건을 말합니다. 물론 주택시장에서도 이런 일이 충분히 발생할 수 있습니다. 특히 주택은 한 번 잘못 들어가면 엄청난 손해를 감수해야 하므로 주의해야 합니다.

저는 이번 강연에서 향후 '완만한 둔화'를 주장했는데, 저의 이 주장이 블랙스완으로 인해 틀릴 수 있는 '3가지 시그널'을 말씀드리겠습니다. 첫째로 미분양 수치입니다. 그 이유는 2011년부터 현재까지 미분양이 6만 호 이하로 감소하면 시장이 상승했고, 6만 호 이상으로 급증했을 때 시장이 얼어붙었습니다. 최근 2015년과 2016년 건설사가 80만 호를 분양했음에도 미분양은 6만 호를 넘지 않았습니다. 그만큼 시장이 뜨거웠지요. 2018년 10월 현재 미분양이 6만 호 정도지만 더 늘어날 가능성은 낮습니다. 실은 주택고령화로 지방시장도 청약이 잘 이뤄지고 있습니다. 그러나 2019년 외부 시장충격으로 전국 미분양이 현재 6만 호에서 6.5만 호로 수개월내 급증한다면 시장은 급격히 냉각될 가능성이 있습니다.

그다음으로 생각해볼 문제는 금리입니다. 여기서 말하는 금리란 한국은행의 가계대출 평균 금리로 한국은행에서 발표하는 시중금리에 가중치를 넣어 평균을 낸 것입니다. 역사적으로 2005년부터 2017년까지 금리가 올라갈수록 미분양이 증가했습니다. 통계가 모든 것을 100퍼센트 설명해주는 것은 아니지만, 한국은행 가계대출 가중평균금리는 역사적으로 '미분양의 흐름'을 절반 이상 설명합니다. 즉 가계대출금리가 상승하면 미분양이 증가하는데, 그 패턴상 가계대출 가중평균금리가 4퍼센트로 급증할 경우 미분양이 앞서 말씀드린 '6만 호'의 임계점을 돌파합니다. 즉 향후 가계대출 가중평균금리가 4퍼센트로 급증하면 블랙스완의 시그널이라 할 수 있습니다. 여기서 말하는 금리는 한국은행 가계대출 가중평균 금리입니다. 가중평균 금리는 2018년 6월부터 떨어졌어요. 금리는 오르는데 왜 가중평균은 떨어졌을까요? 이것은 은행이 기업대출보다 안전한 가계대출을 많이 해주려고 우량고객을 위해 대출을 3.6퍼센트까지 낮춘 겁니다. 그러다가 2018년 10월 조금 올라서 3.66퍼센트가 되었는데 이것이 4퍼센트까지 오르면 위험합니다. 이를 확인하려면 인터넷에서 한국은행경제통계시스템(ecos.bok.or.kr)을 활용하기 바랍니다.

소위 말하는 '똑똑한 1채'를 위해 서울 외 거주자가 서울 아파트를 너무 많이 사도(투자해도) 문제입니다. 2006년부터 2018년 9월까지 서울 아파트 거래량 현황을 보니 2008년 금융 위기 전 '서울 외 거주자의 서울 아파트 매입 비중'이 20퍼센트까지 상승했었습니다. 거래 5건 가운데 1건은 서울에 살지 않는 사람이 매수한 것인데 거래량으로 보면 4,500건입니다. 2018년에도 똑똑한 1채 트렌드는 더 강해져 거래량이 다시 20퍼센트에 진입했고 분기별로 7,000건 정도의 거래가 이뤄졌습니다.

다만 서울은 2018년 초만 해도 거래가 많았지만 정부 규제로 거래
량이 줄었습니다. 가격은 연초 대비 15퍼센트 올랐는데 고작 0.02~
0.03퍼센트 떨어졌어요. 매수자는 대부분 연초에 구매해서 이런 변
화는 사실상 의미가 없으나 그들이 얼마만큼의 부채로 구입했느냐
가 관건입니다.

상황이 불확실할수록 말이 많지만 그럴 때는 첫째도, 둘째도, 셋째
도 답은 팩트 체크입니다. 많은 사람이 불확실하다고 보는 2019년
에는 무엇보다 팩트를 체크해 정말 남 주기 아까운 부동산을 얻기를
기원합니다.

고종완

한국자산관리연구원장. 국내 최고의 도시부동산 자산관리의 융복합 전문가로 현재 한양대학교 부동산융합대학원 특임교수, 인하대학교 정책대학원 초빙교수를 비롯해 국민연금공단 투자심의위원, 경기도 도시재정비위원, 성남시 도시계획위원으로 활동 중이다. 저서로 《부동산 투자는 과학이다》 등이 있다.

5장

3년 뒤
웃을 수 있는
내 집 마련 성공법

고종완, 한국자산관리연구원장

제목에 들어간 '3년'이라는 숫자에는 적어도 1~2년 뒤까지는 집 값이 오르기 어렵다는 제 생각이 담겨 있습니다. 최소 3년 이상 미래를 내다보고 부동산시장에 대응하는 전략을 함께 나눠보고자 합니다. 이것은 어디까지나 실수요자를 위한 내용이고 투기와는 관련이 없습니다.

통계적으로 한국인은 주택을 한 번 구입하면 평균 10~11년간 보유합니다. 알다시피 2018년에는 부동산가격이 많이 올랐습니다. 이제 2019년을 전망하는 전문가들의 이런저런 얘기를 듣다 보면 굉장히 혼란스러울 텐데 그럴 것 없습니다.

부동산은 종합응용과학입니다. 부동산시장에는 성공 전략이 있는데 그 첫 번째가 '시기 선택'입니다. 지금이 살 때인가 아니면 팔 때인가를 잘 판단해서 선택해야 합니다. 저는 앞으로 1~2년은 집을 적극적으로 살 때가 아니라고 봅니다. 설령 집을 사더라도 성공 전략을 따라야 합니다.

두 번째는 '지역 선택'입니다. 부동산이 다른 재화와 다른 점은 독특하게도 지역성, 위치성, 입지성을 갖췄다는 것입니다.

세 번째는 '성장지역'입니다. 실물경기 경기변동론을 보면 40~50년 주기로 장기파동이 오면서 실물경기가 변화합니다. 분명히 말하지만 부동산은 괴물이 아닙니다. 부동산은 투기재나 괴물이 아니라 경제재 중 하나입니다. 인구구조 변화도 부동산에 많은 영향을 미치지만 이것만으로 부동산에 종합응용과학이라는 말을 붙이는 것은 아닙니다.

부동산이 변화하려면 인구 증가와 함께 소득 증가로 구매력이 높아져야 합니다. 여기에다 생활 인프라나 기반시설 같은 인프라 스트럭처(structure)가 필요합니다. 어느 나라든 소득이 3만 달러를 넘어서면 삶의 질을 추구하면서 교통뿐 아니라 문화 인프라 수요가 급증합니다. 특히 부동산에서 중요한 것은 상업 인프라입니다. 이러한 조건에 따라 호황기에 강한 부동산이 있는 반면 안정형 부동산도 있고 불황기에 뜨는 부동산도 있게 마련입니다. 그래서 부동산은 과학입니다. 아무튼 인구 변화만으로 부동산 변화를 설명하는 것은 일부분에 불과합니다. 부동산과 상관도가 높은 것은 뭐니 뭐니 해도 소득이지요.

부동산시장의 5대 변수

그와 함께 부동산은 5대 변수가 아주 중요합니다.

첫째, 경제성장률입니다. 2019년에는 경제성장률이 낮아질 전망인데 경제연구기관이 이미 2019년 성장 전망치를 2.3~2.6퍼센트로 보고 있습니다. 그만큼 실물경기가 좋지 않을 거라는 얘기입니다.

둘째, 금리입니다. 금리는 이미 1.75퍼센트로 올랐지요. 그러나 실물경기와 금리만으로 부동산을 분석하는 것은 흥미로울 수 있지만 정확한 일은 아닙니다.

셋째, 정책입니다. 정부의 정책기조가 2019년에도 완화될 조짐은 보이지 않습니다. 2018년 말 현재 대출규제와 세금이 문제로 부상하고 있는데 일각에서는 총선을 앞두고 좀 풀어주지 않을까 하고 기대하기도 합니다. 경기가 정부가 생각한 것보다 나빠진다면, 가령 경착륙이 온다면 그럴 수도 있겠지만 지금으로서는 예측하기 어렵습니다. 전 세계에서 유일하게 한국 정부가 금리, 대출, 세금, 전매를 틀어쥐고 있는데 2019년에는 과연 이것이 완화될까요?

넷째, 수급입니다. 부동산은 시장원리에 따라 수요와 공급으로 가격이 결정됩니다.

다섯째, 물가와 환율입니다.

이 5가지가 부동산에 직·간접적 영향을 미치는데 여기에 심리까지 포함하면 6가지가 핵심 변화 요인이라고 할 수 있습니다.

한편 부동산 역시 투자환경에 영향을 받습니다. 아쉽게도 2018년 말 현재 부동산은 상승하기에 무척 어려운 환경에 놓여 있습니다. 여기에다 인구, 소득, 인프라, 행정계획 변화가 부동산시장에 직접적인 영향을 미칩니다. 간단히 말해 이런 요소가 부동산의 시장가격을 결정하지요.

시장가격에 이어 한 가지 더 생각해야 할 것이 개별가격입니다. 개인적 관점에서 서울시 평균 부동산가격도 중요하지만 내가 사고자 하는 지역의 아파트 가격은 더 중요하잖아요. 앞의 5대 변수를 바탕으로 생각해보면 2019년에 부동산가격이 상승하기는 어렵습니다.

부동산은 사이클이다

부동산에도 경기변동 이론을 적용하는데 그중 하나가 사이클 원리입니다.

집값은 보통 5~6년 상승하면 4~5년 하향안정 추세를 보입니다.

빅데이터를 보면 한국은 1962년부터 지금까지 집값이 상승하고 나면 반드시 안정기가 왔습니다. 하락기는 딱 2번 있었는데 그 시기는 IMF를 겪은 1997년 말과 2008년 금융위기 때입니다. 흥미로운 사실은 이때 전세가와 매매가가 동시에 내렸고 또 땅값과 집값도 동시에 내렸다는 점입니다.

한데 2018년 말 현재 전세가가 내리고 있습니다. 이것은 장기적인 흐름을 분석할 때 매우 의미 있는 변화입니다. 알다시피 전세는 수급으로 가격결정이 이뤄집니다. 부동산114 자료에 따르면 서울 지역은 2019년 약 4만 2,000가구가 입주합니다. 대표적으로 헬리오시티와 개포주공1·2단지가 2019년 입주해서 2018년보다 입주물량이

전국 아파트 입주 물량 추이

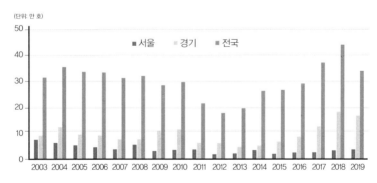

자료: 부동산114, NH투자증권, 대신증권 등

다소 증가합니다. 2019년 상반기까지 입주하는데 이 물량의 여파는 이미 시장에 선반영된 것으로 보입니다.

그다음으로 주거이동도 부동산 경기변동에 많은 영향을 미칩니다. 2018년 말 현재 매달 1만 명씩 경기도와 인천, 즉 수도권으로 옮겨가고 있습니다. 사람들의 주거이동은 점점 빨라지고 있는데 여기에는 두 가지 이유가 있어요. 하나는 서울의 집값과 전세가가 너무 높아 주거비 부담 때문에 비자발적으로 이주하는 것입니다. 다른 하나는 GTX A·B·C나 신분당선, 5호선, 8호선, 9호선 연장 같은 광역교통망 확충에 가속도가 붙어서입니다. 여기에다 중소형 신규 주택 선호도와 만족도가 높아지면서 30~40대의 주거이동이 매우 활발합니다.

요즘 집을 매입하는 층은 30대가 29퍼센트로 가장 높고 그다음이 40대입니다. 과거처럼 50~60대가 집을 사는 게 아니라 수요층이 바뀌고 있습니다. 이들은 서울에 집을 구입할 만큼 자금 여력이 넉넉지 않아 경기도로 빠지는 것입니다.

이제는 단순히 시장이 나쁘다며 관망만 하지 말고 성장지역의 투자가치가 높은 슈퍼부동산으로 갈아타야 합니다. 가령 하남은 교통 인프라도 계속 확충하고 있고 하남 스타필드 효과가 집값에 5~10퍼센트 영향을 주고 있습니다. 특히 3기 신도시와 관련해서는 행정계획을 잘 살펴보기 바랍니다.

주택보급률이 낮은 서울 전세가는 약간 하락

빅데이터를 보면 미국은 20년, 한국은 10년 주기가 뚜렷하게 나타납니다. 2018년 현재 경기도 좋지 않고 금리 상승, 대출 규제, 입주물량 증가, 투자심리 하락 등 많은 것이 부정적인데도 집값은 올랐습니다. 왜냐고요? 부동산은 괴물이기 때문입니다. 지금까지 5년 동안 올랐는데 왜 내리겠어요.

또한 거래량은 가격에 1~2분기 앞서는 선행지표이므로 주목해야 합니다. 거래량 하나만으로 부동산을 예측해서는 안 되지만 거래량이 감소하면 가격은 지속적으로 상승하기 어렵다는 것을 알아야 합니다. 거래량은 속일 수 없는 중요한 지표이자 에너지입니다.

부동산 경기는 '사이클'이다

■ 단기, 중기, 장기로 구분하여 예측하라

■ 선행지표를 활용하라
 – 주택거래량은 가격에 1~2분기 선행함
 – 인허가 물량, 미분양 물량, 경매 물량지표

■ 선행시장 이론
 – 강남과 재건축은 선행시장, 주도시장임

만약 전세가가 오르거나 내리면 시장은 한 방향으로 갑니다. 1~2년을 보면 늘 그런 게 아니지만 길게 보면 정말 그렇습니다. 가령 서울에 전세가가 많이 내리면 집값도 내리지만 그럴 만큼 입주물량이 많지 않습니다. 적정한 입주물량이 5만 5,000가구인데 지난 5년간 실제 입주물량은 4만 6,000가구 정도입니다. 이런 통계가 제대로 나오면 집값과 전세가가 어떻게 될지 예측하는 것은 어렵지 않습니다.

땅값 역시 집값에 많은 영향을 주며 땅값이 오르면 집값도 오릅니다. 2009년부터 2018년 말 현재까지 땅값은 10년째 오르고 있습니다. 향후 집값이 내리더라도 땅값 때문에 많이 내려가기는 어렵습니다. 특히 3기 신도시가 땅값을 자극할 가능성이 큰데 땅값이 오르면 집값도 오릅니다.

정부는 공급부족이 아니라 투기수요 때문에 집값이 오른다고 보고 9.13조치에서 3기 신도시 개발계획을 내놓았습니다. 서울은 주택보급률이 105퍼센트가 적당하지만 아직 96퍼센트에 불과합니다. 이처럼 여전히 공급이 부족한 상황이라 2019년 입주물량이 증가해도 전세가가 많이 내려가지 않을 전망입니다.

2019년부터 집값은 하향안정기로 접어들지만 많이 내리기는 어렵습니다. 그 이유는 공급이 그다지 늘지 않기 때문입니다. 전세가도 많이 내리지 않을 겁니다. 만약 3기 신도시 사업으로 수도권 땅값이 오르면 토지보상비로 유동성이 증가하면서 서울의 땅값이 내리지 않을 가능성이 큽니다. 그러면 집값도 내리지 않습니다.

단, 강남 재건축은 예외입니다. 알고 있다시피 압구정 구현대아파트를 포함해 대장주로 알려진 잠실주공5단지, 은마아파트는 벌써 올랐던 것을 다 반납했습니다. 가령 7~9억 원일 때 들어간 사람은 19억 원으로 올랐다가 16억 원으로 떨어져도 별다른 충격을 받지 않습니다. 반면 19억 원에 샀다가 17억 원으로 떨어졌다면 얘기는 다릅니다. 지금이라도 내놓는 것이 어떻겠느냐고 할지도 모르지만 팔리지 않습니다. 이처럼 추가 하락 가능성이 높아 진퇴양난에 빠진 사람이 의외로 많습니다.

5년 내 바닥에서 구매할 대기회가 열린다

제가 볼 때 빠르면 2~3년 후, 늦으면 3~4년 뒤 바닥에서 구매할 대기회가 열립니다. 얼마만큼 떨어질지는 몰라도 많은 사람이 피눈물을 흘리는 시기가 오리라고 봅니다. 지난 2008년 이후 5~6년간 집값이 내리면서 하우스푸어나 렌트푸어가 많이 생겼지요. 당시 경착륙이 오면서 많은 사람이 곤경에 처했습니다. 그리고 다시 올랐다는 사실을 생각해보십시오.

이제 굉장히 힘든 시기가 올 수 있다는 것을 예측하고 준비해야 합니다. 2018년 말 현재 강남 재건축은 평균상승률, 물가상승률, 거시경제지표, 경제성장률보다 더 오른 곳이 꽤 많습니다. 그렇지만 앞으로 재건축이 순조롭게 진행되지 않거나 앞서 말한 5대 변수에 커다란 이상이 발생하면 내릴 가능성도 완전히 배제할 수 없습니다.

그래도 우리는 저가에 내 집을 마련할 기회가 온다는 희망을 얘기합시다. 안타깝게도 오르면 더 오를 거라고 생각하는 사람이 있듯 사이클 원리를 모르면 내릴 때 집값이 더는 오르지 않을 거라며 안심하는 사람이 있습니다. 한마디로 2012~2014년에 경험한 현상이 똑같이 나타납니다.

인구와 소득을 분석해보면 2031년까지는 인구가 증가합니다. 또 2042년까지는 가구 수가 늘어납니다. 소득은 2040년까지 증가하지요. 인구, 소득, 인프라가 늘어날 때까지 서울 집값은 상승곡선을 그릴 가능성이 큽니다. 그렇다고 매년 오른다는 뜻은 아닙니다. 세계적인 투자의 대가들이 늘 우리에게 경고하듯 지금은 조바심을 내기보다 인내심과 감정통제가 필요한 시기입니다.

2018년 말 현재 1주택자는 어떻게 해야 할까요? 부동산은 지역성이 있는 재화이고 특히 서울은 성장도시, 성장지역에 위치한 까닭에 전반적으로 시장가격이 내리기는 어렵습니다. 하지만 많이 오른 곳은 예외적으로 내릴 수도 있습니다. 예를 들어 재건축을 고점에 산 사람은 길게 갈 생각을 해야 합니다.

강남은 왜 비쌀까요? 강남이 비싼 이유는 건설회사가 아파트를 잘 지어서가 아니라 땅값이 비싸기 때문입니다. 또한 강남은 제주, 세종, 부산 해운대와 함께 지난 4~5년간 계속 성장했습니다. 덕분에 인구, 소득, 인프라, 행정계획이 집중되었지요.

강남에서도 3군데를 꼽자면 삼성, 잠실, 수서입니다. 이곳을 신트라이앵글이라고 부르는데 지도를 보면 실제로 삼각형이 그려집니다. 강남은 거의 다 유망하지만 그중에서도 이 3군데를 꼽은 이유는 이곳이 성장지역이라 미래가치가 크기 때문입니다.

그렇다고 강남 일변도로만 생각하지 말고 강북지역도 주목해야 합니다. 특히 한강변과 도시재생지역을 눈여겨볼 필요가 있습니다. 여기에다 광역교통망을 기반으로 3기 신도시에서 강남을 대체할 주거지역이 나올지도 모르므로 관심을 기울이기 바랍니다. 또 서울시는 1기 신도시 20킬로미터 내에 토지 100만 평을 확보해 공급을 늘리겠다고 했습니다. 이러한 신도시와 도심재개발로 가격이 상승할 가능성이 크므로 투자기회를 놓치지 않아야 합니다.

서울은 강북의 한강변과 도시재생지역을 주목하라

2019년에는 부동산 경기가 냉각될 가능성이 크지만 우리는 3년 후를 봐야 합니다. 3년 후를 생각하면 망설이지 말고 내 집을 마련해야 합니다. 한국에는 흔히 말하는 강남 효과라는 게 있는데 강남을 대체할 주거지는 당분간 나오지 않을 듯합니다. 이미 판교, 광교, 분당이 강남 대체 주거지를 표방했지만 그 역할을 제대로 수행하지 못하고 오히려 강남의 입지가치를 돋보이게 만들었습니다.

2018년 말 현재 강남은 거래량이 70퍼센트가 하락했습니다. 거래량은 2019년 봄이 분수령입니다. 그때 30~40대 실수요자가 집을 사지 않으면 2019년 집값이 오르기가 어렵습니다. 2018년이 고점이고 2019년이 변곡점이라면 특히 2019년 봄에 주목해야 합니다. 이때 살아나지 않을 경우 시장은 에너지가 떨어진 채로 조정장으로 넘어갑니다.

주택가격이 궁금하면 먼저 땅값 변화를 봐야 합니다. 개별공시지가를 보면 서울의 경우 인천과 경기보다 땅값이 많이 올랐습니다.

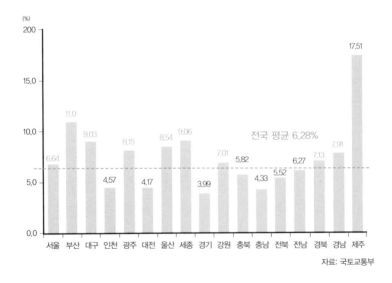

2018년 시도별 개별공시지가 변동률 현황

전국 평균 6.28%

서울	부산	대구	인천	광주	대전	울산	세종	경기	강원	충북	충남	전북	전남	경북	경남	제주
6.64	11.0	9.03	4.57	8.15	4.17	8.54	9.06	7.01	5.82	4.33	5.52	6.27	7.13	7.91	17.51

자료: 국토교통부

이처럼 땅값이 오르면 집값도 오릅니다. 그런 의미에서 공시지가변동률 평균선을 살펴보는 것은 큰 의미가 있습니다.

한국의 집값은 하락하더라도 글로벌 집값에 비해 크게 떨어지지 않습니다. 그 이유는 소득 대비 집값지수(PIR)가 높지 않고 전세가도 많이 떨어지지 않기 때문입니다. 또한 거래량이 감소해도 땅값이 떨어지지 않습니다.

벌집순환모형으로 주택경기를 전망하면 2018년 말 현재 서울은 거래감소, 가격하락이라는 변곡점에 있습니다. 이 모형에 따르면 침

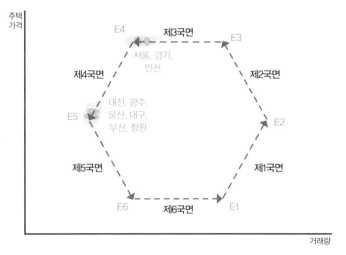

벌집순환모형에 의한 2018년 지역별 주택순환국면

자료: 한국자산관리연구원

체가 본격화하면서 경기가 불황으로 접어들면 4~5년간 하락하고, 회복기에 진입해 경기가 좋아지면 상승합니다. 그렇다면 지방은 앞으로 1~2년이 더 지나면 오를 가능성이 큽니다.

한편 금리와 부동산은 서로 반대관계인데 2019년 금리는 많이 오르지 않을 것입니다. 만약 저성장, 저물가가 지속된다면 2021년쯤 일본과 마찬가지로 한국도 제로금리에 가까워지지 않을까 싶습니다. 금리가 내릴 경우 집값이 들썩입니다. 이것은 수급 문제나 경제성장률, 거시경제지표가 아니라 일시적으로 금리의 영향을 받기 때문입니다.

한국은 저출산, 고령화, 소가구화로 인구구조가 변화하고 있습니다. 특히 은퇴자는 어느 지역이 뜬다는 것보다 대형병원 위주로 직주의문(직장, 주거, 의료, 문화시설)을 염두에 두고 살 집을 고려해야 합니다. 연령대에 맞게 필요한 주거시설을 갖춘 곳을 외면하고 역주행을 하면 삶이 피곤해집니다.

앞으로 내가 살기에 좋은 집, 투자하기에 적합한 집을 가려내는 정보는 살집팔집, MK부동산, KB부동산 리브온 같은 곳에 들어가 살펴보면 다 나옵니다.

부동산 경기에서 중요한 이론은 10년 주기설과 벌집순환모형인데 여기에 따르면 당장 2019년부터 부동산과 관련된 정보에 관심을 기울여야 합니다. 무엇보다 5호선 연장선에 주목하십시오. 연구보고서가 검증한 바로는 관련 지역 집값이 15~30퍼센트 오를 전망입

2019년 개통 예정 신설 역세권에 주목하라

구분	내용	주요 수혜지역
5호선 연장선	상일동역~강일역~미사역~풍산역~덕풍역~검단산역	하남 미사역(망월동), 덕풍동, 신장동
김포도시철도	양촌역~장기역~김포시청역~고촌역~김포공항역	김포한강신도시, 고촌읍
수인선(3단계 연장)	한양대앞~봉담~수원역	한대앞(안산), 수원역

자료: 한국자산관리연구원

니다. 2019년 개통하는 수인선3단계도 집값에 영향을 줄 겁니다. 실수요자라면 이런 지역 중에서 서울과의 교통접근성이 좋은 곳에 관심을 기울여야 합니다.

서울은 비록 인구가 감소하고 있지만 서울보다 20년 앞선 뉴욕과 도쿄를 보면 서울은 2040년까지 안전지대로 남을 가능성이 큽니다. 인구는 증가하지 않지만 가구 수가 늘어나면서 성장성이 그대로 유지될 것이기 때문입니다. 인프라 역시 계속 확장되고 있는 중입니다.

서울은 앞으로 30군데에 변화가 올 전망인데 주로 강북지역에 개발호재가 있습니다. 특히 한강변, 도시재생사업, 경전철, 신분당선 연장선, GTX A·B·C 노선, SRT 등에 주목하고 3기 신도시 중에서도 강남 효과를 볼 수 있는 곳을 노려야 합니다. 그러면 늦어도 3~4년 뒤 부동산 경기가 살아나 선택을 잘했다며 활짝 웃을 것입니다. 서울의 30군데 중에서도 용산과 여의도, 서울

동부권이 좋아집니다. 강남은 변동성이 좀 있겠지만 길게 5~10년 후를 내다보면 장기적으로 상승 추세는 남아 있습니다. 무엇보다 대형 평형보다 중소형이 트렌드라는 것을 기억하기 바랍니다.

서울시 슈퍼아파트 TOP10

강남권

구구분	동구분	아파트명	구분	입주 년도	총 세대수	용적률	내재가치				미래 가치	투자 가치 판단
							종합	입지	수익	희소		
강남구	세곡동	세곡푸르지오	새아파트	2012	912	174	★★★	★★★	★★	★★	★★	높음
강남구	수서동	데시앙포레	새아파트	2014	787	200	★★★	★★	★★★	★★	★★★	높음
강남구	일원동	상록수	일반아파트	1993	740	109	★★★	★★★	★★★	★★	★★★	높음
강남구	일원동	가람	일반아파트	1993	496	109	★★★	★★★	★★	★★	★★★	높음
강남구	일원동	한솔마을	일반아파트	1994	570	108	★★★	★★★	★★★	★★	★★★	높음
강동구	둔촌동	주공1(저층)	재건축	1980	1370	87	★★★	★★★	★★★	★★★	★★	높음
강동구	둔촌동	주공3(고층)	재건축	1980	1480	87	★★★	★★★	★★★	★★★	★★	높음
강동구	둔촌동	주공4(고층)	재건축	1980	2180	87	★★★	★★★	★★★	★★★	★★	높음
서초구	반포동	샘터마을	재건축	1973	3590	89	★★★	★★★	★★★	★★★	★★★	높음
송파구	장지동	위례24단지꿈에그린	새아파트	2013	1810	194	★★★	★★★	★★★	★★★	★★	높음

비강남권

구구분	동구분	아파트명	구분	입주 년도	총 세대수	용적률	내재가치				미래 가치	투자 가치 판단
							종합	입지	수익	희소		
광진구	광장동	워커힐	재건축	1978	576	95	★★★	★★★	★★	★★	★★	높음
구로구	궁동	우신	일반아파트	1989	762	88	★★★	★★	★★★	★★	★★	높음
구로구	오류동	금강(수목원)	일반아파트	2003	620	124	★★★	★★★	★★★	★★	★★	높음
노원구	상계동	상계주공5단지	재건축	1987	840	93	★★★	★★★	★★	★★	★★	높음
노원구	상계동	상계주공8단지	재건축	1988	830	88	★★★	★★★	★★	★★★	★★	높음
노원구	공릉동	공릉2단지라이프	일반아파트	1994	660	84	★★★	★★★	★★★	★★★	★★	높음
마포구	용강동	e편한세상 마포리버파크	새아파트	2015	547 (임대93)	237	★★★	★★★	★★★	★★	★★★	높음
용산구	이촌동	한강멘숀	재건축	1971	660	101	★★★	★★★	★★	★★★	★★★	높음
용산구	이촌동	한강더힐	새아파트	2011	600	120	★★★	★★★	★★★	★★★	★★★	높음
은평구	반포동	북한산푸르지오	새아파트	2015	1230 (임대155)	222	★★★	★★★	★★★	★	★★★	높음

자료: 한국자산관리연구원

전국 슈퍼아파트 TOP10

경기도

구구분	동구분	아파트명	구분	입주년도	총세대수	용적률	내재가치				미래가치	투자가치 판단
							평균	입지	수익	희소		
과천시	부림동	주공7단지	재건축	1982	722	91	★★★	★★★	★★★	★★★	★★	높음
과천시	원문동	주공2단지	재건축	1982	1370	70	★★★	★★★	★★★	★★★	★★	높음
부천시 소사구	괴안동	삼익세라믹	일반아파트	1989	781	133	★★★	★★★	★★	★★★	★★	높음
성남시 분당구	백현동	백현1 푸르지오그랑블	새아파트	2011	948	200	★★★	★★★	★★★	★★	★★★	높음
성남시 분당구	백현동	백현5 휴먼시아	새아파트	2009	584	171	★★★	★★★	★★★	★★	★★★	높음
성남시 분당구	이매동	이매진흥	일반아파트	1993	832	214	★★★	★★★	★★★	★★★	★★	높음
수원시 영통구	이의동	광교 호반베르디움	새아파트	2011	555	100	★★★	★★★	★★	★★★	★★★	높음
용인시 기흥구	구갈동	한성1차	일반아파트	1992	570	123	★★★	★★★	★★★	★★★	★★	높음
용인시 수지구	상현동	광교상록자이	새아파트	2012	1035	165	★★★	★★★	★★★	★★	★★	높음
파주시	동패동	한울마을7단지 삼부르네상스	새아파트	2010	724	192	★★★	★★★	★★★	★★★	★★	높음

인천시

구구분	동구분	아파트명	구분	입주년도	총세대수	용적률	내재가치				미래가치	투자가치 판단
							평균	입지	수익	희소		
중구	운서동	영종주공 스카이빌10단지	일반아파트	2001	740	128	★★★	★★★	★★★	★★★	★★	높음
연수구	송도동	송도웰카운티 1단지	새아파트	2008	980	159	★★★	★★★	★★★	★★★	★★★	높음
연수구	동춘동	연수풍림2차	일반아파트	1993	1200	112	★★★	★★★	★★★	★★★	★★★	높음
연수구	동춘동	현대1차	일반아파트	1993	1040	111	★★★	★★★	★★★	★★★	★★★	높음
연수구	연수동	연수주공2단지	일반아파트	1992	960	154	★★★	★★★	★★★	★★★	★★★	높음
연수구	연수동	대동	일반아파트	1993	768	130	★★★	★★★	★★	★★★	★★★	높음
서구	당하동	검단힐스테이트4차	새아파트	2012	588	171	★★★	★★★	★★	★★	★★	높음
남동구	만수동	광명	일반아파트	1991	870	122	★★★	★★★	★★	★★★	★★	높음
남동구	논현동	에코메트로12단지 한화꿈에그린	새아파트	2009	1298	198	★★★	★★★	★★	★★	★★	높음
남구	도화동	동원	재건축	1987	375	125	★★★	★★★	★	★★★	★★	높음

자료: 한국자산관리연구원

2019년 개통 계정 신설 역세권

지하철 5호선 연장선_ 풍산지구 인근

구구분	동구분	아파트명	구분	입주년도	총세대수	용적률	내재가치				미래가치	투자가치판단
							평균	입지	수익	희소		
하남시	덕풍동	하남풍산 아이파크1단지	새아파트	2008	686	180	★★★	★★	★★★	★★	★★★	높음
하남시	덕풍동	삼부르네상스	새아파트	2008	471	180	★★	★★	★★	★★	★★★	높음

지하철 5호선 연장선_ 하남시청 인근

구구분	동구분	아파트명	구분	입주년도	총세대수	용적률	내재가치				미래가치	투자가치판단
							평균	입지	수익	희소		
하남시	신장동	에코타운1단지	일반아파트	2004	525	236	★★	★★	★★★	★★	★★★	높음
하남시	신장동	백송한신	일반아파트	1994	641	219	★★	★★	★★	★★	★★★	높음
하남시	신장동	백조현대	일반아파트	1994	880	235	★★	★★	★★★	★★	★★★	높음

김포도시철도_ 김포 한강신도시

구구분	동구분	아파트명	구분	입주년도	총세대수	용적률	내재가치				미래가치	투자가치판단
							평균	입지	수익	희소		
김포시	장기동	고창마을 (케이씨씨스위첸)	새아파트	2011	1090	180	★★★	★★	★★★	★★	★★★	높음
김포시	장기동	한강호반 베르디움	새아파트	2012	1584	180	★★★	★★	★★★	★★	★★★	높음
김포시	운양동	김포 한강신도시 반도유보라2차	새아파트	2013	1498	180	★★★	★★	★★★	★★	★★	높음

김포도시철도_ 고촌지구 인근

구구분	동구분	아파트명	구분	입주년도	총세대수	용적률	내재가치				미래가치	투자가치판단
							평균	입지	수익	희소		
김포시	고촌읍	강변마을 (월드메르디앙)	새아파트	2010	560	193	★★	★★	★★	★★	★★★	높음
김포시	고촌읍	수기마을 힐스테이트1단지	새아파트	2012	1584	180	★★	★★	★★	★★	★★★	높음
김포시	고촌읍	수기마을 힐스테이트2단지	새아파트	2008	1149	215	★★	★★	★★	★★	★★	높음

자료: 한국자산관리연구원

수인선 연장_ 안산 한양대 인근

구구분	동구분	아파트명	구분	입주년도	총세대수	용적률	내재가치 평균	내재가치 입지	내재가치 수익	내재가치 희소	미래가치	투자가치판단
안산시 상록구	사동	늘푸른금강	일반아파트	1999	674	184	★★★	★★★	★★★	★★	★★	높음
안산시 상록구	사동	푸른마을5단지	일반아파트	2000	1343	148	★★★	★★★	★★★	★★	★★	높음
안산시 상록구	사동	상록수타운욱일	일반아파트	194	576	149	★★★	★★	★★	★★	★★	높음
안산시 상록구	본오동	본오주공	일반아파트	1996	519	150	★★★	★★★	★★★	★★	★★	높음
안산시 상록구	본오동	우성	일반아파트	1990	1080	191	★★★	★★★	★★	★★	★★	높음

수인선 연장_ 수원시

구구분	동구분	아파트명	구분	입주년도	총세대수	용적률	내재가치 평균	내재가치 입지	내재가치 수익	내재가치 희소	미래가치	투자가치판단
수원시 권선구	권성동	삼천리2차	일반아파트	1996	546	199	★★★	★★★	★★★	★★★	★★★	높음
수원시 권선구	권성동	권선3지구 주공3단지	일반아파트	2001	582	217	★★★	★★★	★★★	★★★	★★★	높음
수원시 권선구	권성동	권선1현대	일반아파트	1996	809	219	★★★	★★★	★★★	★★★	★★★	높음

자료: 한국자산관리연구원

남궁훈

신한금융그룹 자회사 신한리츠운용 대표이사. 2001년 신한금융투자에 입사하여 2017년 8월까지 WM(자산관리)추진본부장을 지냈다. 이후 신한리츠운용 설립추진단장으로 회사 설립을 이끌고 회사의 1호 상품인 신한알파리츠를 출시해 일반 공모 및 코스피 상장을 완료하여 대한민국 리츠 전문가로 명성을 쌓았다.

6장

1만 원으로 빌딩 주인,
리츠의 모든 것

남궁훈, 신한리츠운용 대표이사

한국인의 자산 구성을 보면 70퍼센트가 부동산 자산이고 나머지 30퍼센트가 금융 자산입니다. 특이하게도 한국인은 부동산 애착이 각별합니다. 그래서 돈이 생기면 아파트, 상가, 4층이나 10층짜리 건물을 소유하려고 애를 씁니다. 하지만 부동산을 직접 소유하면 임대 관리를 해야 하는데 이를테면 배관, 난방, 전기, 시설, 임차, 세금 등에 신경을 써야 합니다.

이렇게 불편한 일이 따르는데도 부동산을 소유하는 이유는 그 가치가 계속 오르기 때문입니다. 또 주식은 중간에 폭락하거나 상장폐

지까지 당하기도 하지만 부동산은 거의 실패하지 않으니 '부동산은 배신하지 않는다'는 의식이 강합니다.

이제 그런 시대는 지나갔습니다. 부동산은 올라가는 데만 있는 것이 아니라 떨어지는 데도 있고 공실이 나면 손해를 감수해야 합니다. 임차가 나가 공실이 생길 경우 새로운 임차인을 구하는 등 여러 가지 복잡한 문제도 있지요. 그 밖에 시설관리도 해야 합니다.

부동산을 직접·단독으로 소유하는 게 아니라 간접·공동소유, 즉 리츠(REITs, Real Estate Investment Trusts, 부동산투자신탁) 형태로 가면 모든 것을 자산관리회사(AMC), 즉 리츠가 관리해줍니다. 이 경우 투자금은 일종의 주식에 해당하며 투자자는 적정한 수익률로 투자배당을 받습니다. 쉽게 말해 리츠는 세계적으로 안정적인 중위험, 중수익 상품입니다. 간혹 건물 때문에 고생하는 사람이 제게 리츠로 관리할 수 있느냐고 문의하는데 사실 리츠로 관리하는 건물은 프라임급입니다. 정확히 수익관리를 할 수 있어야 하니까요. 그런 의미에서 건물보다 리츠 상품에 투자하기를 권합니다.

왜 리츠 투자인가?

왜 리츠를 사야 할까요?

주식의 주무관청은 금융위원회와 금융감독원이지만 리츠는 국토교통부입니다. 거기에서 라이선스를 주고 관리감독을 하는 것이지요. 그곳의 모법이 부동산투자회사법인데 그 제1조가 이렇습니다.

> 일반 국민이 부동산에 투자할 수 있는 기회를 확대하고 부동산에 대한 건전한 투자를 활성화하여 국민경제 발전에 이바지함을 목적으로 한다.

사실 이 법은 잘못 만들어졌습니다. 리츠는 부동산투자회사로 개인투자자는 그 리츠에 투자해 수익을 올립니다. 물론 국민경제 발전에 이바지하는 것도 필요하지만 '개개인의 재산형성에 기여할'이라는 말이 빠졌어요. 투자자 입장에서는 우선 내 재산이 늘어나야 좋은 것 아닙니까?

리츠는 당연히 건전한 투자로 국민경제에 도움을 줍니다. 가령 투기를 막아주는 역할을 합니다. 한데 이것은 정책당국이 해야 할 일이지 국민의 의무는 아닙니다. 다만 국민이 원해서 투자한 것이 국민에게도 좋고 국민경제에도 이바지하는 셈이지요. 실제로 다른 증권회사법을 보면 내 재산형성에 이바지하는 것이 많습니다.

많은 사람이 예금, 적금에 빠져 있다 보니 한국의 리츠는 일본(2001년)이나 싱가포르(2003년)와 비슷한 시기에 출범하고도 두 나라와 달리 아직 미미한 상태입니다. 리츠를 발매한 초창기에도 세제혜택 같은 것은 전혀 없었습니다. 여기에는 그만한 이유가 있습니다.

애초에 리츠를 출시한 목적은 좋은 상품을 만들어 국민의 재산증식에 도움을 주려는 데 있지 않았습니다. IMF 이후 기업이 줄줄이 도산하자 기업 소유의 건물 사옥을 서둘러 구조조정하라고 CR리츠(Corporate Restructuring REITs, 기업구조조정 부동산투자신탁)에 세제혜택과 면세혜택을 주었지요. 그 출발이 기업 위주였던 탓에 리츠가 국민상품으로 부상하지 못한 것입니다. 이제 와서 그것을 거꾸로 돌리려다 보니 기존에 있던 세제혜택을 모두 없앴습니다.

만약 리츠 초창기에 세제혜택을 줬다면 지금쯤 많은 국민이 리츠 주식으로 행복해했을 겁니다. 이 법을 IMF 이후 시작했는데 당시 건물가격이 상당히 낮았습니다. 그때 리츠를 만들어 보유했다면 매년 배당을 7~8퍼센트 받고 부동산 가치에 따른 주식이 몇 배는 뛰었을 것입니다.

리츠가 세제혜택을 받지 못해도 2018년 부동산 리츠 배당률이 7.6퍼센트입니다. 수익률을 보면 1년 정기예금이 2퍼센트에 조금 미치지 못하고 국채는 10년물이 2.34퍼센트입니다. 물론 리츠 배당률 7.6퍼센트는 공모와 사모를 모두 합친 것입니다.

한국에는 모두 199개의 리츠가 있는데 그중 공모리츠는 4개(2018년 1분기 기준)입니다. 사모리츠는 기관, 보험, 연기금이 들어가는 곳으로 개인이 들어가기가 어렵습니다. 2018년 말 현재 기준으로 보면 공모리츠가 2개 더 늘어 6개가 되었습니다.

리츠의 총자산가액은 37조 원인데 이 가운데 공모리츠 자산은

4,600억 원으로 약 1퍼센트에 불과합니다. 이토록 공모리츠 비중이 낮다는 것은 일반투자자가 참여할 기회가 드물다는 의미입니다. 기존에 있던 4개의 리츠도 소규모 자기관리리츠라서 일반 투자자에게는 큰 도움이 안 됩니다. 최근에 나온 2개의 리츠가 정상적인 공모리츠인데 그 리츠 주가가 상장 주가보다 올랐거나 거의 근접합니다.

정부는 2016년부터 부동산 투기를 잡고 시중 유동자금을 흡수하기 위해 리츠를 활성화하겠다고 발표했습니다. 먼저 2016년 12월 ISA계좌에 공모리츠를 편입한다고 했습니다. 그러려면 주식시장에서 매수해 넣어야 하는데 뭐가 있어야 매수할 게 아닙니까. 2,000억 원 이상의 공모리츠가 나온 것이 2018년 6월 이후의 일입니다. 리츠 상장 여건을 개선하겠다는 것도 별다른 의미가 없습니다. 아직 공모

공모·상장리츠 활성화를 위한 정부의 노력

ISA 계좌에 공모리츠 편입	2016년 12월
리츠 상장 여건 개선	2016년 10월
공모리츠, 현물출자에 대한 양도세 과세이연	2016년 12월
리츠 자산관리회사와 펀드운용사 겸업 허용	2016년 12월
리츠 1인 주식 소유제한 완화	2017년 3월
특별관계자와의 거래제한 완화	2017년 3월
자기관리리츠 의무배당 완화	2017년 3월
리츠 최저자본금 준비기간에 대한 불산입 기간 신설	2017년 3월

부동산펀드보다 상장하기가 어려운 실정입니다.

또 현물출자 양도세 과세이연은 2019년 끝납니다. 국민이 현물을 출자해 과세이연으로 배당을 더 받게 해야 하는데 공모리츠가 몇 개에 불과해 원천적으로 공모리츠를 살 수가 없습니다. 현실적으로 이지스나 코람코 같은 운용사, 자산관리회사가 자산을 운용하며 리츠 업무를 겸용합니다. 그것도 규제가 워낙 심하다 보니 리츠를 하지 않고 그냥 펀드로 하지요.

앞쪽 도표에 나오는 리츠 1인 주식 소유제한 완화, 특별관계자와의 거래제한 완화, 자기관리리츠 의무배당 완화는 죄다 공염불입니다. 리츠가 있어야 그걸 사서 혜택을 받을 것 아닙니까. 리츠가 없는데 대체 누구에게 혜택을 주겠다는 것인지 모르겠어요. 물론 기존에 한 200억 원짜리 자기건물을 소유한 사람이 자기관리리츠로 상장한 경우에는 혜택을 볼 것입니다.

정말로 도움을 주려면 상장한 공모리츠가 많이 나오도록 절차나 규제완화책을 만들어야 합니다. 당장 그런 대책이 나와도 좋은 건물을 구입해 임대를 채우고 임대료를 받아 투자자에게 6퍼센트 이상 배당하려면 시간이 걸립니다. 최대한 빨리 진행해도 보통 8개월이 걸립니다. 그러니까 2018년 12월에 대책이 나와도 그 혜택은 빨라야 2019년 8월에 봅니다.

사람들이 리츠에 투자하는 것은 부동산 투기 대신 부동산 간접소유를 선택하는 셈입니다. 그렇다면 리츠 투자에서 나오는 배당금에 최소한 분리과세 혜택이라도 줘야 하지 않나 싶습니다. 리츠는 원래 그 목적이 일시적 투자에 있지 않아 미국에서도 은퇴자 연기금에 많이 들어갑니다. 한마디로 생활자금으로 많이 쓰는 상품이지요. 그러니까 자기 돈을 투자해 여유 있게 배당을 받아 노후생활을 하도록 세제혜택을 주는 것이 바람직하다고 봅니다.

6개월마다 배당을 받고 언제든 팔 수 있는 리츠

2018년 6월 이후에 나온 공모리츠 2개가 이리츠코크렙과 신한알파리츠입니다. 이리츠코크렙은 분당, 일산, 평촌에 있는 이랜드 소유의 중견백화점으로 만든 회사이며 전문용어로 리테일리츠라고 합니다. 이러한 판매시설은 수익률이 높습니다. 신한알파리츠는 판교의 오피스건물 알파돔이 기반인데 IT기업 덕분에 이곳은 공실률이 거의 없습니다. 기본적으로 오피스리츠인 신한알파리츠는 2018년 8월 8일 상장 당시 1,140억 원 자금 모집에 시중자금 약 5,000억 원이 들어왔습니다. 리츠 역사상 4 대 1이 넘은 것은 처음이고 공모 시초가가 첫날 5,000원을 넘어 5,200원에 마감되었습니다.

리츠의 장점 중 하나는 6개월마다 배당을 준다는 점입니다. 결산기가 1년이 아니라 6개월입니다. 주식을 선택할 때는 수익성, 성장성, 유동성을 고려해야 합니다. 수익성이란 배당이 안정적으로 잘 나오는가를 말합니다. 가령 바이오주는 주가가 아주 좋지만 배당은 나오지 않습니다. 이런 것은 그냥 시세차익만 노려야 합니다. 성장성은 주가가 오를 것인가를 보는 것으로 바이오주는 주로 성장성을 보고 삽니다. 유동성은 원하는 시기에 회수할 수 있는가를 보는 것입니다. 아무리 수익이 많이 나고 성장성이 뛰어나도 내가 팔고 싶을 때 팔 수 없으면 곤란합니다.

마찬가지로 부동산도 수익성, 성장성, 유동성이 좋아야 합니다. 수익성은 내가 투자한 부동산 임대료가 제때 잘 나오는 것을 말합니다. 성장성은 월세도 잘 나오지만 부동산가격이 조금씩이라도 계속 오르는 것을 뜻합니다. 그리고 급한 일이 생겼을 때 투자한 돈을 바로 빼도록 유동성이 좋아야 합니다.

이 유동성에서 부동산 공모펀드와 리츠에는 차이가 있습니다. 부동산 공모펀드도 부동산을 공모해 펀드로 산다는 점은 공모리츠와 똑같습니다. 다만 부동산펀드는 폐쇄적이라 처음 시작할 때 부동산 개수를 정하면 더 이상 자산편입이 없고 그것으로 끝입니다. 만약 기간을 5년으로 정했을 경우 처음 부동산으로 5년 만기까지 가는 것이지요. 반면 개방적인 리츠는 증자로 좋은 물건을 계속 사들입니다.

또한 펀드는 5년 만기, 7년 만기, 10년 만기 때까지 기다려야 합니다. 아무리 공모일지라도 자기 것을 마음대로 팔지 못합니다. 하지만 리츠는 언제든 HTS(Home Trading System) 또는 모바일로 팔 수 있습니다. 상장한 상태이므로 오늘이라도 목돈이 필요하면 팔면 됩니다.

이처럼 부동산 공모펀드와 리츠는 유동성에 차이가 있을 뿐 아니라 자산추가 편입성도 완전히 다릅니다. 서울 도심은 3개 핵심 업무지구로 나누는데 그것은 CBD(종로구·중구 오피스 군락), YBD(여의도·공덕 오피스 군락), GBD(강남·서초 오피스 군락)입니다. 리츠회사는 매일 이 3개 권역의 수익률과 임차율, 공실률을 확인합니다. 최근에 뜨는 곳이 BBD라고 해서 분당·판교지구입니다.

이러한 부동산을 구입해야 수익성도 좋고 유동성도 확보할 수 있습니다. 이들 건물을 혼자 사는 것은 거의 불가능하므로 개개인이 돈을 모아 구입함으로써 공동소유하는 것이 리츠입니다. 판교 건물만 해도 무려 5,700억 원에 달합니다.

리츠는 수익의 90퍼센트를 다 배당합니다. 그리고 건물관리, 임대관리는 전문회사 AMC가 위탁관리를 맡습니다. 이렇게 리츠는 최대 수익을 위한 임대관리, 건물관리, 부동산가치 제고 등의 일을 맡아서 합니다. 이로써 매년 배당을 주고 나중에 건물을 청산하거나 처분할 때 부동산가격이 산입된 주식을 평가해 청산이익을 줍니다. 무엇보다 좋은 리츠는 수익성이 높아야 하므로 우량한 임차인을 골라 유치하고 높은 임대료를 받습니다.

오피스 부동산이 상승하면 리츠 주식도 상승한다

오피스리츠를 설명할 때 저는 수익성은 좋은데 안정성은 떨어지는 것을 이렇게 비교합니다.

가령 대형마트도 리츠할 수 있는데 대형마트의 잔존시간은 2시간입니다. 그 2시간 내에 손님이 또 와야 하는 2시간 리츠지요. 그런 만큼 마진은 좋지만 안정성은 떨어집니다. 호텔은 하룻밤을 자고 가니 하루 리츠입니다. 아파트나 주거임차는 전세계약을 보통 2년으로 합니다. 반면 기업이 오피스를 계약할 때는 5∼10년으로 합니다. 그러니까 최소한 5년간 안정성은 보장받지만 수익률은 다소 떨어집니다.

가장 불안한 리츠가 대형마트 리츠나 호텔 리츠입니다. 이런 곳은 수익성은 좋아도 안정성 면에서 리스크가 있습니다. 예를 들면 사드 문제로 중국 관광객 수요가 대폭 줄었을 때 호텔로 구성한 부동산펀드에 투자한 사람들은 배당률이 낮아 고생했을 겁니다.

리츠는 전문가적 안목으로 깊이 살펴 많이 오를 가능성이 있어야 건물을 삽니다. 그렇게 건물을 사서 가격이 많이 오르면 모두 투자자에게 배당으로 돌아갑니다. 유동성 면에서도 가령 신한알파리츠는 상장한 주식이 2,200억 원이 넘고 매일 10만 주 정도 거래가 이뤄집니다. 따라서 돈이 급할 경우 언제든 팔고 나갔다가 다시 살 수 있습니다. 이처럼 리츠는 수익성, 안정성, 유동성에서 우수한 조건을 갖추고 있습니다.

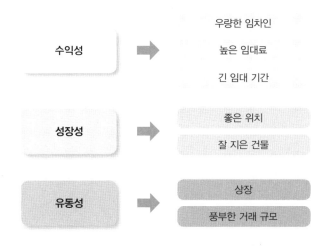

좋은 리츠의 조건

수익성	➡	우량한 임차인 높은 임대료 긴 임대 기간
성장성	➡	좋은 위치 잘 지은 건물
유동성	➡	상장 풍부한 거래 규모

만약 주가가 떨어지면 어떻게 될까요? 결론을 말하자면 리츠는 주가가 잘 떨어지지 않습니다.

상장 리츠가 40개인 일본은 리츠시장 규모가 125조 원이며 미국 다음으로 큽니다. 미국은 무려 1,300조 원에 이릅니다. 안타깝게도 한국은 고작 6,000억 원 정도에 불과합니다. 일본의 부동산 순자산 가치와 그들의 주가를 비교한 수치를 보면 약 1.13입니다. 이것은 주가가 부동산가격과 같다는 뜻입니다. 부동산가격이 오르면 주가도 오른다는 얘기지요. 결국 오피스 부동산이 상승하면 리츠 주식도 상승한다고 보는 게 맞습니다.

아시아에서 두 번째로 규모가 큰 싱가포르는 상장 리츠가 49개입니다. 싱가포르는 한국보다 늦게 시작했으면서도 더 잘하고 있습니다. 싱가포르도 부동산 순자산가치와 주가를 비교해 상장 리츠를 계산한 수치가 1.11입니다. 순자산가치의 1.11배라는 것은 주가가 부동산가치의 1.11배를 따라간다는 의미입니다.

그러면 서울의 오피스가격은 어떨까요? 2002년부터 2016년까지 부동산가격 연평균 상승률을 보면 서울의 오피스는 7.1퍼센트입니다. 이는 곧 주가가 7퍼센트 이상 계속 오른다는 뜻입니다. 뉴욕은 오피스가격이 연평균 6.7퍼센트, 런던은 7.7퍼센트 올랐습니다. 도쿄는 잃어버린 20년 때문에 더 빠졌다가 올라오느라 12.6퍼센트입니다. 앞서 일본은 리츠의 주가가 리츠 순자산가치의 1.13이라고 했으니 부동산가격 상승률 12.6퍼센트에 1.13퍼센트를 곱하면 주가가 나옵니다. 부동산가격이 오르는 동안 주가도 계속 올랐습니다.

부동산가격이 내려간 해는 금융위기가 있던 2008년입니다. 그때는 전 세계 부동산이 다 출렁거렸지만 오히려 금융위기 뒤 부동산을 매입한 사람은 대박이 났습니다. 이후 계속 올랐으니까요.

리츠가격은 부동산가격과 정비례 관계에 있는데 부동산가격이 2002년부터 2018년까지 계속 오르면서 리츠가격도 장기적으로 상승했습니다. 미국, 일본, 싱가포르의 상황을 보면 리츠주식이 계속 올랐습니다. 한국은 리츠주식이 없으니 통계를 낼 도리가 없습니다. 다만, 부동산가격은 분명 올랐습니다.

좋은 리츠가 되려면 우량한 임차인으로 다양하게 포트폴리오를 구성하고 임대기간을 길게 잡아야 합니다. 또 입지가 좋아야 하며 신뢰할 만한 자산관리 능력을 갖춰야 합니다. 희소식은 앞으로 미래에셋, NH, 롯데가 리츠로 들어올 예정이라는 것입니다. 이 중 미래에셋은 이미 리츠 허가를 받았습니다.

중수익, 중위험 투자상품 리츠

리츠는 부동산가격과 연관이 깊은데 그럼 금리가 오를 때는 이것을 어떻게 헤지할까요? 사실 금리가 오르면 부동산 수익률이 좋지 않습니다.

154쪽 도표는 캡레이트(Cap Rate, 자본환원율)와 금리 추이를 나타낸 것인데 자본환원율은 부동산가격 대비 순운용수익 비율을 말합니다.

도표에서 동그라미를 친 부분이 금융위기 때로 금리가 대폭 상승했습니다. 이때 부동산가격이 떨어지면서 캡레이트와의 간격이 확 좁아졌지요. 맨 아래 기준금리와 그 위의 리츠 수익률의 간격도 좁아졌습니다. 그러나 저금리 때는 리츠를 하는 것이 맞습니다. 물론 금리가 오르면 캡레이트가 줄어듭니다. 캡레이트를 올리는 것이 좋은데 금리가 올라와도 간격을 유지하니 캡레이트를 유지할 수 있습니다.

캡레이트와 금리 추이 비교

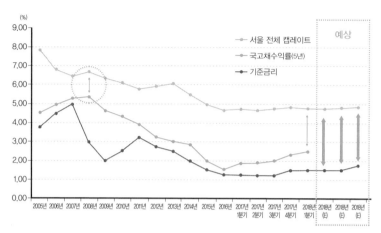

자료: CBRE 〈2018년 국내 부동산시장〉 조사보고서

캡레이트를 올리려면 좋은 부동산을 사야 합니다. 좋은 임차인, 입지가 좋은 부동산을 소유한 리츠는 수익률이 좋으므로 금리가 올라도 캡레이트가 오르므로 간격은 그대로 유지됩니다.

부동산, 주식, 경제도 모두 경기를 타기 때문에 리츠는 캡레이트를 좋게 유지하기 위해 호황기 때 다음 호황기가 오도록 다리를 놓습니다. 그 방법은 좋은 회사와 장기임대계약을 하는 것입니다. 장기임대계약을 해서 임대수익률을 안정적으로 확보하는 것입니다. 물론 계약할 때는 매년 2퍼센트에 해당하는 물가상승률을 다 담습니다. 다시 말해 매년 물가상승률을 감안해 임대료와 관리비가 올라갑니다.

그다음에 건물을 살 때 투자자에게 돈을 받아 그 돈으로만 사지 않습니다. 리츠 입장에서 6퍼센트를 받는 투자자는 6퍼센트 채권자나 마찬가지입니다. 2018년 말 현재 리츠는 10년짜리를 고정금리로 3.5퍼센트에 대출받을 수 있습니다. 60퍼센트는 그 자금으로 해결하고 40퍼센트는 투자자에게 투자금을 받는 것이지요. 이것을 두고 레버리지라고 합니다. 사실 은행은 장기대출을 하지 않습니다. 좋은 물건을 갖춘 리츠는 보험회사나 연기금과 계약하는데 보통 고정이율 5~10년짜리로 합니다.

임대계약을 연 2~3퍼센트씩 상승하는 10년짜리로 하고 대출은 5년짜리 고정금리 3.6퍼센트로 받는 것입니다. 그래서 수익을 안정적으로 유지할 수 있습니다. 이 경우 다음 호황기가 올 때까지 기다리는 것이 가능합니다.

그 사이에 금융위기 같은 사태가 벌어져도 리츠 부동산은 빠지지 않습니다. 우량한 임차인이 존속하고 고정금리로 해놓았으니까요. 금융위기가 오면 금리가 오르지만 이미 5년 전에 고정금리로 계약했으니 괜찮습니다. 리츠는 이런 방식으로 위기를 극복합니다.

그럼 리츠에는 어떤 사람이 투자해야 할까요? 기본적으로 단타, 더블, 데이트레이딩을 좋아하는 사람에게는 리츠 상품을 권하지 않습니다. 그보다는 장기적으로 은행이자를 받는 데 지친 사람들에게 권합니다. 부동산을 사고 싶은데 관리하기는 싫은 사람은 리츠를 이용하는 것이 좋습니다. 실제로 10층짜리 부동산 소유자 중 많은 사람이 소송을 당하고 있는데 이 때문에 엄청나게 스트레스를 받습니다.

부동산을 사되 전부 전문가가 관리해주고 5~7퍼센트의 수익률을 원하는 사람, 퇴직 후 퇴직금을 까먹지 않고 국민연금에 더해 월 생활비 350만 원을 원하는 사람이 리츠를 이용하면 좋지요.

미국의 연기금 캘퍼스는 총자산 중 리츠에 81억 달러, 일본 연기금은 리츠에 685억 엔 정도 투자했습니다. 미국은 자산의 2.5퍼센트를 무조건 리츠에 넣습니다. 호주는 1.5퍼센트고 일본도 1퍼센트 이하를 투자합니다. 세계적으로 유명한 연기금이 리츠에 1.5~2.5퍼센트를 투자한다는 얘기입니다.

한국의 국민연금은 아직 리츠에 투자하지 않았습니다. 이들은 직접 사모리츠를 만들어 스스로 건물주가 됩니다. 실제로 연기금이 주인인 건물이 굉장히 많습니다. 서울 시내 큰 건물은 거의 다 국민연금이 주인입니다. 앞으로 그 주인은 국민이어야 합니다. 국민연금도 공모리츠를 사서 6퍼센트의 배당을 받고 국민의 연금에 6퍼센트 이상 배당해주는 것이 맞습니다.

앞으로 좀 더 많은 사람이 안정적인 중위험, 중수익의 리츠에 관심을 기울였으면 좋겠습니다.

질문자1   만약 제게 현금 5억 원이 있는데 리츠에 투자한다면 얼마 정도를 해야 안전할까요?

남궁훈   리츠가 6퍼센트대니까 5억 원의 20퍼센트인 1억 원 정도를 넣는 것이 괜찮습니다. 이것은 5억 원을 금융자산에만 넣어둘 때의 배분입니다. 만약 예금, 채권, 공격형 주식펀드를 한다면 리츠는 20퍼센트 정도가 적당합니다.

질문자2   그동안 리츠를 잘 몰랐는데 오늘 많이 이해했습니다. 수익률이 6퍼센트고 1년에 두 번 배당을 준다고 했잖아요. 리츠가 일종의 주식인데 배당수익률만 6퍼센트라는 것인지, 아니면 주식가치가 올라가는 것까지 포함해서 6퍼센트라는 것인지 정확히 알고 싶습니다.

남궁훈   6퍼센트란 5년 평균 배당을 말하는 것입니다. 리츠는 처음에 배당이 쉽지 않아요. 임차인이 막 들어와 임대료를 내기 시작하는 때는 결산을 맞추기가 어렵거든요. 신한알파리츠의 경우 처음에 펀딩할 때 자본으로 배당 5.5퍼센트 확정배당을 줬습니다. 다음 2기가 6개월 후인데 그 6퍼센트에는 부동산 가치상승과 주가상승은 들어가 있지 않습니다. 그러니까 사실은 6퍼센트 이상입니다.

그것은 주가를 반영하지요. 예를 들어 5,000원에 산 주식의 모든 수익률, 다시 말해 배당이익과 주가상승이익을 따지면 연 5.5퍼센트니 6개월 배당 기준으로 5,600원이 됩니다. 여기에 주가상승률이 12퍼센트라면 실제로는 약 18퍼센트가 되는 겁니다. 6퍼센트라는 것은 순수하게 6개월마다 받는 배당이지만, 6개월에 3퍼센트고 합쳐서 1년에 6퍼센트입니다. 그것은 주가상승률을 반영하지 않은 순수한 배당률입니다.

질문자3　먼저 원금은 언제 찾을 수 있고 세금은 어떻게 되는지요. 또 건물을 관리업체에 맡기는 것과 비교할 때 수익률 면에서 리츠에 더 장점이 있는지요.

남궁훈　원금은 주식처럼 팔아서 언제든 회수할 수 있습니다. 세금은 예·적금이나 펀드와 똑같이 이자세, 배당세, 종합과세, 양도소득세 다 적용받습니다. 리츠라고 특별히 세제혜택을 받는 것은 아직 없습니다. 그래서 관계당국에 법인은 아니어도 최소한 개인투자자에게는 분리과세를 해달라는 요청을 하고 있습니다.

그리고 리츠가 관리하는 자산은 90퍼센트를 배당하기 때문에 리츠회사는 법인세를 면제받습니다. 부동산관리나 시설관리, 임대관리, 세제관리는 전문가가 직접 하고요. 세제상으로는 어떤 것이 더 좋은지 정확히 비교해보지 않았지만 관리상으로는 분명 리츠가 편리합니다. 직접 관리하려면 임대도 스스로 놔야 하고 건물관리도 기술자를 써야 합니다. 임대소득과 세금도 직접 관리해야 하지요. 물론 부동산가격이 대폭 상승하면 직접 소유한 사람이 이익을 몽땅 차지하는 장점은 있습니다. 리츠는 다른 투자자나 주주와 나눠야 하지요.

그렇지만 현실적인 문제를 생각해야 합니다. 이제는 전문가가 관리를 해줘야 상가도 살고 오피스도 살아서 건물가치가 오릅니다. 자산 10~20억 원짜리나 30~50억 원짜리 부동산은 아파트처럼 가격이 오르지 않는 반면 관리는 무척 까다롭고 힘듭니다. 더구나 프라임 건물이 지하철과 곧바로 연결되어 젊은 고객을 다 쓸어 담고 있는 게 현실입니다. 점점 트렌드가 바뀌고 있음을 감안해야 합니다.

주식·펀드 02

김유선

우리은행 학동역 부지점장. 2004년 우리은행 PB드림팀 1기를 시작으로 압구정, 도곡, 대치 등 강남 주요지역에서 PB업무를 전담했다. 이후에는 TWO-CHAIRS 강남센터에서 연예인 자산관리를 전담하면서 우리은행 대표 PB로 자리 잡았고 외환, 여신 등의 다양한 업무 경력으로 자산관리 업무 외에도 해외투자, 부동산투자 관련 여신 등 토탈 금융서비스가 가능한 차별화된 PB다. 현재 1,000억 원 수준의 펀드 및 신탁자산을 운용하고 있다.

 오인아

한국씨티은행 반포센터 PB팀장. 신한금융투자와 씨티은행 강남, 청담, CPC강남센터를 거치며 15년간 금융전문가로 이름을 알렸다. 2013년 대한민국 베스트 PB 대상을 수상했고, 〈매일경제〉 PB자문단을 비롯하여 〈서울경제〉를 비롯한 각종 금융 일간지에 재테크칼럼을 기고하는 등 다양한 활동을 하고 있다. 씨티와튼글로벌웰스인스티튜트 전 과정을 이수했고, 금융연수원 세무전문가 과정 등을 수료해 고액자산가의 자산관리에 집중하고 있다.

 임은순

KB국민은행 압구정PB센터 PB팀장. KB국민은행에서 20대에 최연소 PB로 발탁되어 도곡, 분당, 송파, 압구정 지역까지 두루 겪은 15년 경력의 베테랑PB다. 한국재무설계사, 금융노년전문가 등 다양한 금융 관련 자격증을 바탕으로 세심한 자산관리를 하고 있다. KB금융그룹을 대표하는 WM스타자문단으로서 〈한국경제〉, 〈서울경제〉를 비롯한 각종 금융 일간지에 재테크칼럼을 기고하는 등 대내외 활동을 하고 있다.

7장

머니 토크

'1억 원 이렇게 굴리겠다'
강남 스타 PB들의
종잣돈 굴리기

사회   **김지섭**, 조선일보 경제부 기자

패널   **김유선**, 우리은행 학동역지점 부지점장

         오인아, 한국씨티은행 반포센터 PB팀장

         임은순, KB국민은행 압구정PB센터 PB팀장

김지섭   요즘 재테크 전략을 짜기가 굉장히 어려우시죠? 먼저 부동산시장을 보면 9.13대책 이후 주택가격이 하향세고 주식시장으로 눈을 돌려도 답답하기는 마찬가지입니다. 코스피지수가 2018년 초 2,600까지 올랐다가 최근 많이 떨어져 2,100 밑에서 계속 지지부진한 모습을 보이고 있지요. 그나마 한국은행이 1년 만에 기준금리를 올리면서 예·적금 금리가 조금 올랐어요. 그래서 많은 사람이 은행 예·적금 금리 2~3퍼센트대에 주목하고 있습니다.

이 〈머니 토크〉 자리에서는 오랫동안 PB로 활동해온 세 분에게 시장전망과 분석 그리고 여윳돈을 어떻게 굴리는 것이 좋을지 전략을 들어보도록 하겠습니다. 먼저 논의할 것은 2019년 투자 기상도인데 주요 시장별로 간략히 전망을 말씀해주세요. 먼저 우리은행의 김유선 부지점장님께 부탁합니다.

불황기에도 돈이 불어나는 자산이 있다

김유선   결론부터 말하자면 2019년 시장은 상당히 어두울 전망입니다. 솔직히 말해 2019년을 예상하는 많은 보고서가 앞다퉈 암울한 전망을 쏟아내는 상황입니다. 하지만 불황기에도 돈이 불어나는 자산이 한 가지 정도는 있게 마련입니다.

2018년 말 현재 시장 동향을 주의 깊게 살펴보면 급변하는 모습이 눈에 띌 것입니다. 심지어 한 주 내에 시장이 정반대 방향으로 많이 반등하기도 합니다. 급락과 급등이 롤러코스터를 타는 상황이지요. 2018년 11월 30일과 12월 1일에 열린 G20 회담에서 G2 정상이 만났습니다. 그들이 90일 동안 무역전쟁을 유예하자고 협상한 그날 주가지수가 폭등했어요. 한데 그다음 날 미국채 5년물과 2년물의 금리 차가 역전하면서 그동안 오른 지수를 모두 반납했습니다. 그때 예상했던 불황의 신호가 현실화하는구나 싶었죠.

한국시장은 이렇게 변동성이 심한 상황을 어떻게 견디고 있을까요? 그야말로 풍전등화의 모습입니다. 2017년 저는 고객의 자산을 개별종목에 투자하기보다 펀드에 많이 담았는데, 그들 중 많은 사람이 지금 손실 구간에서 오래 기다리고 있습니다. 아마 그 펀드를 어떻게 해야 하는지 궁금해 하는 사람이 많을 겁니다.

제가 볼 때 국내시장 변동성은 2019년에도 지속될 듯합니다. 한 마디로 2019년 시장은 유리 같은 펀더멘탈 시장입니다. 미국시장을 견인하던 단단한 기초가 미국시장마저 뒤흔들면서 주변 신흥국을 다 같이 위기로 몰아가고 있습니다.

국내시장 변동성은 2019년에도 지속될 전망

예를 들어 PBR은 순자산가치당 주가의 적정성을 말하는데 이것이 1보다 작으면 저평가된 것입니다. 2018년 말 현재 한국은 PBR이 0.85 정도로 가치에 비해 가격이 싼 편입니다. 그럼에도 불구하고 누구도 '정말 매력적인 가격이네' 하며 투자심리를 일으키지 않습니다. 2019년에도 이런 상황이 지루하게 이어질 전망입니다.

그렇다고 시장이 박스권에서 왔다 갔다 할 것으로 보이지도 않습니다. 금융위기 때 PBR이 0.76 정도였는데 이를 두고 2019년에도 지금 수준에서 약 10퍼센트 추가 하락할 여지가 있다고 비관적으로 예측하기도 합니다.

우리는 한국시장에 어떻게 대응해야 할까요? 적립식 투자와 포트폴리오, 저점에 매수해 오를 때까지 기다리는 전략 같은 교과서적인 애기는 누구나 알고 있습니다. 그러나 개인투자자에게 중요한 것은 타이밍과 정보입니다. 개인투자자는 기관에 비해 이 부분에 미약하므로 2019년 한국시장에 투자하려는 사람은 투자기간이 1년 이상인 소액 적립식으로 접근하길 추천합니다. 이것은 굉장히 보수적인 방법이지만 그만큼 시장이 불안정합니다.

2019년 한국시장은 투자기간이 1년 이상인 소액 적립식으로 접근

이제 미국시장을 봅시다. 그동안 전 세계를 주도하며 랠리를 이끈 미국시장은 중국과의 무역전쟁과 금리 인상으로 시장 변동성이 큽니다. 어떤 고객은 제게 미국이 무너지면 다 같이 망하는 것이 아니냐고 묻습니다. 그럴 때 저는 "미국이 흔들려야 전 세계가 살 수 있습니다"라고 단호하게 말합니다.

미국시장의 펀더멘털이 견고하면 트럼프는 앞으로 전력을 재정비해 관세를 무기로 한 무역전쟁을 지속할 것입니다. 연준 역시 계속해서 금리를 인상할 테고요. 2019년 미국이 세 번 정도 금리를 인상하리라고 보는데 미국시장이 견고하게 세계시장을 리드할 경우 그 이상의 금리 인상도 가능합니다. 그러면 주변국은 고난의 시간을 더 많이 견뎌내야 하지요. 결국 미국시장이 흔들리는 것은 우리에게 오히려 좋은 기회이자 호재입니다.

이럴 때는 변동성이 큰 미국시장을 무조건 2019년 포트폴리오에 담고 흔들리는 미국시장에 대응할 만한 차선시장을 하나 더 찾는 것이 중요합니다. 그 시장은 어디일까요? 저는 조심스럽게 일본을 추천합니다. 일본은 20년간의 불황 끝에 모멘텀을 겪고 있고 아베 총리가 3년 연임에 성공했습니다. 이는 아베노믹스를 끈질기게 추진할 동력을 어느 정도 갖췄음을 의미합니다. 이를 감안해 기업 실적이 오

> 2019년은 무조건 미국시장을 담고 차선시장으로 일본을 담을 것

르고 소비심리도 살아나는 일본시장을 포트폴리오에 담는 것도 괜찮습니다. 다만 2018년 10월 폭락에서 일본도 주변국이었고 그들이 시장 폭락을 피하지 못한 것으로 보아 전폭적인 지지보다 조심스럽게 접근하는 것이 바람직합니다.

다음 시장은 뜨거운 감자, 중국입니다. 인구 18억 명을 이끄는 시진핑 정부는 2019년 더욱 강인하고 견고하게 정치적인 노선을 구축할 것입니다. 그럼 경제적으로는 어떨까요? 사실 중국경제를 힘겹게 지탱해주는 근간은 정부입니다. 하지만 기준율을 인하해 금리를 내리고 위안화 가치가 달러당 7위안 이상 오르지 않도록 만드는 정책을 언제까지 지속할지는 의문입니다. 이것은 중국경제가 붕괴하지 않도록 하려는 마지막 버티기입니다.

이미 중국시장에 들어간 경우에는 1년 이상 고통스러운 기다림이 지속될 것으로 보입니다. 저점을 보고 추가로 들어가려는 사람은 어디가 저점인지 아직 확인되지 않았으므로 신중하게 접근해야 합니다. G20 정상회담에서 시진핑은 강경하기보다 순응적이었습니다.

여전히 중국은 모든 악재를 품고 있는 시장

그것이 세계시장을 위기로 몰아넣지는 않겠구나 하는 긍정적 신호로 읽히기는 했으나 여전히 중국은 모든 악재를 품고 있는 시장입니다.

김지섭   흔히 미국이 좋아야 우리도 좋다고 생각하는데 미국이 흔들려야 오히려 우리에게 기회가 있다는 부분이 가장 인상적입니다. 2019년은 비록 어둡긴 해도 기회 역시 있을 거라는 설명입니다. 다음으로 씨티은행 오인아 팀장님이 2019년을 간단히 전망해주십시오.

경기가 둔화되는 시점에 가까워진 2019년

오인아   2018년 말 현재 시장에 비관론이 팽배합니다. 이런 변동성 속에서 저는 정말로 주식시장의 약세장이 시작된 것인가 하는 질문을 해봤습니다. 다음 도표는 채권시장과 주식시장 사이클을 시계열 분석한 것입니다.

보다시피 사이클을 1단계부터 4단계까지 4가지 국면으로 나누고 있는데 2018년 말 현재 경제 사이클은 제3국면에 속합니다. 제3국면은 아직 강세장이 끝나지 않은 강세장의 후반 국면, 즉 경기확장 사이클의 가장 마지막 단계입니다.

신용/주식 시계(Credit/Equity Clock)의 제3국면

제1국면
⬆신용 주식⬇

제4국면
⬇신용 주식⬇

제2국면
⬆신용 주식⬆

제3국면
⬇신용 주식⬆

자료: 시티 리서치, 2018년 10월 19일

경기 사이클은 2018년 2월 제3국면에 진입했습니다. 이 때문에 2018년 내내 변동성이 아주 컸고 특히 채권시장이 좋지 않았습니다. 우리가 체감하기로는 이머징 시장이 어려워서 주식시장 변동성이 컸다고 느끼지만 실은 연준에서 1년 내내 금리를 지속적으로 올린 상황이라 그 긴축 과정에서 채권시장이 어려워진 것입니다. 미국을 비롯한 선진국 증시는 상반기만 해도 버틸 만했습니다.

사이클의 제3국면에 신용이라고 표시한 것이 회사채시장인데 이 구간은 신용시장이 하락하고 주식시장은 상승할 기회가 있는 매력적인 곳입니다. 여전히 채권보다 주식에 투자할 수 있는 것이죠.

제4국면은 주식시장과 채권시장이 동반 하락하는 구간입니다. 다시 말해 자산가격에 거품이 형성되었다가 그 거품이 꺼지면서 흔히 말하는 '경기 침체를 동반한 자산가격 하락' 구간이 제4국면입니다. 과연 제4국면은 언제 올까요?

시장 사이클에서 가장 중요한 변곡점을 결정하는 것은 금리입니다. 일례로 최근 미국의 장단기 금리 차이가 역전되면서 시장이 크게 과민반응을 보였지요. 일반적으로 금리는 돈의 가치이므로 단기 금리보다 장기금리가 높게 형성되어야 하는데 미국채 2년물, 3년물, 5년물 금리가 역전되면서 경기가 침체구간으로 가는 게 아닌가 하는 우려가 시장에 반영된 부분이 있습니다.

다음 그래프는 미국의 금융기관 JP모건에서 사용하는 것으로 주식시장 약세장을 확인하는 하나의 기준점입니다.

예를 들어 2018년 말 현재 미국의 기준금리는 연준에서 9월에 한 차례 올린 결과 2.25퍼센트까지 와 있습니다. 그런데 미국의 물가상승률은 2퍼센트 수준이므로 실질금리는 여전히 0.25퍼센트에 불과합니다. 실질금리는 기준금리에서 물가상승률을 뺀 것으로 우리가 실제로 느끼는 금리를 말합니다.

경기 사이클을 분석할 때 쓰는 중요한 금리지표 중 하나가 실질금리 1퍼센트를 기점으로 하는 것입니다. 이것을 기점으로 글로벌 경기나 미국 경기가 약세장으로 가거나 침체 국면으로 접어들었다는 등의 판단을 내립니다.

2018년 말 현재 실질금리가 0.25퍼센트로 매우 낮은 수준이고 향

증시 추세 반전을 결정 짓는 것은 펀더멘털: 금리

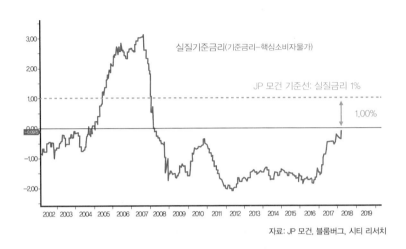

자료: JP 모건, 블룸버그, 시티 리서치

후 미국 물가가 2퍼센트 수준에서 유지된다면 연준이 계획대로 향후 세 차례 더 금리를 올려야 실질금리 1퍼센트대에 도달할 것으로 예상합니다. 이 경우 2019년 하반기에 1퍼센트대 실질금리가 오지 않을까 싶습니다.

아직 강세장을 완전히 끝내고 약세장으로 진입한 게 아니라고 보는 근거 중에는 글로벌 성장률도 있습니다. 2018년 글로벌 GDP 성장률은 3.3퍼센트로 높게 나타났습니다. 이를 세분화하면 선진국 2.3퍼센트, 신흥국 4.7퍼센트로 견고한

2019년에는 약해지긴 해도 여전히 높은 성장률을 유지할 것

170

성장세를 보였지요. 2019년에는 약간 약해지긴 해도 여전히 높은 성장률을 유지할 것으로 예상합니다.

아직 경기 사이클이 완전히 4국면으로 접어들지는 않았습니다. 그러나 우리가 느끼는 변동성이 실제로 경기가 둔화되는 국면, 즉 4국면으로 접어드는 시점이 다가오고 있습니다. 우리는 자산관리에서 이 부분에 중점을 두고 2019년을 대비해야 합니다.

김지섭 　　네, 잘 들었습니다. 이제 KB국민은행 임은순 팀장님께 간략하게 2019년 전망을 들어보겠습니다.

보수적인 전략으로 시작해서 기회를 포착하라

임은순 　　2018년 12월 초 현재 주가가 급등과 급락을 반복하고 있지만 이럴 때일수록 한 발 물러나 큰 그림을 볼 필요가 있습니다. 그럼 제가 준비해온 자료를 살펴봅시다.

표의 숫자는 자산별 투자선호도를 1~7로 표시한 것입니다. 4는 중립을 뜻하고 숫자가 높을수록 투자선호도가 높다는 것을 의미합니다. 전망도 3개월 단기전망과 1년 장기전망으로 구별했습니다. 여기에서 우리는 세 가지를 짚고 넘어갈 필요가 있습니다.

첫째, 보다시피 숫자에 6과 7이 보이지 않습니다. 1과 2도 마찬가지입니다. 숫자는 3에서 5로 구성되어 있는데 이는 2019년 시장이

2019년 투자전망 요약

자산 그룹	자산군	투자선호도		2019년 투자포인트
		3개월	1년	
주식	미국	3	4	감속성장의 영향으로 기대수익률은 낮아지겠지만 완만한 상승추세는 유효. 미중 무역분쟁과 경기모멘텀 둔화로 상반기 조정, 정책 기대로 하반기 반등 예상. 한 자릿수 증가가 예상되는 EPS와 밸류에이션의 변동성 높을 전망.
	유럽	3	4	재정정책과 통화정책 모두 기대하기 어려운 환경. 유로 약세가 충분히 나오기도 어려움. 밸류에이션 매력이지만 신흥시장 대비 열위. 그럼에도 불구하고 간과하기 어려운 밸류에이션 매력. 상반기 말에 투자자 관심 끌 전망.
	일본	3	4	미국의 무역협상 압박있지만, 미국이 원하는 것을 알고 있는 일본. 소비세율 인상 불확실성도 2014년 경험 통해 선재 대응 중. 미국의 약세 경계감 높지 않음. 적절한 성장 매력과 방어력 갖고 있어 선진시장 내 고성과 전망.
	중국	3	5	중국경제 저점은 2019년 상반기 예상. 상반기까지 기업실적 하락 우려되나 무역분쟁 리스크 완화되면서 상저하고의 흐름 전개 예상. 무역협상 타결될 경우 저평가 매력과 MSCI 편입 관련 자금 유입에 힘입어 중기적 랠리 전망.
	신흥 시장	3	5	미중 무역협상은 진행되겠지만, 협상 과정은 순탄치 않을 것. 다만 주가는 악재를 미리 반영하면서 밸류에이션 매력 높음. 중국, 한국 등 무역분쟁의 중심에 있던 국가들은 2019년 1분기 중 새로운 진입기회를 모색할 필요.
	한국	3	5	내수부진과 반도체 경기 둔화로 2019년 이익은 소폭 감소 예상. 다만 PBR 0.8배 수준의 주가는 이익 감소를 어느 정도 반영한 수준. 무역분쟁 완화와 달러 강세가 진정되면 바닥에서 반등 가능. KOSPI 1,900~2,370pt 전망.
국채	선진 시장	4	5	무역분쟁 충격 현실화 시 주요국의 금리 하락이 예상되나 연준의 점진적 인상 기조 등으로 금리 하단도 제한적인 전망. 다만 하반기로 갈수록 금리 인상 후반부 인식으로 금리상승 폭은 제한.
	신흥 시장	3	4	연준의 금리 인상이 점도표 이상이 아니라면 신흥국 전반의 시스템 위험 가능성은 낮을 전망. 정치적 리스크는 다소 완화되었으나 거시, 재정 등 펀더멘털에 따라 차별화 예상.
	한국	5	5	경기 둔화로 금리 인상 여부와 관계없이 장기물 중심 금리 하락 예상. 상반기 중 2.0%까지 하락 예상. 다만 한미 금리 차 확대로 미국 동조 인상 논쟁시 금리 반등은 예상되나, 국내 금리는 미국보다 중국에 더 영향 받을 전망.

* 자산별 투자선호도를 1~7의 숫자로 표시. 4가 중립이고 숫자가 클수록 투자선호가 높다. 2019년 12월 이후 3개월 예상 수익률 기준

자료: KB증권

좋지도 않지만 그렇다고 아주 나쁘지도 않을 것임을 의미합니다.

둘째, 모든 숫자가 앞보다 뒤가 더 큽니다. 이것은 3개월 단기간은 추운 겨울을 맞이하면서 변동성이 큰 시장일 테지만, 시간이 지날수록 따뜻한 봄을 맞이해 변동성 완화를 기대해볼 수 있다는 뜻입니다.

셋째, 맨 밑에 있는 한국국채가 단기와 장기 전망 모두 2018년 현재 가장 투자선호도가 높은 투자자산군으로 나타나고 있습니다.

좀 더 세분화해서 미중 무역갈등을 보면 앞서 말한 대로 90일 동안 무역전쟁을 유예하자는 협상을 했는데 그게 쉬울 것 같지 않습니다. 지금까지 우리는 무역분쟁의 부정적 영향이 중국에 집중될 거라고 생각했지만 미국의 향후 성장과 실적 전망도 속속 하향세를 보이고 있습니다. 이는 앞으로 미국이 태도를 바꿀 가능성이 있음을 의미하며 분명 반등의 실마리는 존재합니다.

2019년 상반기 한국경제는 여러 가지 대내외적 불확실성으로 인해 연 2.4퍼센트 성장을 전망합니다. 그러나 하반기는 정부지출과

하반기 한국경제는 정부지출과 투자증가 등으로 소폭 개선될 것

투자증가 등으로 소폭 개선될 것으로 보입니다.

2019년 코스피 시장 순이익은 약 5퍼센트 마이너스 성장할 것으로 예상합니다. 물론 2018년 말 현재 코스피는 여전히 100조 원 이상의 순이익을 기록하고 있습니다. 따라서 무역협상이 진전되면 어

느 정도 반등 가능성도 있습니다.

2000년 이후 코스피는 마이너스 성장을 하는 경기 침체가 아니면 조정 폭이 최근과 같은 20퍼센트대 수준이었습니다. 코스닥도 수준이 비슷합니다. 다시 말해 2018년 말 현재 어느 정도 하방경직성이 있는 주가 수준이라고 할 수 있습니다.

글로벌 경기에서 미국은 장기적인 상승 추세를 이어갈 것입니다. 다만 단기적으로는 경기 고점 논란으로 변동성이 따를 수밖에 없습니다. 특히 미국은 2019년 성장 둔화폭이 2018년 신흥국보다 더 클 전망입니다. 단, 상반기 조정을 거치면 하반기에 정치적 영향으로 어느 정도 반등도 기대할 수 있습니다.

신흥국은 2019년에도 변동성이 계속 크겠지만 하반기에는 완만한 회복을 예상합니다. 실제로 2018년 말 현재 주가수익비율이 2016년 이후 가장 낮은 상황이라 가치만 보면 투자매력은 있는 상황입니다. 중국도 비슷하게 나타날 수 있습니다. 신흥국의 경우 2018년의 좋지 않은 내용을 이미 많이 반영하고 있다고 봅니다. 결국 밸류에이션 매력은 있으므로 막연히 불안해하지 말고 2019년 어느 때든 완화 시점에 신흥국에 진입할 기회를 모색하는 것도 한 방법입니다.

2019년 환율은 1,160원대를 시작으로 하반기에 다소 떨어질 것으로 예측합니다. 환율 역시 큰 그림을 보여주기 위해 2006년부터 원달러 환율의 장기 추이를 그래프로 작성했습니다.

2018년 말 현재 사람들이 우려하는 요소가 아주 많습니다. 그렇지

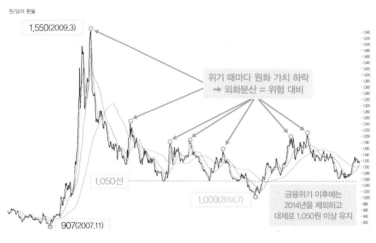

원달러 환율 장기 추이

원/달러 환율

1,550(2009.3)

위기 때마다 원화 가치 하락
→ 외화분산 = 위험 대비

1,050선

907(2007.11)

1,009(2014.7)

금융위기 이후에는
2014년을 제외하고
대체로 1,050원 이상 유지

※2006년 6월~20018년 9월 주간 데이터

만 아직은 그 우려가 경기 침체로 갈 가능성이 낮습니다. 미중 무역 분쟁이 다소 완화되고 연준이 기준금리 인상 속도를 조절할 경우 투자심리가 개선될 확률이 높습니다.

그러므로 불확실성이 극대화할 2019년 상반기까지는 보수적인 전략을 따르되, 불확실성이 다소 완화될 하반기쯤에는 투자여건 개선을 감안한 전략을 펴는 것이 바람직하다고 봅니다.

김지섭   네, 잘 들었습니다. 세 분 모두 2019년 상반기까지는 변동성 구간이 클 것이므로 주의해야 하지만 기회가 아주 없는 것은 아니라는 취지로 이야기를 들려주었습니다. 두 번째 주제는 여윳돈을 분산투자하는 방법입니다. 구체적으로 여윳돈 1억 원으로 2019년 투자 포트폴리오를 어떻게 짜는 것이 좋을지 이야기를 나눠보겠습니다. 다시 김유선 부지점장님부터 시작하도록 하지요.

2019년 투자 포트폴리오

김유선　1억 원을 투자하는 방법에는 여러 가지가 있습니다. 1억 원이 전 재산인지, 여윳돈인지, 지금 1억 원을 만들어가는 과정인지에 따라 포트폴리오는 전혀 다르게 구성할 수 있어요. 제가 준비한 포트폴리오가 정답은 아니지만 그동안의 투자수익률과 기본적인 정기예금의 2배 정도 수익을 내는 기준으로 짜 보았습니다.

우선 ELS를 50퍼센트 담았습니다. 전 금융기관이 투자상품의 절반 이상을 ELS에 투자했다고 해도 과언이 아닐 정도로 인기가 많은 상품입니다.

기초자산은 국가의 대표지수입니다. 한국의 코스피·미국의 S&P·유럽의 유로스탁스·홍콩의 항생 같은 국가대표지수가 15퍼센트나 20퍼센트, 즉 배리어(barrier, 원금 손실 가능 구간) 이하를 터치하지 않으면 조기상환 받는, 즉 약정기간 안에 처음 제시받은 수익률을 받고 끝나는 구조입니다. 만기기간은 3년인데 ELS 구조상 보통 6개월

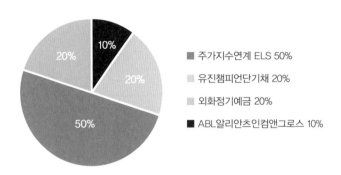

절대수익 추구를 위한 추천 포트폴리오

- 주가지수연계 ELS 50%
- 유진챔피언단기채 20%
- 외화정기예금 20%
- ABL알리안츠인컴앤그로스 10%

마다 조기상환 기회가 돌아옵니다.

2018년 주가상승기에는 6개월마다 꾸준히 조기상환을 한 효자종목이었어요. 연평균 수익률이 계속 4~5퍼센트였는데 쇠퇴기로 보이는 2019년에도 과연 ELS가 효자상품일지는 불확실합니다. 그러나 달리기를 할 때 스타트가 중요하듯 2018년 10월 이미 큰 조정을 받았으니 15퍼센트나 20퍼센트가 빠지지 않으면 6개월에서 1년 안에 조기상환될 확률이 높습니다.

다만 그 시점에 이 자산을 꼭 써야 한다면 여기에는 무리가 따릅니다. 만기가 3년이니 중간에 이 자산이 아니어도 다른 유동자금을 확보할 수 있는 사람들의 투자비중만 이 상품에 담아야 합니다.

다음은 제가 20퍼센트를 담은 채권펀드와 10퍼센트를 담은 혼합

김유선 우리은행 학동역지점 부지점장 추천 2019년 포트폴리오

기간	자산군	상품명	투자기간	예상 수익률(연)	투자 비율	상품 특징
중단기	채권 펀드	유진챔피언 단기채	3개월 이상 (수시입출)	2.50% 내외	20%	우량단기채권 및 잔존만기 짧은 전단채와 ABCP 투자하여 금리 상승기 안정된 수익추구
	혼합형 펀드	ABL알리안츠 인컴앤그로스	1년 (수시입출)	5.0% 내외	10%	미국주식/하이일드/전환사채에 분산투자
중기	ELS	주가지수연계 리자드 전문사모 (3인덱스 노낙인)	3년 (6개월)	4.80% (리자드 : 7.2%)	50%	기초자산: NIKKEI225/S&P500/Eurostoxx50 조기상환 조건: 6개월 마다 평가/90 – 90 – 85 – 85 – 80 – 65 조건 충족시 연 4.80% (리자드 1차 85%, 리자드 2차 73%)
중장기	외화 정기 예금	USD정기예금 CNY정기예금	1년 (1개월부터)	2.56% 2.77%	20%	환율 하락시마다 분산하여 환전 후 외화 정기예금 가입 1개월부터 가입가능. 환율 상승 시 언제든 환전하여 환차익 실현

형펀드 상품입니다. 채권펀드는 유동자금을 보유하려는 취지에서 담은 것입니다. 단기채나 국공채 상품에 투자한 자금은 원금보장 상품이 아니지만 지금으로 봐서는 크게 손해날 일이 없어 보입니다.

갑자기 자금이 필요해졌을 때 오늘 환매 신청을 하면 자금이 내일이나 모레 나옵니다. 이 상품은 급히 유동자금이 필요할 경우 충분히 현금화해서 사용할 수 있도록 넣은 것입니다.

주목해야 할 것은 외화정기예금인데 증권사에는 보통 7~8퍼센트의 고수익을 원하는 고객이 찾아가지만 은행에는 원금과 예금자를 보호해주는 좋은 정기예금 상품이 있습니다. 외화정기예금으로는 달러 정기예금과 위안화 정기예금을 추천합니다. 2018년 말 현재 원화 정기예금 금리가 약 2퍼센트 수준인데 달러 정기예금은 2.65퍼센트, 위안화 정기예금은 2.7퍼센트 정도입니다. 제가 볼 때 2019년에 좋은 시장은 1분기·2분기에는 달러, 3분기·4분기에는 위안화일 것이라고 생각합니다.

2019년 외환시장에서 달러는 다시 약달러로 회귀하겠지만 상황이 불확실한 1분기와 2분기에는 맹목적인 달러 선호로 한두 차례 상승 모멘텀이 있을 거라고 봅니다. 저점에서 매수해 고점에 매도하는 전략을 택할 경우 단기수익이 가능한 순간이 오리라고 생각합니다.

현실적으로 위안화는 너무 저평가되어 있습니다. 중국과 무역전쟁을 벌이는 트럼프의 히든카드는 무엇일까요? 2018년 말 현재 중국정부가 붙잡고 있는 위안화 절하에 마지막 한 방의 카운트펀치를 날려 위안화 절상을 유도하는 것이 히든카드가 아닐까 싶습니다. 그런 의미에서 2018년 말 현재 160원 정도인 위안화를 계속 매집하면 하반기에 위안화 절상이 왔을 때 어느 정도 수익실현이 가능할 것입니다.

김지섭　　네, 2019년 달러와 위안화 투자를 긍정적으로 전망하는군요. 다음은 오인아 팀장님께서 말씀해주시기 바랍니다.

오인아 　2000년 이후 최근까지 원달러 환율을 그래프로 그려보니 평균 환율이 1,124원이더군요. 지금도 환율은 평균환율 수준에서 움직이고 있습니다. 2019년을 전망하며 약달러를 예상하는 기관이 많은데 사실 2017년에도 2018년에 달러가 약세일 거라고 전망했지만 틀렸습니다.

중요한 점은 흔히 말하는 달러 약세가 원달러 약세가 아니라 달러인덱스 약세를 의미한다는 사실입니다. 달러인덱스는 세계 주요 통화, 즉 유로화, 파운드화, 엔화로 구성되어 있습니다. 여기에 원화는 들어 있지 않으므로 원달러 환율이 평균 수준 이하일 경우 계속 매수해 장기적으로 보유하는 것이 좋습니다. 한국인이 보유한 부동산과 금융자산은 대부분 원화자산이기 때문입니다. 그 원화자산에다 포트폴리오에 달러자산을 일부 넣으면 원화자산을 헤지하는 수단으로 활용할 수 있습니다.

원달러 환율이 평균 수준 이하일 경우 계속 매수해 장기 보유 추천

2019년 역시 불확실성이 크고 경제가 확장 사이클이긴 하지만 미국조차 2018년보다 성장세가 조금 둔화될 전망입니다. 또 2019년은 전 세계 중앙은행의 통화정책이 긴축으로 바뀌는 시점입니다. 가장 늦게 긴축할 것으로 보이는 나라는 일본입니다. 유럽중앙은행은 2019년부터 긴축으로 들어갈 가능성이 크기 때문에 미국과 유럽도

정책을 긴축으로 선회하고 있습니다. 이 경우 자산시장 변동성은 지속될 수밖에 없습니다.

씨티은행의 경우 투자자의 투자성향에 따라 6가지 자산배분 모델이 있는데 그중에서 내 성향에 맞는 포트폴리오로 자산을 구성하는 것이 좋습니다. 이때 50퍼센트는 시장 상황과 상관없이 길게 보고 장기적으로 가져가야 합니다.

30퍼센트는 유동성 자산으로 구성합니다. 그 이유는 변동성이 크고 경기 둔화로 빠르면 2019년 하반기, 늦으면 2020년 주식채권 약세장이 올 거라고 보기 때문입니다. 특별히 2019년 변동성에 대응하려면 그 어느 때보다 분산이 중요합니다.

여기에 대비하기 위해 일부 유동성을 보유하고 20퍼센트는 수익

오인아 한국씨티은행 반포센터 PB팀장 추천 포트폴리오

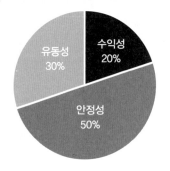

안정성 – 장기 투자 포트폴리오
TDF 또는 자산배분 펀드
외화표시 해외채권 등

유동성 – 국내 채권형 펀드
단기 국공채 펀드

수익성 – 개별 자산 펀드
INDEX 펀드

성에 초점을 둡니다. 예를 들어 중국 본토 인덱스에 단기 투자하면 10퍼센트의 상승 기회는 충분히 있을 거라고 생각합니다. 과도하게 빠진 데다 밸류에이션이 저렴하고 중국정부가 할 수 있는 모든 부양

> 중국 본토 인덱스펀드에서 단기 수익 창출 기회가 있음

책을 다 쏟은 상황이라 시장에 무역분쟁이 부담으로 남아 있긴 하지만, 개별자산군의 인덱스펀드 쪽에 단기수익을 창출할 기회가 있을 거라고 봅니다.

반드시 장기적으로 가져가고 싶은 핵심 포트폴리오는 50퍼센트로 구성하되 그 안에 글로벌 주식과 채권으로 자산을 배분한 상품을 넣어야 합니다. 30퍼센트는 한국의 단기국채를 유동성으로 갖고 있는 것이 바람직합니다. 2018년에는 한국은행이 우여곡절 끝에 금리를 올렸지만 2019년에는 올리기가 힘들 거라는 전망이 우세합니다. 여기에다 한국 정부가 2018년 세금을 많이 걷어 계속해서 국채를 바이백(매입)하고 있습니다. 이것이 한국 국채시장에 좋은 수급 여건을 만들어주고 있지요. 또 모멘텀이 있는 시장에 개별자산군 인덱스펀드로 수익을 추구해보는 전략도 괜찮습니다.

앞서 달러자산을 꼭 포트폴리오에 담으라고 했는데 과연 달러를 어떻게 담아야 할까요? 외화정기예금이나 달러화로 운용하는 다양한 파생상품 ELS, 원금을 보장하는 DLB 상품도 금리가 좋지만 우량한 글로벌 투자 적격등급 회사채로 포트폴리오를 짜서 꾸준히 현금

흐름을 유지하는 것도 한 방법입니다.

2019년의 변동성 장세에는 유동성뿐 아니라 지속적으로 이자수입을 만들어주는 자산도 반드시 포트폴리오에 담아야 합니다. 그것이 월지급식 ELS든 달러와 채권으로 현금흐름을 만들어주는 것이든 그런 자산은 변동성에 대응하는 좋은 대안입니다.

김지섭 마지막으로 임은순 팀장님이 2019년 포트폴리오를 설명해주십시오.

임은순 2019년 시장을 요약하면 금융시장 불확실성과 위험자산 확대로 그 변동성이 더 커질 테니 기대수익률을 낮추고 보수적인 위험관리 투자전략을 세우자는 것입니다. 그런데 이를 기반으로 포트폴리오를 짜기 전에 크게 두 가지를 정해야 합니다. 그것은 얼마만큼 투자할 수 있는가와 수익을 얼마나 기대하는가입니다.

제가 짠 포트폴리오는 투자기간을 1~2년으로 생각하는 순수 여유자금으로 수익률 목표는 연 5~6퍼센트입니다. 도표를 보면 저도 50퍼센트를 주가지수형 ELS로 선택했습니다. 통화는 원화형에 30퍼센트, 달러형에 20퍼센트 분산했습니다.

그다음으로 향후에 있을 투자기회나 미래 변동성에 대비하고자 투자대기자금 용도로 단기채권형펀드에 30퍼센트를 투자했습니다. 마지막으로 포기하고 싶지 않은 국내 고배당주 펀드에 20퍼센트를

임은순 KB국민은행 압구정PB센터 PB팀장 추천 포트폴리오

- 원화 ELS(지수형)
- 달러형 ELS(지수형)
- 단기채권펀드(투자대기자금)
- 국내고배당주펀드(6개월 분할납입)

투자하기로 했는데 그 투자 시기는 지금 당장이 아니라 앞으로 6개월 동안 분할해서 납입하는 방식입니다.

이 포트폴리오의 가장 핵심 상품은 ELS인데 향후 주가 변동성이 크리라는 예상 아래 하방경직성이 있는 상품을 선택한 것입니다. 지금은 기초자산이나 세부적인 디테일이 무척 중요합니다. 기초자산은 반드시 개별종목이 아닌 주요 국가의 종합주가지수를 선택하길 권합니다. 조기청산 구조는 스텝다운형으로 선택하시길 바랍니다. 스텝다운 구조란 현재 가입시점대비 투자기간이 길어질수록 주가가 더 떨어져도 괜찮다는 것을 의미합니다. 조기청산 조건 등에 따라 제시 수익률이 달라지게 됩니다.

2018년 말 현재 원화 ELS는 연 5~7퍼센트 내에서 상품을 선택할 수 있고, 동일한 구조의 달러 ELS는 연 7~9퍼센트 내외로 선택이 가능합니다. 이렇게 구성하면 ELS로 얻는 수익은 포트폴리오에서 3.5~4퍼센트를 차지할 것입니다. 나머지는 거의 현금성 자산인데 그것으로 1~1.5퍼센트는 받을 수 있습니다. 토털로 보면 연 5퍼센트를 목표로 하는 구성입니다.

다른 점은 달러 ELS가 20퍼센트 들어간 것입니다. 위기가 있을 때마다 원화자산은 가치가 하락합니다. 과거에는 달러자산에 투자하는데 어려움이 많았습니다. 고위험 성향 펀드거나 이자 없는 보통예금, 10년물 채권이 대부분이라 달러에 투자하는 것은 순수하게 환율에 투자한다는 의미였지요. 반면 최근에는 달러 투자상품이 많아졌는데 간단히 은행에 가서 1년짜리 정기예금을 확인해보면 연 2.5퍼센트입니다. 원화 수익 못지않지요. 똑같이 정기예금을 하되 통화만 바꾸는 것뿐입니다.

통화를 분산하면 이점이 많습니다. 요즘에는 해외직구가 트렌드이기도 하고 아이들 어학연수를 대비해 1억 원을 기준으로 그 20퍼센트에 해당하는 2,000만 원을 달러자산으로 계속 유지해가는 것도 좋습니다.

ELS를 선택할 때는 통화, 금, 원유 등을 기초자산으로 하는 상품은 피하십시오. ELS로 대개 투자수익 5퍼센트 정도를 기대하는데 100퍼센트 국내펀드나 국내주식만으로

ELS를 선택할 때 통화, 금, 원유 등을 기초자산으로 하는 상품은 피할 것

매년 5~6퍼센트 수익을 올리는 것은 어렵습니다. 그리고 여유자금으로 포트폴리오를 짤 때는 절대 마이너스가 나지 않는 상품으로 구성하는 것이 기본입니다. 이를 감안해 하방경직성이 있는 것을 코어 상품으로 삼아 50퍼센트 이상 구성하는 게 좋습니다.

다만 2019년 상반기에는 다시 한 번 평가를 해야 합니다. 금융시장 변동성이 너무 심하다 보니 3개월, 6개월, 1년 단위로 다시 판단해볼 필요가 있습니다. 지금 ELS를 선택했더라도 3개월 후 투자대기 자금 30퍼센트를 또 ELS로 갈 수도 있고, 국내주식이나 다른 자산으로 갈 수도 있습니다. 스스로 주기를 정해 중간 중간 금융환경에 맞게 상품을 구성하는 것이 바람직합니다.

김지섭　　네, 임은순 팀장님도 ELS의 중요성을 강조했습니다. 실은 과거에 홍콩 주식시장이 급락했을 때 ELS로 피해를 본 사람이 많습니다. 지금도 그럴 가능성이 제로는 아니지만 어느 정도 위험을 회피할 수 있는 구조의 ELS가 많이 나와 있어 추천을 해주신 것 같습니다. 자산 관리하는 데 궁금한 내용이 조금 더 해소되는 시간이었습니다. 감사합니다.

Q&A

질문자1 2018년 말 현재 달러 값이 연초에 비해 많이 떨어졌어요. 과거에는 1,200원 정도였는데 지금은 1,000원 대입니다. 2019년 상반기와 연말의 전망이 궁금합니다.

오인아 사실 경제 전망 지표 중 가장 예측이 어렵고 변수가 많은 것이 환율입니다. 원달러 환율을 궁금해 하시는 건데 앞서 장기 평균 환율이 1,124원이라고 했지요. 2018년 말 현재 환율은 그 선을 크게 벗어나지 않는 범위 내에서 움직이고 있어요.

제가 볼 때 환율 전망에서 장기 전망은 무의미해요. 단기, 즉 3개월을 보면 하단 약 1,110원, 상단 1,140원 정도로 전망합니다. 하지만 어떤 이슈가 발생해 위험자산 선호도가 높아질 경우 환율이 하락합니다. 2018년 12월 초만 해도 1,105원까지 내려갔어요. 1,110원 밑으로 이탈하면 빠르게 회복하는 달러 매수세가 강하기 때문에 그렇습니다. 또 1,130원을 넘어갈 경우 매도 대기물량이 많습니다.

앞으로 한두 분기 정도는 1,110~1,140원으로 예상합니다. 그런데 장기간 20년 평균 환율이 1,124원 정도이므로 달러를 보유할 의지가 있으면 1,120원 이하나 1,110원대부터 계속 분할 매수를 하는 것이 어떨까 합니다.

질문자2 요즘 다들 장단기 금리 역전을 우려하는데 정말로 역전되면 경기 하락 내지 경기 둔화가 올 거라고 예측합니다. 그러나 1990년대 초 장단기 금리가 역전되었어도 경기 하락이나 주가 하락이 일어나지 않았어요. 제 생각에는 모두들 너무 불안감을 조성하고 있지 않나 싶은데 어떻게 보는지요.

김유선   우리가 달러 표시 미국채 장단기 금리 차를 불황의 신호로 인지한 지는 꽤 되었습니다. 사실 그런 신호는 10년마다 있었고 불황이 시작될 때면 어김없이 나타난 현상입니다. 원래 2년물보다 30년물 금리가 더 높아야 하는 게 당연한 일이잖아요. 오래 보유하고 있으면 금리를 더 많이 받는 게 맞는데 2년물 금리가 30년물보다 더 많은 수익을 낸다면 시장 상황이 정상적이지 않다는 신호죠.

여기서 한 가지 정확히 알아야 할 것은 역전 기간의 회차 날짜입니다. 아마 최근의 장단기 금리 차가 본래대로 회복되는 데는 오랜 시간이 걸리지 않을 겁니다. 그리고 장단기 금리 차 역전은 1990년대뿐 아니라 2006년에도 발생했습니다. 물론 그 기간은 6~8일 수준이었어요. 당시 오히려 장단기 금리 차를 기초자산으로 한 상품을 선택해 재미를 본 사람도 있습니다. 리스크가 있어야 상품이 나오기 마련인데 그런 리스크는 10년 만에 한 번씩 오는 기회거든요. 한마디로 투자기회지요.

이런 리스크는 시장이 정상화하면 회복되는 불황의 징조이므로 오랜 기간 지속되지 않습니다. 그러므로 이것을 악재구나, 불황의 시작이니 앞으로 10년은 힘들겠구나 하고 과민반응하기보다 '아, 지금은 시장 상황이 이렇구나' 정도로 인식하는 것이 좋습니다.

요즘 역전된 금리는 5년물과 3년물입니다. 그 정도 기간이면 시장 상황에 따라 채권수익률이 얼마든지 역전과 회복을 반복할 수 있어요. 과민반응을 보이면서 사전적으로 정확히 선을 긋듯 악재나 불황이라고 단정할 필요는 없습니다.

질문자3　　저는 금 투자 전망이 궁금합니다. 가능하면 한 말씀 부탁드립니다.

오인아　　2018년 말 현재 금이 온스당 1,240달러인 것으로 알고 있는데 2018년 들어 금은 숨어 있는 복병처럼 안전자산 역할을 하며 가격이 올랐습니다. 일반적으로 경제위기 상황이나 리스크가 높아질 때 금이나 달러 같은 안전자산 가격이 상승하는 경향을 보입니다. 저는 둘 다 좋은 안전자산이지만 유동성 측면을 보면 달러화가 좀 더 우세하다고 봅니다.

금 전망이 궁금하다고 하셨는데 금과 달러화는 서로 반대 방향으로 움직이는 경향이 있습니다. 같은 안전자산이지만 달러 인덱스가 약세로 갈 때 금 가격이 상승하고, 달러 인덱스가 강세일 때는 금 가격이 하락합니다.

2019년에는 기본적으로 달러 약세 전망이 우세합니다. 미국이 2018년만큼 강력한 성장률을 유지하기 힘들 거라고 보기 때문입니다. 트럼프 행정부가 2018년에는 법인세를 20퍼센트 인하해 2분기에 경제성장률 4퍼센트를 달성했는데 그 기저 효과가 사라지는 2019년에는 성장률이 2018년만큼 강하지 못하리라고 봅니다. 여기에다 미국의 재정적자 규모가 크게 늘어나 달러 약세를 가정하는 상황입니다.

결국 달러와 금 가격만 놓고 보면 금이 어느 정도는 지지를 받을 겁니다. 그렇지만 IMF나 리먼 브러더스 사태, 글로벌 금융위기 상황을 돌아보면 금 가격이 오르는 데는 한계가 있습니다. 그런 의미에서 저는 원화 대비 자산 리스크를 가장 잘 헤지할 수 있는 것은 달러라고 생각합니다.

이상범

리코자산운용 대표이사. 신한종합금융을 시작으로 증권, 투자자문, CRC(기업구조조정전문회사), 비상장 투자 등 금융업에 20년 넘게 종사하며 IB, 채권, 주식 등 다양한 업무에서 경력을 쌓았다. 외환위기로 첫 직장을 잃고 위기를 기회로 전환시키며 종합금융사 동료들과 자문사와 중소형증권사를 설립·운영하며 자산운용 노하우를 축적했다. 리코자산운용은 채권과 공모주 위주의 안정적인 중위험·중수익을 목표로 천천히 전진하는 달팽이처럼 느리지만 안정적인 상품을 제공하기 위해 노력하고 있다.

평균 수익률 30%, 2019년을 빛낼 알짜 공모주 TOP5

이상범, 리코자산운용 대표이사

계절에 사계절이 있듯 주식에도 사계절이 있습니다. 알다시피 2018년은 뜨겁게 시작했지만 기대가 큰 만큼 실망도 컸지요. 2018년 말 현재 투자심리는 주식의 사계에서 몹시 추운 초겨울에 진입한 상태입니다. 2017년 말 사람들은 2018년에는 좋은 수익률을 낼 거라는 기대감을 안고 코스닥이나 코스닥 벤처펀드, 비트코인에 많이 투자했습니다.

과연 그들은 2018년에 좋은 수익률을 냈을까요? 아마 힘든 한 해를 보냈을 겁니다. 투자업에 종사하는 사람들도 대부분 과거 어느 때에 비해 힘든 한 해였다고 말합니다. 지금 2019년을 예측하는 사람들은 하나같이 '불확실성'을 얘기합니다. 이런 시기에 제가 소개하려는 것은 주식은 주식이되 공모주(IPO) 투자입니다.

일례로 2014년 삼성SDS와 제일모직이 상장할 때 많은 사람이 공모주 투자를 했습니다. 예상과 달리 삼성SDS가 100퍼센트 수익률을 내면서 모든 자금이 제일모직에 쏠렸지요. 당시 일반청약에 30조원이 몰렸는데 무려 16조 원이 삼성SDS로 갔습니다. 그때 사람들은 "이건 주식인데 실패하지 않는 주식이네. 100퍼센트 수익이 나는 주식이네. 로또네" 하는 말을 했습니다. 지금도 일부 뉴스에서는 공모주를 로또로 부르지만 저는 여기에 동의하지 않습니다. 공모주에 투자하려면 냉철하게 분석해서 들어가야 하기 때문입니다.

그럼 불확실해 보이는 2019년 왜 공모주에 투자해야 할까요? 먼저 2019년 주식시장을 간단히 전망해보겠습니다. 2019년 주식시장을 한마디로 표현하면 '내우외환'일 것입니다. 실제로 글로벌 경기가 둔화 조짐을 보이면서 국내 경기 뉴스는 거의 다 비관적입니다.

2018년 우리의 장밋빛 전망이 어긋난 가장 큰 이유는 글로벌 경기 전망치와 국내 경기 전망치를 하향 조정할 수밖에 없었기 때문입니다. 우리의 기대와 달리 글로벌 경기는 지지부진했고 미국 혼자서만 경기가 좋았습니다. 2017년에는 글로벌 경기 회복으로 전체가 동일하게 성장했으나 2018년에는 왜곡된 성장, 고르지 못한 성장이 이뤄졌지요. 2019년에는 저성장 동조화 현상이 나타나리라고 보는데 이 경우 주식시장 자체만 놓고 보면 전망이 좋지 않습니다.

2019년 주요 키워드 중 하나는 달러 약세라는 전제입니다. 더 큰 전제는 글로벌 경기 침체가 아니라 둔화입니다. 아무튼 국내 경기 전망은 대내외적으로 별로 좋지 않습니다. 무엇보다 미중 무역갈등 심화, 국내 정책 불확실성, 미국의 금리 인상 속도가 위험요인입니다. 여기에다 하향 조정한 글로벌 경기 전망이 주식시장에 우려감을 안겨줄 것입니다.

대신 달러가 약세로 갈 경우 달러 포지션을 갖고 있는 신흥자산 통화가 강세로 돌아섭니다. 실제로 2017년 미국 금리가 높았으나 이머징 통화가 강세로 가면서 이머징 주식이 양호한 수익률을 보였습니다.

흔히 2017년 가장 높은 수익률을 낸 주식을 베트남으로 알고 있지만 실은 아르헨티나입니다. 베트남은 44퍼센트, 아르헨티나는 무려 77퍼센트의 수익률을 냈습니다. 무엇이 아르헨티나의 주가를 끌어올린 것일까요? 간단히 말해 외화자금 유입이 이머징 통화 강세, 원자재 강세를 유인했습니다. 원자재 중 달러 약세를 기반으로 가장 많이 오른 것이 경기와 연관성이 제일 높은 구리입니다.

2019년 경제 전망이 어두운 이유

━━━━━━━━━

한국 주식시장은 나스닥시장 못지않게 높은 성장률을 보였습니다. 그런데 2018년 12월 초 한국은 6,000억 달러 수출기념식도 하고 월간 기준 500억 달러 이상을 수출하고도 많은 사람이 우려를 표하고 있습니다. 사실 한국은 GDP에서 수출이 차지하는 비중이 무려 70퍼센트에 달합니다. 두 번째로 높은 나라가 프랑스로 40퍼센트이고 영국이 35퍼센트입니다. 일본은 25퍼센트이며 중국도 33퍼센트에 불과합니다. 이 정도로 한국은 수출 의존도가 높습니다.

문제는 월평균 500억 달러 이상을 수출하는 업종이 반도체에 편중되어 있다는 점입니다. 전체 수출에서 반도체 업종이 차지하는 비중이 2017년 17퍼센트였다가 2018년 상반기에 18퍼센트로 증가했고, 2018년 11월에는 무려 21퍼센트까지 늘어났습니다.

더 염려스러운 것은 반도체 수출증가율입니다. 삼성전자와 하이닉스가 계속해서 돈을 잘 벌었으면 좋겠는데 2018년에는 2017년보다 돈을 버는 폭이 줄었습니다. 반도체 수출증가율이 2017년 말 64퍼센트에서 2018년 상반기 40~50퍼센트로 떨어졌고 2018년 11월에는 11퍼센트까지 내려왔습니다. 반도체 수출증가율이 11퍼센트까지 내려왔는데 반도체가 수출에서 차지하는 비중이 올랐다는 것은 다른 업종이 그만큼 나빴다는 것을 의미합니다. 실제로 자동차와 조선 등 많은 업종이 고전하고 있습니다. 그러다 보니

국내 경제성장률 전망(%)

	2017	2018			2019		
	연간	상반기	하반기	연간	상반기	하반기	연간
경제성장률(GDP)	3.1	2.8	2.7	2.8	2.6	2.4	2.5
(민간소비)	2.6	3.2	3.2	3.0	2.7	2.5	2.6
(건설투자)	7.6	−0.1	−1.5	−0.8	−2.3	−0.5	−1.4
(설비투자)	14.6	1.9	−4.3	−1.2	−4.1	0.3	−2.0
통관수출 증가율(%)	15.8	6.3	6.7	6.5	5.4	2.9	4.1
통관수입 증가율(%)	17.8	13.2	12.5	12.9	8.1	5.0	6.5
경상수지(억 달러)	785	297	381	677	288	362	650
소비자물가상승률(%)	1.9	1.4	1.5	1.5	1.	1.5	1.4
실업률(%)	3.7	4.1	3.5	3.8	4.2	3.5	3.9
취업자수증가(만 명)	32	14	6	10	11	13	12
원/달러(평균)	1,131	1,076	1,120	1,098	1,090	1,070	1,080
원/유로(평균)	1,275	1,302	1,304	1,303	1,308	1,321	1,315
원/엔(평균)	1,008	989	1,010	1,000	998	1,000	1,000
원/위안(평균)	168	169	164	167	162	161	162
국고채수익률(%, 평균)	1.8	2.2	2	2.1	2.2	2.3	2.2
회사채수익률(%, 평균)	2.3	2.8	2.3	2.7	2.7	2.8	2.8

주: 증가율은 전년 동기비 기준, 국고채와 회사채(AA− 등급) 수익률은 3년 만기 기준

자료: LG경제연구소

2019년을 전망하면서 많은 사람이 깊은 우려를 보이는 것입니다.

위의 표는 한국경제 성장률 전망을 나타낸 것입니다.

우리는 한국경제 전망치 중에서도 특히 건설투자와 설비투자에 주목해야 합니다. 건설투자는 한국 재정정책과 연관이 많고 설비투

196

자는 기업들의 투자심리에 큰 영향을 줍니다. 결국 한국은 재정정책으로 건설투자에 변화를 주어야 하고 기업의 투자심리는 설비투자로 개선해야 합니다. 무엇보다 정책이 불확실하면 그 무엇도 이룰 수 없습니다. 물론 2019년 하반기쯤이면 2020년 총선을 겨냥해 어떤 정책 변화가 있지 않을까 하는 기대감도 있습니다.

OECD 경제선행지수를 보면 한국은 이미 2017년부터 급격하게 하락했습니다. 미국, 중국, 유로존, 한국, 일본 할 것 없이 2017년 1월부터 다 내려왔지요. 6월에 오르긴 했지만 모든 위험자산은 전부 고점을 찍고 하락했습니다. 2018년 초 사람들이 코스닥, 비트코인, 코스닥 벤처펀드에 관심을 기울일 때부터 이미 고점을 찍고 내려오기 시작했어요.

다음은 팔라듐 지표인데 팔라듐은 배기가스 정화장치에 들어가는 원소입니다. 팔라듐 이야기를 꺼낸 이유는 달러가 약세일 경우 이것이 유동성이나 투자심리에 영향을 미치는 요소이기 때문입니다.

플래티늄, 라듐 등은 모두 배기가스 정화장치에 들어가는데 유독 팔라듐은 러시아와 남아프리카에서 생산하는 비중이 4분의 3에 달합니다. 다시 말해 공급이 제한적입니다. 따라서 달러가 약세로 돌아서면 가격이 올라갈 수 있습니다.

구리, 주식, 플래티늄이 하락할 때 팔라듐처럼 혼자 치고 올라가는 모습이 곧 2019년 주식시장에서 한 줄기 희망의 빛입니다.

팔라듐 가격 변동 흐름

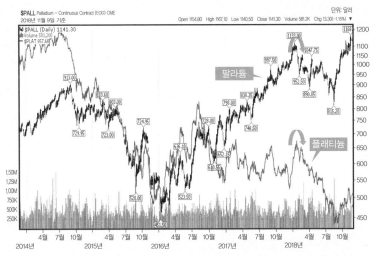

단위: 달러

자료: StockCharts.com

주식시장의 영향이 적은 공모주시장

2019년 주식시장이 그토록 밝지 않은데 왜 공모주를 얘기하느냐
고요? 공모주시장은 주식시장 등락과 상관관계가 별로 높지
않기 때문입니다. 2018년 11월 현재 공모주수익률은 평균 34.3퍼
센트입니다. 이것은 수익률을 단순 평균한 것이고 직접 투자해보면
34.3퍼센트라는 수익률이 나오지 않습니다.

공모주시장은 코스닥 비중이 90퍼센트에 달합니다. 따라서 공모주는 코스닥을 구성하는 업종 비율의 영향을 받습니다. 가장 관심을 받는 업종이 제약, 바이오, IT로 이들 업종의 비중이 거의 70퍼센트입니다. 제약, 바이오, IT는 코스닥 시총이 높아 많은 사람이 관심을 보일 수밖에 없지요. 만약 코스닥에서 4차 산업혁명 관련주가 올라가면 다른 관련주도 올라가는 모습을 보입니다. 그러니까 공모주시장은 주식시장 등락보다 주도주 혹은 주식시장 코스닥 구성비율의 영향을 많이 받습니다.

제가 강조하고 싶은 것은 일반청약경쟁률 100 대 1 이상의 '시초가 수익률'입니다.

다음 표를 보면 공모주를 시초가에 매도했을 때 손해볼 확률이 2017년 7.3퍼센트, 2018년 6.7퍼센트로 나타나 있습니다. 일반청약경쟁에서는 이탈이 발생하는데 첫날 눈치를 보다가 이튿날 100 대 1을 넘어 200 대 1, 300 대 1로 갈 경우 그냥 쫓아 들어가면 시초가에 판 10개 중 마이너스가 나는 종목이 1개가 채 되지 않습니다. 그만큼 공모주는 상대적으로 안전합니다. 맨 아래는 코스닥이 플러스든 마이너스든 수익률에 큰 영향을 주지 않는다는 것을 보여줍니다.

그럼 이러한 공모주에는 어떻게 투자해야 할까요? 핵심은 선택과 집중입니다. 선택과 집중을 할 때는 수익률 결정요인에 주목해야 합니다. 지금까지 저는 3가지 핵심 포인트, 즉 유통물량, 일반청약경쟁률, 기업의 수익성에 초점을 두었습니다. 그러다가 2018년 들어 락업

안정적인 수익 창출이 가능한 공모주

2018년 11월 19일 현재

	2014	2015	2016	2017	2018
총상장기업 (EA)	46	73	69	62	51
KOSPI (EA)	6	16	13	8	5
%	13%	22%	19%	13%	10%
KODAQ (EA)	40	57	55	54	46
%	87%	78%	80%	%87	90%
공모가 > 시초가 (EA)	11	23	18	17	8
%	23.9%	31.5%	26.1%	27.4%	15.7%
공모가 > 현재가 (EA)			44	41	27
%			63.8%	66.1%	52.9%
일반청약경쟁률 100: 1 이상 (EA)	32	46	48	41	45
%	69.6%	63.0%	69.6%	66.1%	88.2%
공모가 > 시초가 (EA)	5	9	4	3	3
%	15.6%	19.6%	8.3%	7.3%	6.7%
공모가 > 현재가 (EA)			21	17	18
%			43.8%	41.5%	40.0%

	2015		2016		2017		2018	
공모가 상단 이상	48	65.8%	36	52.2%	34	54.8%	35	68.6%
하단 이하	13%	30.1%	25	36.2%	24	38.7%	17	33.3%
시초가 > 공모가	50	68.5%	51	73.9%	45	72.6%	43	84.3%
KOSDAQ 상승률	25.7%		-7.5%		26.4%		-12.1%	

자료: 리코자산운용

비율을 추가했지요. 락업이란 기관들이 가격을 결정하는 수요예측에서 물량을 많이 받기 위해 기간을 정해두고 그 기간 동안 팔지 않겠다고 확약하는 것입니다. 그 락업비율이 높을수록, 유통물량이 적을수록, 일반청약경쟁률이 높을수록 수익률에 극명한 차이가 납니다.

일반적으로 락업비율이 35퍼센트 이상 종목(9개)의 시초가 수익률은 88.5퍼센트로 높은 상관관계를 보입니다. 이 9개 종목 중 7개가 '따'로 시작했습니다. '따블'은 더블을 강하게 발음한 것으로 보통 '따'라고 합니다. 시초가 결정은 최고 높은 것이 따블입니다. 예를 들어 내가 1만 원에 상장한다면 시초가는 아무리 높아봐야 2만 원입니다. 그 2만 원 상태에서 30퍼센트 위아래로 왔다 갔다 하는 겁니다. 일반적으로 공모주 투자자 사이에서는 일종의 은어 같은 '따상'(시초가가 공모가의 2배를 기록한 뒤 상한가로 마감)이라는 표현을 쓰기도 합니다.

수익률 결정 우선순위는 락업비율이 높은 것, 유통물량이 적은 것, 일반청약경쟁률이 높은 것 순입니다. 이에 따라 수익률이 2~6배 이상 격차를 보입니다. 일반청약경쟁률 1,000 대 1 이상을 기록한 업종 가운데 7개 업종의 시초가 평균수익률이 93퍼센트였습니다.

그러니까 일반청약은 답이 나와 있습니다. 그것은 '100 대 1은 따라가고 500 대 1은 무조건 따라가며 1,000 대 1은 묻지도 말고 따라가라'는 것입니다. 기업을 분석할 필요도 없이 말이지요. 대신 그런 종목은 규모가 작습니다. 이에 따라 1억 원을 넣든 2억 원을 넣든 배정받는 물량이 적을 수밖에 없습니다. 한마디로 전체적인 수익률은 높지만 전체 금액 규모는 크지 않습니다.

공모주 투자에서 양극화 현상이 나타나는 것은 3가지 때문입니다.

공모주 투자에서 기억해야 할 주요 포인트

따상(따블에 상한가)의 기억

- 2018년 11월 19일 현재 일반청약경쟁률 1,000 : 1 이상을 기록한 기업은 7개로 시초가 평균수익률은 93%였으며 4개 종목이 100% 수익률을 보임.
- 업종별로는 S/W(4), 의료(1), 금융(1), 필수소비재(1) 등으로 4차 산업혁명 관련주 강세가 두드러졌으며 7개 종목 가운데 상반기에만 4개 종목이 집중됨.

수익률 결정 우선순위

- 수익률을 결정하는 우선순위는 크게 ①실적(Valuation) ②수급(유통물량) ③경쟁률 (일반청약/기관수요예측)에 영향을 받음.
- 시초가 수익률을 결정하는 우선 순위는 락업비율 → 유통물량 → 일반청약경쟁률 순으로 분석.
- 일반청약경쟁률 500 : 1 이상 종목의 시초가 수익률은 64.7%로 300 : 1 이하 6.6%와 100 : 1 이하 3.5% 대비 높은 수익률 기록.
- 유통물량 30% 이하 종목의 시초가 수익률은 59%로 50% 이상 종목의 수익률 33%를 상회함.
- 락업비율 35% 이상 종목(9개)의 시초가 수익률은 88.5%로 높은 상관관계를 보임.

양극화 현상

- 양극화 현상은 ①KOSPI 종목과 KOSDAQ 종목간 ②업종간 ③공모가 결정간 심한 편차를 보임.
- 2018년 KOSPI 상장종목은 5개로 일반청약경쟁률 40 : 1로 KOSDAQ 720 : 1과 비교한 심한 편차를 보였으며 시초가 수익률도 3.2%로 KOSDAQ 종목 47.4% 대비 부진한 흐름을 보임.
- 업종간 시초가 수익률도 의료 52%, IT 45%로 산업재 22%와 소재 26% 대비 양극화 뚜렷.
- 공모가 상단 이상에서 결정된 비율은 56.5%로 2018년 11월 부진 때문에 기존 60% 이상에서 다소 낮아졌으며 상단 이상 결정된 종목의 시초가 수익률은 67.5%로 하단 이하 결정된 종목(27%) 시초가 수익률 9.8%를 크게 상회함. 다만 높은 가격결정으로 인해 시초가 대비 현재가 수익률은 −38.9%로 하단 이하 결정 종목 −0.3%를 크게 하회하여 단기적 투자성향이 높음을 시사.

선호 종목 쏠림 현상, 코스닥 편중 심화에 따른 코스피 외면 현상, 공모가 결정에 있어서 상단과 하단 종목의 수익률 격차 심화입니다. 이러한 차이가 공모주 투자의 커다란 수익률 격차를 만들어냅니다. 사실 코스피 수익률은 시초가 수익률과 현재가 수익률에 별로 차이가 없습니다. 반면 코스닥은 시초가 수익률과 현재가 수익률에 큰 차이가 발생합니다. 그래서 단기에 팔지 못하면 높은 수익률을 유지할 수 없습니다.

2019년에는 대어가 돌아온다

공모주 투자는 어떻게 해야 할까요?

일반적으로 시장에 주식이 올라오면 20퍼센트는 일반청약물량으로 배정하고 나머지 60~80퍼센트는 기관물량으로 배정합니다. 일반청약과 기관의 수요예측에는 배정물량뿐 아니라 증거금(주식 매매시 미리 예탁하는 보증금)에도 차이가 있습니다. 일반청약을 하면 증거금 50퍼센트를 내고 청약해야 합니다. 반면 수요예측은 돈을 내는 것이 아니라 일단 청약을 써서 가격이 결정되면 배정수량에 따라 그 돈만 내면 그만입니다. 즉, 증거금이 없습니다.

2018년 초 코스닥 벤처펀드가 상당히 뜨거웠지요. 많은 사람이 코스닥 벤처펀드에 가입한 이유는 코스닥 배정물량의 30퍼센트를 우선 배정하기 때문입니다. 이것은 코스피 상장에 전혀 영향을 주지 않습니다. 사실 2018년 초 코스닥시장이 뜨겁게 달아오르도록 가장 큰 계기를 제공한 것도 코스닥 벤처펀드고, 하반기에 급전직하의 원인을 제공한 것도 코스닥 벤처펀드입니다.

206쪽 도표는 왜 공모주가 다른 주식에 비해 안전한지 설명하고 있습니다. 비교를 위해 현대사료와 현대사료 유사업종, 2차전지 관련주 정보를 표로 정리했습니다.

여기에 보면 유통물량 27퍼센트, 락업비율 32퍼센트, 일반청약경쟁률 1,690 대 1, 기관의 수요예측이 840 대 1입니다. 공모가가 6,600원인 현대사료 주식이 어디까지 가는지 한번 보십시오. 현대사료는 바이오도 아니고 IT도 아닙니다. 물론 현대그룹 관련주도 아닙니다.

굵은 선 안의 수치는 할인율을 표기한 것입니다. 보통 주당 희망공모가액을 설정할 때 유사한 업종, 유사한 기업과 PER 기준 밸류에이션 평가를 하는데 현대사료는 할인율이 35~44퍼센트까지 간 것입니다. 그리고 확정공모가액을 PER 기준 밸류에이션 11배로 했습니다. 이 세 가지 표를 보여드린 이유는 간단합니다. 한눈에 봐도 할인율은 비슷한데 밸류에이션이 현대사료는 11배지만 현대사료 유사업종은 26배입니다. 그러면 어느 쪽이 비싼 걸까요? 현대사료 유사업종이 비싼 것입니다. PER이 높을수록, 즉 기업 가치를 높게 평가할수록 주가가 비싸다는 뜻입니다.

확정공모가액은 현대사료의 경우 희망공모가액 밴드 상단에서 결

204

8장 주식·펀드 평균 수익률 30%, 2019년을 빛낼 알짜 공모주 TOP5

205

주식시장이 나빠도 수익률이 좋은 공모주

구분		내용	비고
현대사료	비교가치 주당 평가가액	10,180원	PER에 의한 기준가격 산출
	주당 희망공모가액 밴드	5,700~6,600원	평가액 대비 할인율 35.2~44.0%
	확정공모가액	6,600원	PER 11배

구분		내용	비고
현대사료 유사업종	비교가치 주당 평가가액	15,426원	PER에 의한 기준가격 산출
	주당 희망공모가액 밴드	8,900~10,000원	평가액 대비 할인율 35.50~42.50%
	확정공모가액	9,000원	PER 26배

구분		내용	비고
2차전지 관련주	비교가치 주당 평가가액	40,660원	PER에 의한 기준가격 산출
	주당 희망공모가액 밴드	22,500~6,600원	평가액 대비 할인율 37.29~44.66%
	확정공모가액	31,000원	PER 30배

❖ 기관경쟁률은? 840:1
❖ 일반경쟁률은? 1,690:1
❖ 락업비중은 ? 32%
❖ 유통물량은? 27%

자료: 리코자산운용

정되고 현대사료 유사업종은 희망공모가액 밴드 하단에서 결정되었습니다. 현재 상장된 유사 업종의 다른 회사 주식에 비해 30~40퍼센트 할인을 받고 공모가액이 결정되기 때문에 일단 시초가에 팔 때는 별다른 위험부담이 없습니다. 이것 때문에 시초가나 이후의 주가 흐름 측면에서 공모주가 일반주식보다 좀 더 안전하다는 것입니다.

실은 공모주 투자에 우리가 잘 이해하지도 못하고 관심도 없는 투자 포인트가 하나 있습니다. 그것은 바로 공모물량입니다. 공모물량이 100억 원짜리 미만일 때 시초가 수익률이 마이너스가 난 종목은 한 종목도 없습니다. 모두 플러스입니다.

어떤 자동차 부품주는 시장의 관심을 받지 못하는 종목임에도 불구하고 공모가 3,000원에 시초가 6,000원이었는데 상장 첫날 7,000원대로 장을 마감했습니다. 그 이유는 단 하나, 공모물량이 50억 원이었기 때문입니다. 여담이지만 공모주 투자 노하우는 각 운용사별 혹은 각 투자자별로 나뉘어져 있습니다.

그렇다면 우리는 어떤 공모주에 투자해야 할까요?

2018년 말 현재 공모주시장은 앞서 말했듯 34퍼센트의 높은 수익률을 기록하고 있지만 실제 펀드수익률은 거기에 미치지 못합니다. 그 원인은 공모 규모에 있습니다. 한국거래소는 2018년 100개 기업이 4조 원 정도의 공모물량을 제공할 것이라고 예측했으나 실제로는 70개 기업이 2.5조 원을 제공했습니다. 가장 큰 이유는 큰 종목이 없었던 탓입니다. 삼성SDS나 제일모직처럼 1~2조 원짜리가 없으면 나한테 돈이 있어도 배정물량이 100~200만 원에 불과해 수익률이 잘 나지 않습니다.

그런 대어가 부재한 가장 큰 요인은 정책의 엇박자에 있습니다. 기업이 코스닥 상장심사에 들어갈 경우 어지간하면 다 통과합니다. 심사승인율이 95퍼센트가 넘습니다. 문제는 삼성바이오 사태 이후 '감리' 과정이 생기면서 공모가 지연되는 것에 있습니다. 이로 인해 카카오게임즈가 철회했고 원래 2018년에 상장하려 했던 오일뱅크도 2019년으로 이월했습니다.

이처럼 2018년에는 대어 부재라는 원인이 있었습니다. 저는 2019년을 좋게 보는데 이는 대어들이 2019년 상장할 예정이기 때문입니다. 즉, 2019년에는 큰 시장이 설 것이므로 공모주에 투자하는 것이 좋습니다. 2018년처럼 수익률은 높아도 규모가 작은 종목밖에 없으면 투자를 권하기가 어렵지만, 2019년에는 오일뱅크를 필두로 대어가 돌아옵니다. 한마디로 2019년은 왕이 귀환하는 해입니다.

2019년 유망 종목 TOP5

2018년 공모주시장을 정리하면 크게 양극화 심화와 상장루트 다변화로 요약할 수 있습니다. 물론 최근에는 새로운 제도로 테슬라 요건(적자기업이더라도 기술력 등 성장성을 보고 상장을 시도하는 경우)과

성장성 특례 요건(이익 여부와 관계없이 성장 가능성이 있다는 주관 증권사의 추천을 받은 경우)이 생겼습니다. 이것은 일반청약을 하는 사람에게 엄청나게 유리한 제도입니다. 예를 들어 여러분이 청약을 했는데 3개월 후 테슬라 요건으로 올라온 주식의 주가가 공모가를 밑돌면 주관사가 여러분의 주식을 공모가로 다 사줍니다.

테슬라와 성장성 특례 요건의 차이는 테슬라 효과는 3개월이고 성장성 특례는 6개월이라는 점입니다. 이처럼 상장루트가 다변화하는 것은 물론 코넥스에서 코스닥으로의 이전 상장 효과도 극대화되었습니다. 또 2019년 초나 이후에 나오는 증권사 자율성 확대와 함께 코넥스 활성화 방안도 나올 듯합니다. 이로써 코넥스에서 코스닥으로 이전 상장하려는 회사에 더 유리하고 보다 쉬운 조건으로 상장할 여건을 마련해줄 가능성이 큽니다.

2019년에는 이미 확정된 오일뱅크 외에도 제가 제2의 삼성바이오라고 부르는 SK바이오팜, SK실트론, 교보생명, SK매직, 현대자동차의 SI업체, 현대오토에버, 이랜드리테일, 바디프렌드 등 시가총액 기준으로 조 단위 업체 상장이 줄줄이 예정되어 있습니다. 물론 이 중에는 감리가 늦어져 2019년이나 2020년으로 넘어가는 기업도 있을 겁니다.

아무튼 2019년에 상장하려는 기업 니즈(needs)가 상당히 많습니다. 주요 대기업의 비상장 현황을 보면 롯데가 롯데정보통신 이후에 상장하려는 니즈와 SK그룹이 상장하려는 니즈를 극명하게 볼 수 있습니다. 사실 이것은 공정거래위원회의 일감 몰아주기 규제와 맞물려 있습니다.

SK그룹은 SK D&D나 SK해운을 해외에 매각한 게 아니라 다른 자금을 유치해 자기주식 보유비율을 줄였습니다. 롯데정보통신 역시 자기주식 보유비율을 줄여 일감 몰아주기 규제에서 탈피했습니다. 현대오토에버가 상장하려는 목적도 일감 몰아주기 규제에서 벗어나려는 강한 니즈에 있습니다.

비록 일감 몰아주기에서 벗어나려는 목적이 있긴 하지만 대기업의 많은 비상장사가 일반인에게 청약을 해주는 것은 기업과 일반 투자자 모두에게 좋은 기회입니다. 이런 기조는 2019년과 2020년까지 이어질 가능성이 있습니다. 만약 2019년 호텔롯데가 상장하면 공모 물량은 2018년 2.5조 원에서 13~14조 원까지 늘어날 가능성이 있습니다.

삼성바이오로직스의 경우 감리에 결정적 영향을 미친 것은 삼성바이오에피스입니다. 삼성은 원래 삼성바이오에피스를 나스닥에 상장하려 했는데 상장을 연기했습니다. 이때 거래소와 코스닥이 삼성바이오를 유치하기 위해 규정까지 바꾸는 공을 들이면서 결국 삼성바이오가 상장한 것입니다. 만약 삼성바이오에피스가 시장에서 평가받기 위해 올라오면 2019년이든 2020년이든 한 번 더 큰 시장이 형성될 가능성이 있습니다.

여기에다 LG그룹 관련주인 희성전자도 있습니다. 이 회사는 구광

모 LG그룹 회장이 지분을 많이 갖고 있는 회사로 저는 이곳을 상장 가능성이 높은 잠재 후보군 중 하나로 봅니다.

이제 30퍼센트 이상의 수익을 내는 유망 종목 5개를 살펴봅시다. 사실 30퍼센트 이상 수익을 내는 종목 중에는 큰 주식보다 작은 주식이 훨씬 많습니다. 여기서는 큰 주식 위주로 설명하겠습니다.

먼저 현대오일뱅크가 2019년 1월 5~6조 원으로 올라오면 목표가 8조 원일 때 30퍼센트 이상의 수익률을 안겨주고 시작할 것입니다. 이미 확정된 이 회사는 2019년 1월 수요예측을 해서 상장할 예정입니다. 현대오일뱅크는 현대중공업그룹 계열회사로 계속 1조 원 이상 영업이익을 내는 회사입니다. 최근 에스오일 주가가 조금 빠진 것으로 보아 밸류에이션은 그리 높지 않을 거라고 봅니다.

SK바이오팜은 제가 가장 많이 기대하는 종목입니다. 이 회사는 삼성바이오 못지않게 좋은 회사로 SK바이오텍과 엠팩으로 수직계열화를 완성한 상태입니다. 2020년 뇌전증치료제 세노바메이트를 출시할 예정이라 2019년에는 임상해야 하는데 그 자금을 마련하기 위해 2019년 상장할 가능성이 큽니다. 212쪽 표에 나오는 예상시가총액 5조 원은 외부 의견을 취합해서 기록한 것입니다.

SK실트론은 반도체 관련 회사로 LG에서 버린 것을 SK가 주워왔습니다. 반도체 경기가 조금 둔화되면서 밸류에이션이 약간 싸지만 예상시가총액을 2.5조 원으로 전망합니다.

카카오게임즈는 상장 여부가 불확실합니다. 2018년 카카오게임즈

2019년 공모주 유망 종목

❶ 현대오일뱅크

- 새해 첫주자의 Good Start를 기대 → 감리에 따른 상장지연과 착한 공모가격?
- 2년 연속 영업이익 1조 원 달성 → 3분기 누적영업이익 8,363억 원. 공모규모 2조 원대
- 예상시총 8조 원 → EV/EBITDA 6.5배(vs. S-oil 9배)

❷ SK바이오팜

- 제2의 삼성바이오로직스가 될 수 있을까? → M&A통한 수직계열화. SK바이오텍/앰팩(CDMO)
- 뇌전증치료제 '세노바메이트' 미국 임상 3상 진행에 따른 자금 수요 → 2020년 출시 예정
- 예상시총 5조 원 → 세노바메이트 가치 4조 원 + 7개 파이프라인 1조 원

❸ SK실트론

- 주력제품 반도체 웨이퍼의 업황호조에 따른 실적개선세 지속 → 반도체산업에 대한 우려?
- 2018년 3분기 누적영업이익 2,820억 원으로 2017년 1,325억 원 상회 → 순이익 2,134억 원
- 예상시총 2.5조 원 → 2018년(E)영업이익 4,000억 원×6배(OPM 30% vs. DB하이텍 OPM 20%/5.7배)

❹ 카카오게임즈

- 지주사 전환 포석→지배구조(카카오→카카오게임즈→게임계열사) 개편
- 감리의 파고를 넘어 재수에 성공? → 게임개발/IP/M&A 등 게임사업의 수직계열화를 통한 가치 상승
- 예상시총 1조 원 → Pre-IPO 8,400억 원 밸류

❺ 교보생명

- 보험금지급여력비율(RBC) 평가 조정에 따른 자본확충 필요성 → 2조 원 이상
- FI 풋옵션 행사 철회 되어야 상장 가능 → 대주주 상장결정 지연에 따른 풋옵션 행사
- 예상시총 5조 원 → 자기자본 9.9조 원(2018년 상반기)×PBR 0.55배(삼성생명/한화생명 평균)

자료: 리코자산운용

가 상장을 철회한 이유는 내부적인 문제 때문이 아닙니다. 보통 상장심사를 청구해서 통과한 뒤 일정 기간 동안 상장하지 못하면 재상장 심사를 받아야 하는데 감리가 길어지는 바람에 그 기간에 걸려버렸습니다. 그러자 카카오게임즈 측에서 상장을 철회한 것입니다. 아무튼 밸류에이션은 1조 원이고 IPO 비상장 단계 투자에서 8,400억 원 밸류로 자금을 유치했습니다.

마지막으로 교보생명인데 사실 생보사가 30퍼센트의 수익을 낸다고 하면 거짓말 같습니다. 수익이 그 정도인지는 잘 모르겠지만 싼 밸류 덕에 보유하고 있으면 ING생명처럼 높은 수익률을 낼 수도 있습니다. 이 회사는 표에 나오듯 RBC 평가 조정에 따라 자본 확충이 필요하고 전략적 투자자들의 풋옵션 행사에 따른 상장 니즈가 있으므로 2019년 상장할 확률이 높습니다.

수익률만 놓고 보면 5개 회사 중 SK바이오팜이나 오일뱅크를 제외한 나머지 회사가 30퍼센트 이상 올린다고 확정적으로 보장하긴 어렵습니다. 실제로는 그보다 더 작은 종목들이 훨씬 더 높은 수익률을 내고 있습니다. 다만 작은 종목은 배정하는 금액이 크지 않아 전체적으로 수익을 높이는 데 기여도가 낮습니다.

정리하면 2019년은 결코 녹록치 않은 한 해가 될 것입니다. 하지만 공모주 투자는 일반주식보다 더 안전하니 공모주를 선택하는 것도 한 방법입니다. 더구나 2019년에는 큰 종목이 많으므로 좀 더 마음 편하게 투자할 수 있을 겁니다.

김항기

알펜루트자산운용 대표이사. 변화를 밸류에이션 한다는 생각으로 투자하는 알펜루트자산운용의 창업
자로 현재 운용부문을 총괄하고 있다. 대우증권을 시작으로 영업과 리서치, 운용부문을 두루 경험하
였으며, 애널리스트 기간 동안 베스트 애널리스트로 이름을 알렸다.

BTS, 마켓컬리, 만나박스… 수익률 1위 헤지펀드 투자법

김항기, 알펜루트자산운용 대표이사

투자를 잘하려면 세상의 변화를 정확히 인식해야 합니다. 세상이 아주 빠른 속도로 변화하고 있는데 저는 과거에 집착하는 순간이 위기라고 생각합니다. 오히려 변화에 선도적으로 대응해야 기회를 잡을 수 있습니다. 투자할 때는 이처럼 선도적인 기업을 찾아야 하며 주위에서 '이 기업이 좋은 기업이야', '이 일을 하면 돈 벌어'라는 말이 나올 때면 이미 고점입니다.

2년 전만 해도 편의점은 돈을 많이 벌었지만 지금은 힘든 일이 되어버렸습니다. 그만큼 세상의 변화를 선도적으로 알아내는 것은 굉장히 힘든 일입니다. 저는 누군가가 '이게 좋아', '이거 돈을 잘 벌어'라고 하면 의심부터 합니다. 사람들의 입에 오르내릴 때 는 벌써 고점에서 하락세를 앞두고 있는 상황이기 때문입니다.

기업은 어떤 방식으로 이익을 낼까요? 기업은 원재료에 부가가치 를 더해 원재료와 판매가의 차이로 이익을 냅니다. 그 차이가 클수 록 기업은 돈을 많이 벌고 기업가치도 올라가지요. 똑같은 커피 원 두로 어떤 기업은 그냥 아메리카노로 팔고 또 어떤 기업은 생두를 매장에서 직접 로스팅해 드립 방식으로 추출해서 판매합니다. 당연 히 후자가 더 폭발적으로 인기를 끌지요. 기업이 돈을 벌려면 치열 하게 고민해야 합니다.

여러분이 투자하는 기업의 원가는 어떻습니까? 돈을 버는 기업은 점점 저렴해지는 원재료를 사용해 지속적으로 원가절감을 실현합니 다. 반면 기업가치가 오르지 않는 기업은 계속해서 비싸지는 걸 원 재료로 사용해 원가 관리에 뒤처집니다. 기업의 입장에서 가장 고민 스러운 원가는 바로 인건비입니다. 인건비는 지속적으로 오르기 때 문입니다.

정리하자면 투자에서 성공하기 위해서는 변화 방향을 선도적으 로 잘 봐야 합니다. 그리고 기업이 이익을 남기려면 점점 원가가 싸 지는 원재료를 사용해 원가와 판매가의 차이를 늘려야 합니다. 결국 투자자는 원재료가 풍부해 점점 가격이 내려가는 것을 사용하 는 쪽에 투자해야 합니다. 경쟁이 늘어나고 원가가 비싸지는 기업에 투자하면 안 됩니다.

성장시대에 가장 싼 원가는 인건비였습니다. 당시 돈과 땅을 쥐고 있던 사람은 저렴한 인건비로 사람들을 고용해 재벌이 되었지요. 이제는 원가가 정반대로 변했습니다. 지금은 사람이 가장 귀하고 상대적으로 돈과 땅은 남아돕니다. 그러므로 돈과 땅, 건축물을 원가로 사용해 돈을 버는 기업을 찾아내야 합니다.

성공하는 기업은 환경 변화에 잘 적응하는 것은 물론 가장 저렴한 원재료에 부가가치를 더해 이익을 창출합니다.

세상에 남아도는 것을 잘 활용한 기업들

다음 자료는 최근에 성장한 기업의 목록으로 이들은 국내외에서 가장 성공적이라는 평가를 받습니다.

이 기업들은 어떻게 성장했을까요? 이들은 설립한 지 4~6년에 불과하지만 엄청난 기업가치를 창출하고 있습니다. 이들이 올린 성과는 결코 버블이 아닙니다. 더구나 지금은 전 세계가 버블이 생길 정도로 경기가 좋은 상황도 아닙니다.

여기 나오는 6개 기업은 가진 게 아무것도 없는 상황에서 세상에 남아도는 것을 잘 활용한 사례입니다. 예를 들어 위워크(WeWork)는 강남 테헤란로의 3분의 1을 차지할 정도로 한국에서

이 시대의 성공한 기업들

위워크
기업가치 약 47조 원
세계 35개 도시, 147개 사무실

에어비앤비
기업가치 약 41조 원
세계 8만 2000개 도시, 450만 개 숙소

우버
기업가치 약 79조 원
2019년 IPO 131조 원 예상
차량호출서비스 시장점유율 77퍼센트

그랩
기업가치 약 10조 원
동남아 8개국 225도시 서비스

직방
기업가치 약 5,000억 원
앱 다운로드 2,000만 건
누적매물 800만 건

여기어때
기업가치 약 41조 원
누적 객실판매 1,000만 건

자료: 조선일보, Telegraph, Forbes, Reuters, Fortune, 업계추정

도 강력한 기반을 다진 회사입니다. 이 회사는 경제성장률이 떨어지면서 늘어나고 있는 빈 건물을 이용하고 있습니다. 에어비앤비는 빈 방을 이용하는 회사고, 우버는 비어 있는 차나 노는 차의 효율성을 강화해줍니다. 아시아의 우버라 불리는 그랩(Grab)도 마찬가지입니다. 직방은 일종의 부동산중개 회사고 여기어때는 호텔이나 숙박업체의 남아도는 부분을 효율적으로 개선해주는 회사입니다.

한마디로 이들 회사는 세상에 남아도는 것을 활용하거나 정보의 불균형을 잡아주고 돈을 법니다. 우리는 이런 회사를 '공유업체'라고 부릅니다.

여기서 핵심 질문은 '이 결과물이 어떤 원인으로 나왔지?'입니다. "아, 공유업체가 잘나가지!", "나, 우버 알아!", "위워크 알아!", "손정의가 20조 투자했다며?" 하면서 아는 척은 누구나 할 수 있습니다. 중요한 것은 원인을 잘 인식해야 향후 전개 상황도 인식할 수 있다는 점입니다.

왜 이런 기업이 돈을 잘 버는 걸까? 왜 이들 기업의 기업가치가 오르는 걸까? 왜 도요타, 벤츠, 현대차가 우버에 돈을 내려고 줄을 서 있는 걸까?

잘못 투자하면 망할 수도 있는 것 아닙니까? 그 원인은 이들이 전 세계에 남아도는 돈과 자산을 잘 활용하고 있기 때문입니다. 대체 돈과 자산이 왜 남아도는 걸까요? 간단히 말해 전 세계의 경제성장률이 내려간 탓입니다.

우리가 지금까지 알고 있던 좋은 기업들이 2010년을 기준으로 죄다 무너지기 시작했습니다. 반면 우리가 모르는 회사, 심지어 상장하지도 않은 기업의 기업가치가 엄청나게 빠른 속도로 커지고 있습니다. 이들은 세상의 변화에 잘 적응해 남아도는 자산을 활용하고 있지요. 앞서 말했듯 기업이 돈을 벌려면 점점 저렴해지는 원재료에 부가가치를 더해 원가와 판매가의 차이를 늘려야 합니다. 다시 말해 원가에 부가가치를 넣어 판매가를 올리면 기업가치가 올라갑니다.

이들 6개 기업이 쓰는 돈과 자산은 경제성장률이 내려가면서 하나같이 점점 원가가 빠지고 있습니다. 그런 것을 원가로 쓰면서 부가가치를 더하는 덕분에 잘나가고 있는 것입니다.

2018년 말 현재 강남의 공실률은 20퍼센트입니다. 여의도와 종로도 거의 비슷한 공실률을 보이고 있지요. 이처럼 빈 사무실, 빈 방이 많아서 위워크는 잘나가고 있습니다. 과거에는 2년에 한 번씩 재계약하면서 임대료를 많이 올렸는데 지금은 15년 임대를 하면서 임대료도 조금만 올립니다. 심지어 15년간 쓴다고 하면 인테리어 공사까지 해줍니다. 어떤 사람에게는 이러한 변화가 격세지감을 안겨줄지도 모릅니다.

경제성장률 하락으로 부의 트렌드가 바뀌고 있다

요즘 밤 11시까지 음식과 식재료를 주문하면 아침 7시까지 집 앞에 갖다 주는 마켓컬리가 주목받고 있지요. 특히 이 회사는 일반적으로 백화점 식품 매장에서 구입할 수 없는 소규모 맛집의 음식을 큐레이션하고 있습니다. 한마디로 내 입맛에 맞는 음식을 골라 배달해주는 회사입니다. 신세계의 기업가치가 1조 7,000억 원 정도인데 마켓컬리는 설립한 지 4년밖에 되지 않으면서도 벌써 기업가치가

5,000억 원이 넘습니다. 신세계 직원은 몇 만 명이지만 마켓컬리 직원은 700명 정도입니다. 무척 빠른 속도로 성장하고 있는 셈이지요.

알고 있을지도 모르지만 선진국은 한국보다 경제성장률이 먼저 빠집니다. 예를 들어 일본과 유럽은 15년 전부터 빠졌고 미국도 성장률이 많이 빠졌습니다. 성장률은 한창 오를 때는 두 자릿수로 올라가지만 어느 단계에 오르면 빠지게 마련입니다. 부자가 엄청 빨리 성장할 수는 없으니까요.

선진국 부자를 보면 빌 게이츠, 제프 베조스, 손정의 등 대개는 창업자입니다. 선진국으로 갈수록 최고 부자는 창업으로 돈을 번 사람들이지요. 반면 후진국으로 갈수록 부자는 다 재벌입니다. 이제 한국도 변화하고 있습니다.

예를 들어 CJ그룹에는 자회사 CJ E&M과 그 손자회사로 넷마블이라는 게임회사가 있습니다. 비록 상장사이긴 하지만 자회사도 아니고 손자회사인데 넷마블의 시가총액이 한때 20조 원이었고 지금도 13~14조 원입니다. CJ그룹의 통합 시가총액이 그 회사보다 적습니다. 환경 변화로 향후 이런 일이 비일비재하게 일어날 것입니다.

한국은 2011년부터 경제성장이 둔화하기 시작하면서 트렌드가 변하고 있습니다. 경제성장기에는 인력, 자본, 자산을 쥔 사람들이 성장하고 돈을 법니다. 즉, 그때는 사람, 돈, 땅이 필요합니다. 이처럼 GDP가 성장할 때 주도권을 쥐려면 항상 부족해서 원가가 오르는 것을 갖고 있어야 합니다. 늘 부족해서 원가가 오르는 것을 들고 있으면 부자가 됩니다. 그래서 성장기에는 돈과 땅을 쥔 사람들이 계속 부자가 되었습니다. 지금도 전국의 요지를 대기업이 다 쥐고 있다는 것은 공공연한 사실이잖아요.

10년 후 그들의 기업가치가 상승할까요? 그렇지 않습니다. 실제로 7년 전과 지금의 기업가치를 비교할 때 그 가치가 상승하지 않은 기업이 꽤 있습니다. 이제 땅과 돈을 쥐고 있는 것은 그리 중요하지 않습니다.

성장기에는 부족한 것이 돈과 땅이었기에 그것을 쥔 사람은 어디에 도전하든 상관없었습니다. 직원, 땅, 돈을 쥐고 있으니 자동차·조선·백화점·가전 등 마음대로 들어갔지요. 한데 성장률이 떨어지면서 어떤 일이 생겼습니까? 돈의 값은 바로 금리입니다. 10년 전만 해도 금리가 7~8퍼센트였지만 지금은 2~3퍼센트입니다. 사업자의 입장에서 과거에 7~8퍼센트의 이자를 주고 쓰던 돈이 이자가 낮아져 그 원가가 3분의 1로 빠진 셈입니다. 경제성장률이 내려가면 돈이 갈 곳이 없기 때문에 금리는 더 떨어지게 마련입니다.

위워크 같은 기업이 잘되는 이유는 경제가 지속적으로 성장하리라고 보고 지어놓은 건물과 공장이 성장률이 내려가면서 남아돌기 때문입니다. 과거에 성공을 안겨준 돈과 땅을 쥔 사람들은 이제 큰 부자라기보다 그냥 유지하는 정도에 있습니다.

새로운 것, 더 싸지는 원가를 이용해 새로운 사업을 하는 사람들이 빠른 속도로 부자가 되고 있습니다. 이들은 돈과 땅이 아니라 좋은 아이디어로 부가가치를 만들어내고 있습니다. 이를 증명하듯 선진국으로 갈수록 부자는 창업자 중에서 배출됩니다.

이 모든 것의 원인은 경제성장률 하락에 있습니다.

변화의 주도권을 쥔 기업에 투자하라

한때 섬유업종은 한국 최고의 성장 기업이었습니다. 지금은 거의 다 사라졌지요. 그때 반도체를 생산한다고 하면 우리가 지금 우버나 위워크를 바라보듯 "쟤 뭐야? 왜 쟤가 비싸야 해?" 했을 겁니다. 1990년대에 통신업종이 잘나갈 때도 그런 시선을 받았지만 결국 다 성장했습니다.

또한 1990년대 초반 트로이카라고 해서 증권주, 은행주, 건설주, 상사주가 굉장한 인기를 끌었습니다. 이들 기업은 모두 자산을 들고 있었고 경제는 한창 성장하는 중이었지요. 하지만 증권회사는 지난 15년 동안 거의 성장하지 못했습니다. 삼성전자, 삼성증권의 기업가치는 20년 전과 똑같습니다. 그런 기업에 아무리 투자해봐야 투자자에게 돌아오는 것은 없습니다. 변화를 두려워하거나 변화를 인식하지 않으려 하는 기업에 투자하면 안 됩니다.

서울의 종각 사거리에 가보면 위워크라는 간판이 붙어 있는 커다란 건물이 보입니다. 국세청도 들어가 있는 큰 건물이지요. 만약 10년 전 이 건물의 주인에게 가서 "건물을 10년만 임대해주세요. 인테리어 공사도 해주고, 1년 중 4개월 정도는 임대료를 깎아주세요" 하면 미친 사람 취급을 받았을 겁니다. 이제는 다릅니다. 위워크는 보통 10~20년까지 임대하는데 이때 건물주가 인테리어 비용을 다 부담합니다. 또 1년에 4개월 정도는 공짜로 임대해줍니다.

당시만 해도 위워크는 사업을 할 수 없었을 겁니다. 지금은 그때와 달리 원가가 대폭 낮아졌지요. 만약 위워크가 강남에 가서 몇 층이어도 상관없으니 단일 평으로 2,000평 이상 달라고 하면 죄다 줄을 설 겁니다. 공실률이 아주 높거든요.

이처럼 세상은 빠른 속도로 변하고 있습니다. 이런 변화를 보면서 주도권을 쥔 기업에 투자해야 합니다. 이와 함께 경쟁관계에서 항상 우위에 서 있는 사업을 해야 하지요. 예전에는 이 건물에 위워크가 들어가는 것은 상상도 할 수 없는 일이었을 겁니다. 장기임대를 받기도 어렵고 임대료를 깎아주기는커녕 오히려 해마다 올렸을 테지요.

서울역 바로 앞에 있는 옛 대우건물 꼭대기에도 위워크 간판이 붙어 있습니다. 상징적인 건물마다 새로운 강자로 떠오른 위워크가 입주해 있는 셈입니다.

또 다른 흥미로운 기업 중 하나는 파킹클라우드입니다. 주차장 문이 올라갔다 내려갔다 하도록 만들어주고 들어가면 번호를 인식해주는 회사지요. 소프트웨어를 개발하는 데 최소 300~400억 원을 투자한 이 회사는 주차장 3,000곳 이상을 직접 관리해줍니다. 인건비가 비싸서 경비원을 고용하기는 싫고 건물 관리는 하고 싶어 하는 건물주들을 위한 서비스지요. 야간에 건물에 경비원이 없어도 벨을 누르면 본사에서 일을 다 처리해주고 고장이 날 경우 바로 달려옵니다. 한마디로 건물의 효율성 개선에서 사업 아이템을 찾은 것입니다.

우리가 잘 아는 기업에 투자하면 기회는 없다

오늘날 돈과 땅은 남아돕니다. 지금 필요한 것은 사람과 창의력입니다. 간혹 과거의 개념에 젖어 잘나가는 스타트업을 사들여서 자기 것으로 만들려고 하는 기업가가 있습니다. 그러나 스타트업의 재산은 바로 아이템과 사람입니다. 아무리 스타트업을 사들여도 그곳에서 일하던 똑똑한 인력이 모두 빠져나가면 그 회사는 껍데기만 남습니다.

최근에는 똑똑한 경영자들이 모여서 협업하는 경우가 많습니다. 예를 들어 만나씨이에이는 스마트팜 시스템을 도입한 비닐하우스를 지어 채소를 생산하는 회사입니다. 젊은이들이 7년 동안 연구해 세계 최고의 스마트 농산물 생산기술을 개발한 덕분이지요. 이 회사가 사업에 날개를 단 원인은 지자체 인구가 빠른 속도로 줄어든 데 있습니다.

농촌 인구가 줄어들자 정부가 나서서 스마트팜을 지원하기 시작한 것입니다. 시골의 빈 땅에 스마트팜을 짓고 귀농한 사람들에게 거의 무료에 가까운 비용으로 대여해주어 돈을 벌게 하는 방식이지요. 여기에다 만나씨이에이는 식품기업과 서로 연계해 시너지 효과도 내고 있습니다.

사실 대기업은 이런 일을 할 수 없습니다. 뭐든 자기가 다 소유하려는 마인드이기 때문입니다. 하지만 벤처기업은 각자 경영하는 동시에 협업하며 시너지를 내는 경우가 아주 많습니다.

유럽의 워런 버핏으로 불리는 앙드레 코스톨라니(Andre Kosto-lany)의 책을 보면 세숫대야 이론이 나옵니다. 이는 세숫대야에 물을 많이 담으면 밸류에이션이 그냥 올라간다는 겁니다. 지금 전체적으로 돈이 너무 많이 풀린 탓에 부동산이나 주가가 가라앉기는 쉽지 않습니다. 그렇지만 경기가 좋지 않아 돈을 잠글 수도 없어요. 이런 이유로 2019년에는 금리를 올리지 못할 가능성이 큽니다.

그래도 인플레이션은 안정적입니다. 어차피 미국이나 선진국은 개발을 해도 원자재를 쓰는 나라가 아닙니다. 개발도상국은 모두 과잉투자 상태라 그들도 원자재를 극단적으로 많이 쓸 일이 없습니다. 그런 의미에서 저는 앞으로 최소 3~4년, 길게는 4~5년간 경제가 횡보하는 흐름을 보일 거라고 전망합니다.

한국 코스피지수를 기준으로 보면 2011년 이후 단 한 해도 성장하지 않았습니다. 계속 옆으로만 가고 있지요. 2018년 상반기에 한 번 오르는 척했으나 결국 그 아래로 다 빠진 상황입니다. 여전히 이러한 시장 흐름이 크게 바뀔 일이 없습니다. 단기적으로 전 세계가 금리를 올리고 한국도 금리를 올리는 상황이라 비관적으로 보는 사람도 있지만, 그렇게 볼 필요는 없습니다.

지금은 전 세계적으로 어느 국가도 성장 드라이버가 되어 성장하기 어렵습니다. 오히려 각국 성장률이 계속 빠질 수밖에 없는 경제 구조입니다. 이럴 때 우리가 잘 아는 기업에 투자하면 기회는 별로 없습니다. 그렇지만 그 와중에도 새로운 기업은 등장하고 특히 세상의 변화를 활용해 대박을 터뜨리는 기업이 있습니다. 그중 남아도는 자산을 이용해 부가가치를 내는 기업이 각광받을 확률이 높습니다. 세상의 변화와 함께 그 흐름을 타는 기업을 눈여겨보십시오.

Q&A

질문자1　초창기에 마켓컬리를 비롯해 아주 많은 서비스가 있었는데 왜 마켓컬리를 선택한 것인지요.

김항기　100명 중에서 90명은 별로 생각을 하지 않고 살아갑니다. 10명은 '아, 이게 좋을 거야' 하고 생각해요. 그러면 그중에서 5명은 행동합니다. 생각만 하는 사람 절반, 행동하는 사람이 절반인데 그중 성공하는 사람은 딱 1명입니다.

사업은 아이디어보다 실행이 중요합니다. 저는 마켓컬리 대표를 만나러 가서 40분 만에 그 회사 최대주주 지분을 인수했습니다. 그때 "당신의 핵심 역량은 무엇입니까?"라고 물었는데 "우리는 좋은 것, 예쁜 것, 맛있는 것을 잘 가져와요"라고 했다면 투자하지 않고 그냥 나왔을 겁니다. 그런데 당시에 들은 말이 아직도 잊히지 않습니다.

"매일 파도가 치는데 막 모래성을 쌓고 있어요. 단 한 알이라도 더 쌓으려고 핵심지표 100군데를 정해놓고 0.1초라도 그 간격을 높이려 노력하고 있습니다."

그 말을 듣고 깜짝 놀랐어요. 제가 핵심관리지표까지 확인했는데 낮은 원가에도 일할 수 있는 구조를 프로그래밍해서 일하고 있더군요. 사실 마켓컬리가 이렇게 잘할 줄 몰랐습니다. 다만 이 사람과 함께하면 시간이 흐른 뒤 내가 이길 것 같다는 생각으로 투자를 결정한 것입니다.

기업에 투자할 때는 아까 말한 그 5명 중 1명을 찾아내야 합니다. 그것이 실행의 문제인데 그걸 누구보다 잘할 거라는 판단 아래 투자한 것입니다.

질문자2   직방이라는 곳에도 투자했다고 했는데 그곳은 어떤 회사고 무엇을 보고 했는지 궁금합니다.

김항기   직방에는 투자하지 않았고 앞서 말한 것은 그냥 기업 사례입니다. 직방은 부동산을 중개하는 회사로 지금 잘나가고 있습니다. 야놀자나 여기어때, 호텔스닷컴, 부킹닷컴, 트리바고도 잘나가고 있지요. 또한 인테리어를 중개해주는 집닥과 세차 전문업체 인스타워시도 인기입니다. 이들의 공통점은 정보의 불균형을 없애고 신뢰를 쌓는다는 것입니다.

지금은 방, 자동차, 사무실 등 세상 모든 서비스가 남아돕니다. 사고자 하는 사람은 별로 없어요. 그러니까 서비스를 필요로 하는 사람과 서비스 제공자를 모두 연결해 정보의 불균형을 없애주면 사업이 되는 것이죠. 핵심은 모든 자산이 남아도는 데 있기 때문에 이런 기업이 잘되고 앞으로도 잘될 확률이 높습니다.

홍성국

미래학자, 혜안리서치 대표. 1986년 대우증권에 평사원으로 입사해서 최고경영자까지 지낸 후, 스스로 제2의 인생을 준비하기 위해서 사직한 후 학업, 집필, 강연을 병행하고 있다. 주로 산업 트렌드를 전망하는 리서치 분야에서 근무하면서 '세상의 미래'를 구조적으로 구명(究明)하는 일에 관심을 가졌다. 저서로 《세계가 일본된다》, 《수축사회》 등이 있다.

일본의
28년 불황에서 배우는
불사조 자산관리법

홍성국, 혜안리서치 대표

대한민국 경기가 침체를 이어가면서 많은 사람이 일본과 한국의 상황을 비교하고 있습니다. 흔히 일본은 잘나가는데 왜 우리는 이러냐고 하지요. 그러나 일본의 내막을 들여다보면 언론에서 말하는 것과 차이가 있음을 알 수 있습니다.

어느 나라든 잘사는 사람은 잘살고 어려운 사람은 어렵게 살고 있지요. 일본에서도 많은 사람이 힘들게 살아가고 있습니다. 5년 전 제가 《세계가 일본된다》를 출간했는데 이것을 바탕으로 일본의 사례를 한국에 적용해 투자에 도움이 될 부분을 전달하려 합니다.

먼저 가장 중요한 것은 우리의 기본적인 생각부터 바꾸는 일입니다. '재테크' 하니까 돈 버는 것이 마치 기술처럼 여겨지지만 사실 돈 버는 기술이 따로 있는 게 아닙니다. 재테크라는 말 자체가 모순입니다. 엄밀히 말하면 재테크가 아니라 잘 관리한다는 의미의 '자산관리'로 불러야 합니다.

그것이 기술이라면 그저 기술만 익히면 되는 거잖아요. 그런데도 굳이 '테크'라고 하는 이유는 마음이 세상의 변화를 계속 따라가야 하기 때문입니다. 바로 이것이 재테크의 처음이자 마지막입니다.

여러분의 행동을 곰곰 돌아보십시오. 아마 마음과 실제 행동에 많은 차이가 있을 것입니다. 만약 마음이 세상의 변화를 따라가지 못한다면 자산관리는 어려울 수밖에 없고, 이 경우 미래는 지금보다 훨씬 더 어려워질 겁니다.

테크의 본질은 어떤 특별한 기술이 아니라 새로운 변화를 내가 얼마나 잘 쫓아가느냐에 있습니다. 쫓아갈 수 없다면 일을 벌이지 말고 그냥 가만히 있는 게 낫습니다. 집에서 아무것도 하지 않는 것이 오히려 재산을 지키는 길이지요.

많은 사람이 이런저런 고민을 감싸 안고 살아갑니다. 내 집 마련, 자녀교육, 각박해지는 환경, 고용불안, 노후불안 등 온갖 요소가 우리의 마음을 흔듭니다. 사실 이런 문제는 한국인뿐 아니라 전 세계인이 겪고 있는 것입니다.

이것은 역사가 바뀌는 과정에서 겪는 홍역이지 특별히 누가 무얼 잘못하고 또 누가 무얼 잘해서가 아닙니다. 세상은 원래 그렇게 바뀌어갑니다. 그러니 여러분이 적응하는 수밖에 없습니다. 우리만 겪는 게 아니라 전 지구적인 문제니 여기에 적응하면서 이겨내야 합니다.

세상이 뒤바뀐 경험을 한 일본 경제

다음 그래프는 일본의 주가를 나타낸 것입니다.

이것은 지난 28년 동안의 주가 모습인데 보다시피 1989년 12월

1950년 이후 장기 일본주가 동향

자료: 미래에셋대우 리서치센터

10장 주식·펀드 일본의 28년 불황에서 배우는 불사조 자산관리법

말 고점을 찍었습니다. 한국에서도 많은 사람이 부동산과 주식에 투자하는데 일본의 주식 그래프를 보면 28년 동안 주식투자를 하지 않은 사람이 오히려 가장 잘한 셈입니다. 주가가 떨어진 저점 시기를 보면 2003년 4월 말까지 무려 20년간 떨어졌습니다. 물론 중간에 잠깐씩 반등은 있었지요.

일본의 장기불황과 경기를 말할 때 우리는 제대로 봐야 합니다. 세상이 한 번 바뀐 뒤 일본은 그야말로 무서운 시기를 보냈습니다. 니케이평균주가가 믿기 힘들게도 3만 8,000에서 7,000까지 떨어졌어요. 여기에 비하면 한국의 종합주가지수가 떨어지는 것은 아무것도 아니지요.

일본은 이 모든 터널을 견뎌내고 지금에 이른 것입니다. 일본인이 우리보다 20년 앞서 그 어려운 시기를 거쳐 왔다는 얘기입니다. 왜 일본은 그런 어려움을 겪은 것일까요?

일본경제는 1990년부터 망가지기 시작했는데 그때부터 경제성장률이 계속 떨어졌습니다. 이후 상승과 하락을 반복하면서 경제가 28년 동안 40퍼센트밖에 커지지 않았습니다. 그러는 사이 한국경제는 7배, 미국은 3배 커졌지요.

경기는 일단 꺾이면 이토록 무서운 결과를 낳습니다. 그 시절 이후 일본의 민간소비율도 뚝 꺾여버렸습니다. 어디 그뿐인가요? 가계저축률과 설비투자도 거의 하지 않았습니다. 정부에서 돈을 엄청나게 풀고 있는데 금리는 계속 떨어지고 돈이 돌지 않는다면 경제는 어떻게 될까요? 한마디로 마비됩니다.

전 세계에서 절반 정도의 나라가 지금 이런 상태에 놓여 있습니다. 이것이 이상한 일일까요? 이것은 전혀 이상한 일이 아닙니다. 세상은 이미 이런 식으로 바뀌어가고 있어요.

1990년에 일본이 무너지고 나서 '잃어버린 20년'을 보낸 후 집권한 아베는 경제를 살려보려고 어마어마하게 돈을 뿌렸습니다. 2008년부터 양적 완화를 시작했는데 그 액수가 일본 GDP의 무려 84퍼센트에 달하는 432조 엔입니다. 이 액수가 얼른 감이 오지 않을 텐데 한화로 1,400조 원 정도 푼 겁니다. 여기에다 엔달러 환율이 80엔이던 것을 110엔대로 만들어놓으니 수출 기업이 돈을 벌면서 지금 일본이 좋아진 것입니다.

일본은 왜 무너졌는가

한국은 일본처럼 인위적으로 무언가를 하지 않았어요. 이건 그나마 한국이 좀 낫다는 얘기입니다. 요즘 일본이 잘나가고 있다는 기사가 많이 나오는데 여기에 현혹될 필요는 없습니다. 그 내막을 알면 여러분의 눈에도 일본이 안고 있는 문제가 보일 겁니다.

그 문제에는 여러 가지 원인이 있는데 가장 중요한 것은 그 이전에 일본의 버블이 엄청나게 컸다는 사실입니다. 커다란 버블에다 정책 실패로 고령화에 따른 문제에 체계적으로 대비하지 못했습니다. 일본 전체가 어떻게 대처할지 몰랐습니다. 일본의 정치인, 관료, 기업가, 투자자 모두 마찬가지입니다. 자신들이 겪고 있는 게 무엇인지 잘 몰라서 제대로 대응하지 못한 채 지금까지 이어져온 것이지요.

다음 도표에서 1990년 이후를 보면 가장 중요하게 고려해야 하는 것이 고령화입니다.

일본형 장기 불황 관련 고령화 자료

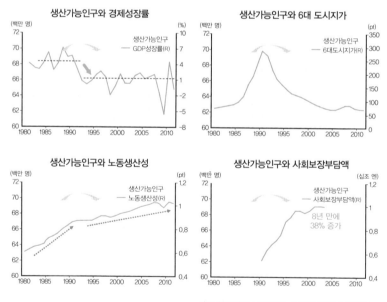

자료: 일본 내각부, 블룸버그, KDB대우증권 리서치센터

여기서 말하는 인구는 그냥 인구가 아니라 생산가능인구입니다. 보다시피 일할 수 있는 생산가능인구, 즉 15세부터 64세까지의 인구가 점차 줄었습니다. 일하는 인구가 줄어드니 당연히 경제성장률이 떨어질 수밖에 없지요.

인구가 줄어들면 집값이 대폭 떨어지고 반대로 노동생산성은 올라갑니다. 줄어든 인구만큼 기계 사용량이 늘어나고 복지비용을 확대하니까요. 바로 한국이 지금 그 시점에 와 있습니다. 즉, 생산가능인구 고점이지요. 이것을 일본에 대비해보면 한국은 현재 일본의 1993년과 1994년에 와 있어요.

따라서 정부가 많은 정책을 펼치고 있지만 문제해결이 쉽지 않습

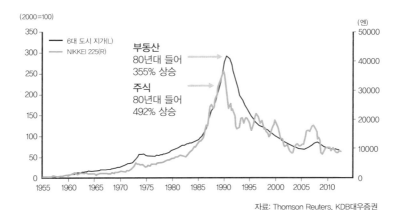

1980년대 말 일본에 나타난 급격한 자산 가치 하락

자료: Thomson Reuters, KDB대우증권

니다. 한마디로 보다 근본적인 대응이 필요한 시점입니다. 그러면 일본이 어떤 결과를 맞이했는지 봅시다. 표에 나타나 있듯 주가가 많

토지 가치와 주식 가치가 급격히 증가한 1980년대 일본

	토지 가치 증감	주식 가치 증감	합계 (토지+주식: A)	명목 GDP(B)	명목 GDP 대비 비율(A/B)
1981	93.6	11.2	104.9	261.1	40.0
1982	58.8	1.5	60.2	274.1	22.0
1983	35.2	40.8	76.0	285.1	27.0
1984	32.7	46.1	78.8	303.0	26.0
1985	80.8	40.8	121.6	325.4	37.0
1986	273.5	122.0	395.4	340.6	116.0
1987	412.7	83.8	496.5	354.2	140.0
1988	185.0	157.8	342.7	380.7	90.0
1989	321.6	194.8	516.4	410.1	126.0
1990	206.8	−327.4	−120.5	442.8	−27.0
1991	−186.9	−34.8	−221.7	469.4	−47.0
1992	−222.0	−146.8	−368.8	480.8	−77.0
1993	−98.0	35.1	−62.9	483.7	−13.0
1994	−65.1	45.0	−20.1	488.5	−4.0
1995	−89.9	−7.5	−97.4	495.2	−20.0
1996	−40.0	−20.8	−60.8	505.0	−12.0
1997	−43.4	−82.8	−126.2	515.6	−24.0
1998	−74.4	−14.9	−89.3	504.9	−18.0
1999	−76.3	192.2	115.9	497.6	23.0

자료: 일본 내각부, 국민경제계산확보, 2009년도, 93년 SNA, 2000년 기준 계열

이 떨어졌고 부동산은 더 많이 떨어졌습니다. 14년 연속 떨어지다가 조금 반등했는데 요즘 조금 올랐습니다.

일본과 한국의 다른 점은 일본에 엄청난 버블이 있었다는 사실입니다. 버블이란 토지 가치와 주식 가치가 엄청나게 늘어난 상태를 말합니다. 표에서 1985년부터 살펴보면 이 두 가지가 얼마나 크게 늘어났는지 알 수 있습니다.

1985년부터 해마다 121조 엔, 395조 엔, 496조 엔, 342조 엔으로 늘었다가 1989년에는 무려 516조 엔이 늘었습니다. 그러니까 일본은 1년에 경제활동을 해서 번 것보다 집값과 주가 상승으로 번 돈이 훨씬 더 많았습니다. 그 어마어마한 버블이 꺼지자 집값은 계속 마이너스 행진을 했지요. 그것이 1991년부터 2004년까지 계속 이어졌습니다. 주식 역시 계속 떨어졌고요. 이런 상황이면 나라가 거덜 난 것이나 다름없습니다.

일본의 실패를 되짚어야 하는 이유

다행히 한국은 버블이 아니고 주식도 아직까지 세계에서 가장 쌉니다. 부동산 가격도 이 정도면 무난합니다. 더 올라가면 버블이 될 수도 있었지만 정부 정책으로 조정을 받아 괜찮은 편입니다.

다음 표는 일본의 금리가 떨어지면서 경제가 망가지고 있을 때 경

1991~1994년 일본 정부의 월례 경제 보고 판단 변화 추이

	총괄 판단	기준 금리(%)
1991년 1월	국내수요가 견조하게 움직이고 확대 추세에 있다.	6.00
2~7월	(상동)	5.50
9월	완만하게 감속하고 있지만, 확대 추세가 지속되고 있다.	
10월	(상동)	
11월	확대가 완화되어 감속 중, 인플레 없는 지속가능한 성장경로로 이행하는 과정을 나타낸다.	5.25
12월	(상동)	4.50
1992년 1월	확장 속도가 감속, 인플레 없는 지속가능한 성장경로로 이행하는 조정 과정에 있다.	
2월	경기 감속이 확대, 인플레 없는 지속가능한 성장경로로 이행하는 조정 과정에 있다.	
3월	조정 과정에 있고 경기 감속이 확대되고 있다.	
4월	(상동)	3.75
5월	조정 과정에 있고 경기 감속이 이어지고 있는 것으로 보인다.	
6~12월	(상동)	3.25
1993년 1월	조정 과정에 있고 침체가 이어지고 있다.	
2~3월	(상동)	2.50
4~7월	조정 과정에 있고 침체가 이어지고 있으나 일부 희망적인 움직임이 보인다.	2.25
8월	조정 과정에 있고 침체 중에서 회복을 향한 움직임이 약간 답보 상태다.	1.75
9월	조정 과정에 있고 엔고와 장마 영향, 회복을 향한 움직임 답보 상태 지속. 전체적으로 침체하고 있다.	
10월	조정 과정에 있고 엔고 영향으로 전체적으로 침체하고 있다.	
12월	(상동)	

자료: 일본 경제기획청

제기획청(한국의 기획재정부에 해당)에서 언급한 내용입니다.

보다시피 정책당국자는 다 괜찮다고 했는데 그 3년 동안 금리가 6퍼센트에서 1퍼센트대로 내려갔습니다. 1991년 11월을 보면 확대가 완화되면서 인플레 없는 지속가능한 성장경로로 이행하는 과정을 나타낸다고 했어요. 이때 금리가 5.25퍼센트였는데 그다음 달에 금리가 또 떨어졌지요.

이렇듯 역사가 바뀌는 것은 정치인이나 행정관료, 학자가 하는 것이 아닙니다. 그것은 시장이 가장 잘 압니다. 한국은 2018년 10월 주가가 떨어졌으니 감이 있는 사람은 주택이든 뭐든 얼른 팔았겠지요. 시장이 가장 똑똑합니다.

여러분 역시 생각을 바꿔야 합니다. 한국 정부도 2019년 경기가 나쁘지 않다고 하는데 어느 나라든 경기가 나빠질 거라고 말하는 정부는 없습니다. 반대로 설립된 지 30년이 넘는 전경련 산하조직 한국경제연구원은 경제가 좋다고 해본 적이 없어요.

여러분은 그들의 말을 새겨들을 수밖에 없는데 참 난감한 일이지요. 그만큼 투자는 쉬운 일이 아닙니다. 여기서 계속 일본의 실패를 다루는 이유는 한국경제가 여러 가지로 어려워졌기 때문입니다.

그럼 일본인은 이 기간에 무엇을 했을까요? 가장 중요하게 봐야 할 것은 '금리'입니다. 1990년부터 금리가 뚝뚝 떨어지자 불안해진 일본인들은 모두 정기예금으로 몰려갔습니다. 당시 일본인은 무려 300조 엔이라는 어마어마한 돈을 예금에 넣었지요. 물론 금리가 하락하는 초기에 3년이나 5년짜리 정기예금에 돈을 넣어두는 것은 잘 한 겁니다.

여기까지는 좋았지만 만기가 왔을 때 일본인은 금리가 1퍼센트대로 떨어져도 계속 정기예금에 돈을 넣어두었습니다. 2002년이 되어서야 정기예금이 줄어들었어요. 혹시 '와타나베 부인'이라는 말을 들어봤을지도 모르는데 이 이름으로 불린 일본 여성들이 저금리 때문에 못살겠다며 호주, 브라질, 미국에 투자하면서 정기예금이 줄어든 겁니다. 어쨌거나 이때 일본인이 전부 은행예금으로 몰리면서 일본은 전체적으로 빈곤해지는 고난을 겪었습니다.

한국도 2017년 정기예금 금리가 1퍼센트대까지 갔다가 2018년 후반기에 2퍼센트대, 가끔 3퍼센트대가 나왔습니다. 자산관리의 요체는 금리입니다. 모든 지표를 100퍼센트 반영하는 것이 바로 금리이기 때문입니다.

세상의 코드가 무엇인지 파악하고 따라가라

지금까지는 우리에게 금리가 그다지 중요하지 않았지만 앞으로는 금리가 가장 중요합니다. 현실적으로 부동산을 대출 없이 자기 돈으로만 사는 것은 굉장히 어렵습니다. 과거와 달리 부동산은 대체로 빚을 안고 있지요. 우리 눈에 들어오는 숱한 부동산이 죄다 빚 위에 올라앉아 있는 셈입니다.

그 빚은 이자와 관련되어 있어요. 부동산뿐 아니라 주식시장에서도 부채를 이용하는 투자자가 많이 있습니다. 지금이 역사상 가장 빚이 많은 시기인데 앞으로 그 빚은 줄어들지 않을 겁니다. 빚이 줄어들지 않는다면 여러분은 어디에 관심을 둬야 할까요? 이제부터 여러분이 고민해야 할 것은 금리입니다.

눈을 감으면 여러분의 머릿속에서 금리의 큰 그림이 그려져야 합니다. 만약 그림이 그려지지 않는다면 섣불리 투자에 나서지 마십시오. 금리는 모든 것을 보여줍니다. 2018년 10월 한국은 주식과 금리가 요동을 쳤습니다. 그때 금리가 오르면서 주가가 떨어졌고 그다음에 지방의 아파트 가격이 떨어졌지요. 이어 서울 변두리 지역 아파트 가격이 떨어지더니 강북, 강남까지 떨어졌습니다. 그 출발은 바로 금리입니다. 결국 재테크 기술 중에서 핵심은 금리를 잘 알고 그것을 어느 정도 예측하는 일입니다.

금리가 굉장히 낮아졌을 때 일본인은 해외로 나가 모두들 채권을 샀습니다. 문제는 엔달러 환율이 120엔일 때 나갔는데 그것이 80엔까지 떨어졌다는 점입니다. 그러면 이자로 번 것을 환율로 다 까먹고 맙니다.

일본인은 한국인보다 금융에 훨씬 더 어둡습니다. 일본은 제조업 선진국이지 소프트웨어 선진국이 아닙니다. 그건 오히려 한국이 더 선진국입니다.

환율 문제가 불거지자 일본인의 지갑은 더욱 쪼그라들었습니다. 많은 일본인이 언젠가 좋은 시절이 오겠지 하고 기다리다가 늙어 죽었습니다. 28년이나 기다렸지만 원하던 시세로 돌아가지 못했으니까요.

일본은 버블이 꺼지면서 주가와 PER이 동시에 떨어졌습니다. 2018년 말 현재 한국이 10배에 약간 미치지 못하는데 일본은 70배였다가 10배까지 떨어졌지요. 그러니 일본이 얼마나 어려웠겠습니까. 물론 중간 중간 반등 국면이 있었지만 여러분은 그 상황을 냉정하게 봐야 합니다.

일본의 상황을 구간별로 살펴보면 다음 도표와 같습니다.

한창 버블이 형성되던 시절에 일본인은 해외여행을 많이 갔고 때마침 휴대전화가 등장했습니다. 당시 일본인이 처음 해외여행을 본격적으로 즐기면서 여행레저를 비롯해 통신서비스, 증권주가 10배 올랐지만 정유·레저용품·생활용품은 2배밖에 오르지 않았어요. 그러다가 주가가 꺾이기 시작하자 여행레저가 대폭 떨어졌지요.

3구간은 쭉 1990년대인데 이 IT시대에 소프트웨어, 통신서비스가 올랐습니다. 자동차가 오른 이유는 도요타가 혁신에 성공해 렉서스를 출시했기 때문입니다. 1998년과 1999년에 해당하는 4구간도 벤처 버블이 형성된 시기로 IT, 소프트웨어, 통신서비스가 좋았습니다. 5구간은 2000년 초반으로 사회가 불안정하다 보니 유틸리티와 전력, 가스가 올랐지요. 6구간에서는 브릭스(BRICs, 브라질, 러시아, 인도,

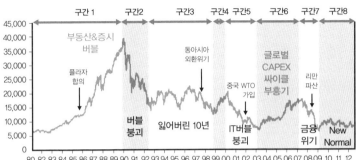

일본의 국면별 주가 동향과 상승·하락 업종

구간	Top 2			Bottom 3		
구간 1	여행레저 1,719.0	통신서비스 1,636.8	증권 1,055.9	정유 178.2	레저용품 238.3	생활용품 247.3
구간 2	상업서비스 −29.1	복합기업 −29.5	여행레저 −40.2	부동산 −73.8	증권 −71.7	철강금속 −70.1
구간 3	ITSW 96.8	통신서비스 69.6	자동차 57.8	은행 −43.3	철강금속 −42.7	정유 −40.3
구간 4	ITSW 994.7	ITSW 233.1	통신서비스 213.6	유틸리티 −27.3	보험 −22.1	정유 −21.5
구간 5	유틸리티 32.4	정유 18.5	운송 −4.6	ITSW −91.5	ITSW −78.7	상업서비스 −77.1
구간 6	철강금속 474.6	담배 354.4	부동산 346.7	통신서비스 10.0	제지 31.0	미디어엔터 44.0
구간 7	유틸리티 −32.2	여행레저 −37.8	음식료 −38.3	증권 −79.0	철강금속 −73.0	복합기업 −72.8
구간 8	담배 116.3	조선기계 43.4	소매 42.7	유틸리티 −57.0	레저용품 −40.0	제지 −34.2

주: 음영은 경기하강기

자료: Thomson Reuters, KDB대우증권

중국)가 부상하면서 철강, 담배, 부동산이 올랐습니다.

일본의 30년 역사를 살펴보면서 우리가 주목해야 할 점은 한 시기를 주도하는 주도주는 모두 그 시대를 반영한다는 사실입니다. 한창 버블이 형성되면서 돈을 많이 번 사람들이 그것이 꺾일 때 가장 크게 깨졌습니다. 돈을 잘 벌던 시절에 취해 있었던 탓입니다.

지금 한국경제가 어려운 것은 1960년부터 60년간 성장해온 까닭에 아직 거기에 취해 있어서입니다. 이제는 그렇게 성장할 수 없으므로 생각을 바꿔 양보하고 협조도 해야 합니다. 일본의 상황을 보면 한 국면에서 많이 올라간 것은 다음 해에 대폭 떨어집니다. 물론 아주 어려운 국면에서도 2~3년 만에 더블로 가는 종목도 많습니다. 이처럼 어려울 때 올라가는 종목은 대체로 시대를 따라갑니다.

시대 상황을 따라가지 못하는 사람에게는 투자를 권하고 싶지 않습니다. 기대하는 결과를 얻으려면 세상 코드가 무엇인지 살펴 그것을 따라가야 하니까요. 오늘날 세상을 움직이는 물건은 스마트폰입니다. 손 안의 스마트폰에 모든 것이 들어 있습니다.

많은 사람이 카카오톡으로 얘기를 나누고 별의별 뉴스를 다 주고받습니다. 2018년 말 현재 카카오는 40~50개의 사업을 하고 있는데 그들이 무엇을 하는지만 알아도 세상이 잘 보일 겁니다. 쇼핑, 음악 다운로드, 카카오페이, 카카오뱅크, 게임 등 카카오는 여러 방면으로 사업을 확장하고 있습니다. "나는 게임이 싫어!"라며 이를 외면할 경우 여러분에게는 투자할 자격이 없는 겁니다. 카카오

홈페이지에 가면 여러 가지 서비스가 나오는데 하나씩 눌러보세요. 그러면서 '아, 이런 거구나. 여기는 왜 이런 걸 하지?' 하고 세상의 변화를 체감하며 생각을 바꿔가는 것이 자산관리의 기본 자세입니다.

수축사회가 오고 있다

일본은 왜 무너졌을까요? 또 일본은 앞으로 어떻게 될까요? 일본이 무너진 이유는 고령화와 버블이 결합했기 때문입니다. 여기에다 엔화강세라는 특이한 요인도 있었는데 지금 일본 외에 다른 선진국은 대부분 수축사회로 가고 있습니다.

수축사회란 세상이 바람 빠진 축구공처럼 쪼그라들고 있다는 의미입니다. 우리는 이 부분을 충분히 이해해야 합니다. 수축사회의 기초 동력은 고령화가 아니라 인구감소입니다. 그다음이 환경오염인데 여러분은 이미 알게 모르게 환경오염에 많은 돈을 쓰고 있습니다. 그것은 과거에 전혀 쓰지 않던 돈이지요.

환경오염 문제는 쓰레기를 버리는 순간부터 생각해봐야 합니다. 모든 개개인이 어떤 식으로든 환경오염에 일조하고 있으니까요. 환경오염은 경제에 좋지 않은 영향을 미치는데 대표적으로 미세먼지가 극성을 부리면 골프장에 손님이 없습니다. 공장은 미세먼지로 인해 먼지를 제거하기 위한 투자를 해야 하지요. 봄에 미세먼지가 극심해지면 호흡하기가 힘듭니다. 그 영향으로 100조 원일지 200조 원일지 가늠하기 어렵지만 앞으로 우리는 지불하지 않던 비용을 지불하게 될 겁니다.

그럼 인구감소 문제를 생각해봅시다. 알고 있다시피 선진국은 모두 인구가 줄어들고 있습니다. 일본은 2008년부터 인구가 줄었고 한국은 3~4년 내로 줄어들 전망입니다. 지금까지 우리가 살아온 세상은 인구가 늘어나는 것을 전제로 했습니다. 그 사고방식 아래서는 인구가 줄어들면 안 됩니다.

과학기술 발전도 우리에게 마냥 긍정적인 것만은 아닙니다. 그동안에는 과학기술이 생산성 증대에 크게 기여했으나 그것이 너무 발전하면서 오히려 일자리를 파괴하고 있으니까요.

인구가 줄어든다는 것은 소비할 사람이 없다는 의미입니다. 또 과학기술이 발전한다는 것은 공급 능력이 대폭 커진다는 얘기입니다. 환경오염은 쓰지 않아도 될 곳에 돈을 쓰느라 우리가 다른 곳에 쓸 돈이 부족하다는 뜻입니다. 결국 오늘날 세상의 흐름은 돈은 없는데 물건은 계속 만들어내는 형국입니다.

이 흐름은 인류가 역사상 처음 맞는 것입니다. 이것은 분명 역사적 변화지만 정책을 만드는 사람들은 그저 금리를 낮추고 단기적으로 돈을 푸는 일만 계속해왔습니다. 그처럼 단기정책에 치중하다 보니 모든 산업이 공급과잉 상태에 놓이고 말았습니다. 실제로 모든 것이 공급과잉 상태입니다. 예를 들어 2018년 말 현재 많은 자영업자가 힘들어 하는데 이것은 사람들이 돈을 쓰지 않기 때문이기도 하지만 핵심은 공급과잉에 있습니다.

더구나 정책당국자들이 단기적으로 경기부양 정책을 추진하면서 가계 빚이 대폭 늘어났습니다. 그 탓에 가계가 1년에 이자로 지급하는 돈만 무려 70조 원에 달합니다. 여기에다 신자유주의와 리더들의 무능, 무한경쟁이 사회 양극화를 부채질하고 있습니다.

이 상태에서 4차 산업혁명으로 과학기술이 더 발전하고 세계화가 가속화하자 세상 흐름이 너 죽고 나 살자는 식으로 바뀐 것입니다. 이것을 두고 제로섬 게임이라고 합니다. 수축사회에서는 갈등이 격화되고 저성장, 저금리, 저소비의 흐름이 이어질 것입니다.

일본은 무려 28년을 기다렸지만 대세 전환은 이뤄지지 않았습니다. 많은 일본인이 죽을 때까지 저성장, 저금리, 저소비를 받아들이지 못했지요. 이제는 이것을 기본으로 받아들여야 하므로 더 많이 공부하고 더욱 많은 노력을 기울여야 합니다.

인구감소와 저금리가 기본인 사회

다음 도표는 수축사회의 고령화와 인구감소 문제를 잘 보여줍니다.

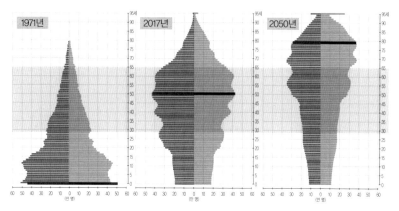

고령화와 인구감소

1971년   2017년   2050년

자료: 통계청

여기서 가로 회색 부분은 돈을 버는 사람들을 의미하는데 그 인구는 1971년에 가장 많습니다. 2017년은 현재를 보여주며 2050년의 모습은 확정적입니다. 사실 한국사회는 피라미드 인구구조를 전제로 하지만 2017년 인구구조를 보면 전혀 피라미드 형태가 아닙니다.

지금 한국은 역사상 인구가 가장 많습니다. 돈을 버는 사람, 돈을 쓰는 사람, 세금을 내는 사람 등 인구와 관련해 뭐든 가장 많은 시기입니다. 그런데 아이러니하게도 경기가 이렇게 나쁩니다. 만약 2050년이 오면 어떻게 될까요? 당연히 지금보다 훨씬 더 나빠집니다.

세상의 틀이 바뀌었으니 정신을 바짝 차려야 합니다. 인구구조가 바뀌면 국민연금도 내는 사람보다 받는 사람이 더 많으니 개정해야 합니다. 보험도 마찬가지입니다. 보험료를 내는 사람보다 보험금을 받는 사람이 더 많아지면 그 보험이 존재할 수 있을까요? 이런 상황이 오면 공무원연금, 사학연금 때문에 후손들의 등골이 휠 텐데 그걸 그냥 두겠어요? 지금 사범대, 교원대를 선택하려는 사람은 잘 생각해봐야 합니다. 학생 수가 줄어드는 상황이라 지금과 같은 연금제도는 불가능해 보입니다.

예를 들어 한국에는 한의사가 2018년 말 현재 약 1만 2,000명 있는데 1년에 700명씩 늘어나고 있습니다. 30년 뒤를 생각하십시오. 줄어드는 인구를 생각하면 공학 쪽으로 진출해 인공지능을 배우는 것이 더 나을 겁니다. 갈수록 학생 수가 줄어들면서 유치원부터 대학교까지 많은 변화를 겪을 전망입니다. 인구 하나만 놓고 봐도 우리에게 급격한 변화가 일어나는 것은 불가피한 일입니다.

수축사회의 또 다른 특징 중 하나는 저금리입니다. 금리를 간단히 정의하면 '경제성장률 더하기 물가상승률'이라 할 수 있습니다. 2018년 한국의 경제성장률은 약 2.7퍼센트인데 물가가 2퍼센트면 금리는 적정선이 4.7퍼센트지만 실제로는 여기에 미치지 못합니다. 1990년대까지는 이 공식이 잘 맞았으나 지금은 그렇지 않습니다. 아무튼 이 두 가지가 사회의 방향성을 정하는 것은 맞습니다.

미국의 경우 1980년부터 38년간 금리가 떨어졌다가 2018년 말 현재 조금 올려놓고 말이 많은 것입니다. 제가 볼 때 금리는 올라갈 것 같지 않습니다. 여기에는 낮은 경제성장률과 물가의 영향도 있지

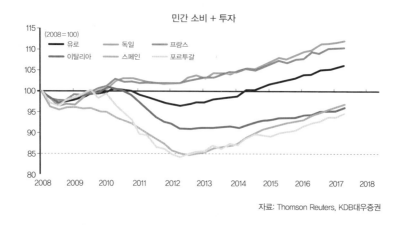

유럽 각국의 내수경기 현황

민간 소비 + 투자

(2008=100)
유로 독일 프랑스
이탈리아 스페인 포르투갈

자료: Thomson Reuters, KDB대우증권

만 금리가 조금만 올라도 세상이 미친 듯이 요동치는 바람에 올리기가 쉽지 않습니다. 그런데 흥미롭게도 저금리 기조에 적응하지 못하는 나라들이 있습니다. 대표적으로 포르투갈, 스페인, 이탈리아가 있는데 위의 도표는 유럽 각국의 내수경기를 나타낸 것입니다.

민간소비와 국내투자는 2008년을 100으로 볼 경우 2012년까지 내수가 15퍼센트 줄었습니다. 한국은 1980년 2차 오일쇼크와 광주 민주화운동 그리고 IMF 때를 제외하고는 마이너스였던 적이 없습니다. 이들 국가는 글로벌 위기를 겪은 지 10년이 지났지만 여전히 마이너스 상태입니다. 소비할 때 여러분은 10년 전보다 지금 더 많이 쓰지 않나요? 한데 이들 나라는 10년 동안 마이너스 상태였던 겁니다. 결국 일본형 혹은 수축사회형으로 가면 굉장히 힘들어진다는 사실을 기억해야 합니다.

쌓이고 쌓이는 빚이 몰고올 위기

그러면 부채와 수축사회의 결합에 따른 글로벌 부채위기 경로를 살펴봅시다.

지난 20년 동안 한국은 IMF 한파와 9.11테러, 글로벌 금융위기 등을 겪었습니다. 이때 빚은 늘리고 금리는 낮추며 돈은 푸는 세 가지 정책을 폈지요. 공교롭게도 이제는 더 이상 할 게 없어요. 수축사회에서 고령화나 과학기술, 환경오염 문제는 당장 나타나는 것이 아니므로 현재 가장 중요한 문제는 어느 나라든 부채입니다. 빚이 얼마나 많은가가 가장 중요한 문제입니다. 이것은 한국도 마찬가지지요.

다음 표는 주요 국가의 부채 현황입니다.

여기서 부채는 정부부채, 가계부채, 기업부채 세 가지를 합친 것입니다. 독일은 전반적으로 좋은 편이고 이탈리아는 좀 위태롭습니다. 또 일본은 정부부채가 너무 많으며 중국은 기업부채가 많습니다. 그나마 한국은 정부부채가 적은 편입니다. 문제는 한국의 가계부채가 전 세계 1위라는 데 있습니다.

한국과 비슷한 나라가 캐나다와 호주입니다. 캐나다는 셰일가스

주요국 부채 현황(GDP 대비)

(%)	합계			정부 부채			가계 부채			기업 부채		
	2000	2008	2018	2000	2008	2018	2000	2008	2018	2000	2008	2018
미국	186	240	251	51	72	100	70	96	77	64	73	74
영국	183	249	280	41	54	110	63	93	86	80	102	84
독일	188	185	174	60	68	67	71	60	53	58	57	54
이탈리아	192	224	264	113	108	151	23	39	41	56	77	72
스페인	180	251	268	61	42	112	46	82	61	73	127	96
일본	313	317	369	122	151	213	71	60	57	120	106	99
중국	135	141	261	23	27	48	–	18	49	–	96	164
한국	152	200	233	10	24	39	51	74	95	89	100	99

자료: BIS

를 많이 생산한 덕분에 경기가 좋아지면서 빚이 늘어난 경우입니다. 여기에다 중국인과 한국 이민자가 가세해 부동산 버블이 있었지요. 호주는 2018년 말 현재 부동산이 굉장히 어렵습니다. 이러한 부채 현황만 잘 분석해도 해외투자를 결정하는 데 유리합니다.

과연 한국은 지난 10년 동안 무얼 했을까요? 다른 국가와 마찬가지로 한국은 재정투자와 빚을 늘리고 저금리 정책을 지속적으로 폈습니다. 이를 바탕으로 중국에 수출해 돈을 벌면서 IT산업과 4차 산업혁명 기조를 이어갔지요.

그렇다면 2018년 말 현재 한국은 어떤 상황에 놓여 있을까요? 무엇보다 중국에 문제가 생겼고 IT산업이 좀 어렵습니다. 비록 정부 예산은 늘었지만 금리는 그대로고 빚은 너무 많아 딱히 내세울 정책이 없습니다. 그 탓에 시장이 요동치고 있는 것입니다.

한국뿐 아니라 세계 각국도 지금까지 돈을 푸는 정책을 폈는데 미국, EU, 일본, 중국만 합쳐도 그 돈이 20조 달러에 달합니다. 물론 우리는 그 덕을 보았지만 이걸 계속 놔두면 물가가 오르는 문제가 발생합니다. 그래서 전 세계 석학들이 2017년부터 빚이 많아 큰일이라는 얘기를 계속 하고 있는 것입니다. 지금은 역사상 금리가 가장 낮고 돈을 가장 많이 풀어놨어요. 그 속에서 우리는 지난 20년 동안 빚을 엄청나게 늘리며 살아왔습니다.

한데 빚이 많으면 물가가 오르고 물가가 오르면 금리가 올라갑니다. 금리가 오를 경우 빚이 많은 사람은 한 방에 무너집니다. 우리가 겪은 외환위기를 떠올리면 이것을 쉽게 이해할 수 있을 겁니다.

모든 것은 금리를 기준으로 판단한다

물가는 두 가지로 봐야 하는데 하나는 생활물가고 다른 하나는 자산가격입니다. 그 자산가격 중 가장 중요한 것이 부동산이지요. 전 세계적으로 많은 사람이 부동산을 부채로 구입하는 바람에 문제가 커지면서 2008년 글로벌 금융위기를 겪었습니다. 더 흥미로운 사실은 2008년보다 2018년 현재 부동산에 포함된 부채가 훨씬 더 많고 가격도 많이 올랐다는 점입니다. 가령 한국의 강남만 봐도 2008년에서 10년이 지난 지금 그때보다 집값이 많이 올랐어요.

그렇게 집값이 올라간 밑바탕에는 부채가 있습니다. 많은 사람이 부채를 안고 집을 구입한 겁니다. 만약 세계경제가 금리를 올리는 기조로 돌아서면 강남 아파트 가격은 자동으로 조정에 들어갑니다. 그러니까 여러분은 금리가 올라가면 '아, 이제 집값이 떨어지겠구나'라고 생각해야 합니다. 물론 개발이 이뤄지는 특정 지역은 값이 오르겠지만 전체적으로 금리가 오르면 집값은 내려갑니다.

지금은 부동산도 글로벌 수준으로 움직입니다. 금리 동향에 따라 세계와 똑같이 움직이는 것이지요. 특히 한국 금리는 미국 금리와 연동하기 때문에 세계적인 흐름에 민감하게 반응합니다. 이것은 중국 금리도 마찬가지지요.

금리가 떨어지면 '경기가 나빠지겠구나' 하고 예측해야 합니다. 금리가 충분히 떨어질 경우에는 역으로 사람들이 집과 주식을 구입하리라고 보고 여러분도 준비를 해야 합니다. 반대로 금리가 오르면 초기에는 주가와 집값도 오릅니다. 그러나 금리가 일정 수준까지 오르면 여러분은 빨리 팔고 빠져나와야 합니다. 이처럼 금리 베이스로 자산을 관리하는 것이 자산관리입니다.

모든 것은 금리를 기준으로 판단하는 것이 맞습니다. 한국에서 강남의 집값이 비싼 것은 일종의 사회 현상입니다. 일단 강남에 살면 어깨에 힘이 들어갑니다. 인프라가 뛰어나고 좋은 학교가 많아 사람들이 부러워하니까요. 만약 강남에 있는 학교와 지하철, 고층건물을 죄다 뜯어내 수원으로 옮긴다면 수원이 곧 강남이 될 것입니다. 그렇게 할 수 없어서 강남 프리미엄이 계속 높게 형성되고 있는 것이지요.

아이러니하게도 2018년 말 현재 강남의 집값은 세계에서 가장 쌉니다. 어느 나라든 수도에서도 경제가 집중된 지역은 평당 거의 1억 원 수준이 넘습니다. 베트남도 5,000~6,000만 원에 이릅니다. 국민소득에 대비해서 살펴보면 성장률이 높은 베트남이 훨씬 비싼 편이지요. 2018년 현재 선진국 수준에 올라선 한국은 강남의 집값을 베트남이 아니라 홍콩이나 싱가포르, 뉴욕과 비교해야 합니다. 이제부터 강남의 집값은 세계적인 흐름과 같이 갈 것이기 때문입니다. 그 밖에 강북이나 수도권 지역은 금리와 함께 움직인다고 보는 것이 좋습니다.

자산가격이 너무 오르면서 한국은행이 금리를 올리자 주가와 부동산가격이 모두 조정에 진입했습니다. 사전적으로 조정을 겪었기 때문에 2019년에는 큰 위기가 오지 않으리라고 예측할 수도 있습니다.

상황이 어려운 나라들은 이미 2018년 초부터 환율을 절하했습니다. 2017년 말 기준으로 정부와 국민이 빚더미에 올라앉아 있는 터키, 인도네시아, 멕시코, 칠레, 페루, 남아공, 콜롬비아, 아르헨티나,

인도, 브라질은 모두 사정이 어렵습니다. 금리를 아는 사람은 누군가가 해외펀드를 권하면 금리가 오르는 상황에서 이런 나라 펀드가 좋을 리 없다며 거절합니다. 부채가 많을 경우 금리가 오르면 당연히 상황은 나빠집니다.

문제는 중국입니다. 한국경제는 중국 의존도가 매우 높은데 중국은 현재 기업부채가 아주 많습니다. 따라서 중국을 바라볼 때는 항상 중국기업의 부채 현황을 살펴야 합니다. 어디서든 금리가 오르면 빚이 많은 사람이 제일 걱정입니다. 다시 말해 한국에서는 빚을 내서 주택을 구입한 사람, 중국에서는 부채로 사업을 하는 기업, 호주나 캐나다 역시 빚을 안고 주택을 구입한 사람이 어렵습니다. 이런 부채 위기가 지속될 전망이므로 여러분은 반드시 금리 중심으로 판단해야 합니다. 그래도 4차 산업혁명 덕분으로 물가가 크게 오르지 않는 것은 그나마 다행입니다.

경기선행지수 확인은 투자의 필수조건

세계경제는 항상 미국을 기준으로 봐야 하는데 미국 GDP 대비 자산가격은 2018년 10월 조정을 받아 한풀 꺾였습니다. 그 이전에는 굉장히 과도했지요. 미국이 과열이면 한국도 과열이기 때문에 미국의 지표를 잘 봐야 합니다.

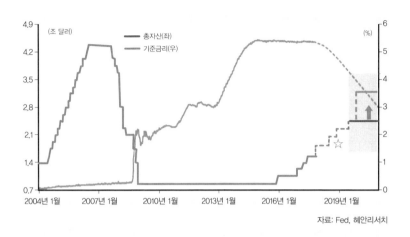

미국의 출구전략 변화

4.9 (조 달러)
4.2
3.5
2.8
2.1
1.4
0.7

총자산(좌)
기준금리(우)

(%) 6
5
4
3
2
1
0

2004년 1월   2007년 1월   2010년 1월   2013년 1월   2016년 1월   2019년 1월

자료: Fed, 혜안리서치

2019년을 예측하면서 어떤 사람은 위기를 거론하는데 저는 개인적으로 이미 경기가 꺾이면서 조정을 받아 괜찮을 거라고 봅니다. 미국채 금리도 안정세고 부동산가격이 가장 많이 올랐던 미국, 호주, 영국, 캐나다의 집값도 꺾이고 있습니다. 가격이 꺾이고 있다는 것은 좋은 신호입니다. 가격이 더 오르면 쇼크가 올 수도 있었지만 이것을 미연에 방지했으니 너무 비관적으로 볼 필요는 없습니다.

결국 미국의 출구전략은 이렇습니다.

2018년 초만 해도 풀린 돈을 다소 거둬들이고, 금리를 2.5퍼센트까지 올릴 거라고 봤어요. 그러나 미국 경기가 너무 좋아지면서 혹시 3.5퍼센트까지 가지 않을까 하는 생각도 했지만 3.3퍼센트에서 걸

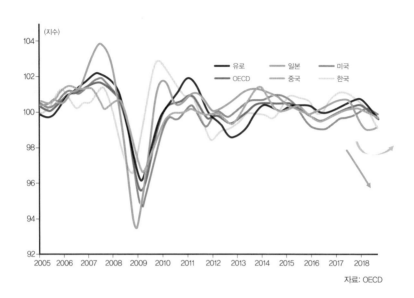

경기 하강 국면에 진입한 글로벌 경제

자료: OECD

렸습니다.

이 금리는 미국채 10년물 기준입니다. 전 세계 집값과 주가, 환율 등 모든 것을 결정하는 지표가 바로 이것입니다. 그래서 금리가 중요한데 2018년 말 현재 미국 금리가 떨어지면서 주가도 함께 떨어졌습니다. 이건 완전히 꺾였다고 확인사살을 해준 것이나 마찬가지입니다. 2018년 10월까지만 해도 금리가 너무 오르면서 부채가 많은 사람들이 걱정을 했지요. 금리를 많이 올리면 앞으로 1~2년간 어려워지리라 보고 시장이 요동치자 미국 금리는 다시 3퍼센트 아래로 내려왔습니다. 2019년에도 매끄럽게 잘 내려오면 자산시장에 급락은 오지 않겠지만 장기적으로는 쉽지 않은 상황이 올 거라고 봅니다.

만약 여러분이 증권사에 간다면 OECD 경기선행지수를 보여 달라고 해서 꼭 참조해야 합니다. 앞의 그래프를 보면 2009년 지수가 아래로 푹 꺼져 있는데 이때 세계는 글로벌 금융위기를 겪었습니다.

이런 그래프를 참조해 한국이 내려갈 때는 투자하면 안 됩니다. 예를 들어 내려가기 시작할 때는 '몇 달 있다가 집을 팔아야겠네', 올라가기 시작하면 '조금 있다가 집을 사야겠네' 정도는 예측해야 합니다. 물론 아무리 멀리 내다봐도 방향은 죄다 비슷합니다. 더구나 한국 혼자 잘한다고 되는 게 아닙니다. 전 세계 동향이 한국 경기의 70~80퍼센트를 차지하기 때문입니다. 신문기사를 보면 이런저런 말이 많지만 한국이 아무리 못해도 80퍼센트는 해외를 따라가고, 잘해봐야 국내적 요인은 20~30퍼센트밖에 영향을 주지 못합니다. 큰 그림이 그렇습니다.

이것은 투자도 마찬가지입니다. 저는 여러분이 나쁜 경기 상황을 가장 크게 체감하는 시기가 2019년 봄쯤일 것이라고 생각합니다. 그때 체감경기가 훨씬 더 나쁠 겁니다. 그렇지만 지금은 완전 과도기이므로 경기가 나쁠 때 무언가 투자를 준비해야 합니다. 해외투자의 경우 급격히 올라갔다가 또 급격히 떨어지는 일이 많이 발생할 수 있는데 이때 빚이 많은 나라는 쇼크를 받을 것입니다. 해외투자는 약간 자제해야 하는 국면입니다.

2018년 말 현재 미국이 꺾임 초입인데 충분히 꺾이면 그때 달러든 뭐든 미국 자산에 투자하십시오. 한국은 꺾인 지 오래되었고 이탈리아, 인도네시아, 필리핀 같은 나라는 한국보다 한참 밑으로 내려갔어요. 지금 한창 좋은 베트남도 내려갈 겁니다. 세계의 흐름에서 예외인 나라는 없어요. 이 경우 북한은 더 어려워집니다.

투자자에게는 무엇보다 세계의 흐름이 중요하므로 증권사에 가면 OECD 경기선행지수 방향을 꼭 봐야 합니다. 세 달에 한 번씩 한국, 미국, 중국 정도만 봐도 충분합니다. 이것이 올라가는 모양세면 투자를 고려하고 떨어지면 이익실현을 염두에 둬야 합니다. 평생 그런 자세로 투자해야 합니다. 설령 지금까지는 그렇게 하지 않았더라도 이제 부채가 많고 전 세계 금융시장이 통합되고 있으므로 이것을 반드시 실천해야 합니다.

투자에는 '인정'이 없다

르네상스 시대부터 2008년까지는 세계 파이가 커지는 세상이었지만 앞으로는 줄어들 겁니다. 제가 수축사회라는 용어를 많이 쓰는 이유가 여기에 있습니다. 그동안은 친구 6명이 파이를 6조각으로 나눠 먹어도 괜찮았어요. 파이 자체가 커졌으니까요. 그러나 지금은 파

팽창사회에서 수축사회로

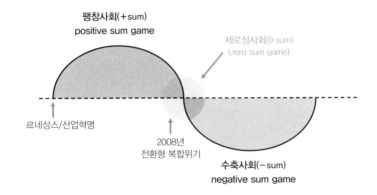

자료: 혜안리서치

이가 고정된 제로섬 사회입니다. 내가 허전해서 더 먹으려면 다른 누군가가 먹을 것을 빼앗아야 한다는 얘기입니다.

더구나 앞으로는 파이가 줄어듭니다. 우리가 지금 어려운 이유가 여기에 있는데 이것은 세계가 다함께 겪는 일입니다. 화려했던 과거는 더 이상 들먹일 필요가 없습니다. 지금은 상황이 달라졌고 우리는 여기에 적응해서 살아남아야 합니다. 이제부터 제가 몇 가지 팁을 드리겠습니다.

첫째, 과거와 철저히 단절하십시오. 가장 현명한 방법은 여러분이 바뀐 환경에 적응하는 것입니다. 위의 도표가 보여주듯 지금 여러분은 거대한 역사적 변화 시점에 서 있습니다.

　지금의 전문가는 지나간 시절의 전문가입니다. 증권시장에서는 3년 단위로 신 같은 존재가 나오는데 2~3년 지나다 보면 그는 조용히 사라집니다. 왜 그럴까요? 그런 사람은 그저 자신의 투자철학으로 버텨온 것뿐인데 지금은 상황이 완전히 바뀌었기 때문입니다. 한마디로 전문가는 없습니다. 그것은 저도 마찬가지입니다. 세상이 바뀌었으니 얼치기 전문가를 주의하십시오. 스스로 귀가 얇다고 생각한다면 아예 전문가를 자처하는 사람들을 만나지 않는 것도 한 방법입니다. 무엇보다 여러분 스스로 '아, 세상이 바뀌었구나' 하고 느껴야 합니다.

　투자에는 '인정'이 없다는 사실을 기억하십시오. 제가 증권사에 근무할 때 한번은 어떤 고객이 "주식에도 인정은 있겠지요. 좀 기다리면 오르지 않겠어요?" 하더군요. 그때 저는 딱 잘라 "주식에는 인정이 없습니다"라고 대답했습니다.

　둘째, 끝없이 학습하십시오. 마치 낚싯바늘을 끌고 다니는 것처럼 계속 공부하면서 무언가를 낚아채 습득해야 합니다. 저는 낚싯바늘을 좋아하는데 그것은 그 뾰족한 끝에 무언가가 걸리면 빠지지 않기 때문입니다. 세상을 관찰하면서 정보를 낚시질하십시오.

　셋째, 현금에 투자하십시오. 과거에는 금융자산이 1억 원이면 10퍼센트는 현금으로 보유하고 90퍼센트는 투자하라고 했습니다. 지금은 그 10퍼센트 룰이 40퍼센트로 바뀌었어요. 1년 중 투자자산으로 갖고 있는 비중을 60퍼센트로 유지해야 합니다. 1년 내내 100퍼센트 투자하지 말고 현금 비중을 40퍼센트로 유지하십시오.

넷째, 투자기간을 짧게 유지하십시오. 주식이든 채권이든 자산으로 보유하고 있는 시간을 줄여야 합니다. 1년 중 주식을 70퍼센트 정도 300일 보유하고 있었다면 앞으로는 200일만 보유하십시오. 항상 현금을 넉넉히 갖고 있어야 하는데 그 이유는 금리가 부리는 마술에 올라타기 위해서입니다. 여기에다 가급적 투자기간을 짧게 잡고 단타를 치십시오. 예전에는 좋은 주식을 사서 자식에게 물려주라고 했지만 이제는 오래 붙잡고 있다가는 그 회사가 부도날 수도 있습니다. 지금은 큰 회사들도 장담할 수 없는 시절입니다. 그렇다고 오늘 사서 오늘 팔라는 얘기가 아니라 아무리 좋은 회사도 2~3년 보유한 뒤에는 미련 없이 나오라는 겁니다.

경기 사이클이 과거에는 3년 반 정도였으나 지금은 1~2년에 한 사이클씩 돌아갑니다. 따라서 과거처럼 오래 묻어두는 것이 아니라 2~3년 하고 그다음은 좀 쉬어야 합니다. 어느 정도 올랐을 때 팔 것인지 사전에 정해두거나 증권사에 미리 매도주문을 내는 것도 한 방법입니다.

다섯째, 기업을 볼 때는 이익보다 성장, 즉 매출에 주목하십시오. 파이가 줄어드는 시대에도 매출이 늘어나는 회사는 파이가 커집니다. 아무리 좋은 회사도 매출이 늘어나지 않으면 별 의미가 없습니다.

여섯째, 해외로 나가십시오. 경기가 확실히 저점을 찍고 원화가 1,050원 정도 가면 해외로 나가야 합니다. 그 이유는 한국이 세계 평균성장률보다 성장률이 더 낮은 나라이기 때문입니다. 그동안 한국은 세계 평균성장률보다 성장률이 높았어요.

또 하나 고려해야 할 것은 한국 산업에 구조적인 문제가 굉장히 많다는 점입니다. 일단 구조조정 같은 문제로 환율이 일시적으로 절하될 수 있습니다. 여기에다 언제 이뤄질지 모르지만 남북이 통일되면 환율이 일정 부분 절하될 것입니다. 가령 1,110원대가 1,200원이나 1,300원으로 갈 수 있습니다.

2018년 말 현재 돈이 많은 투자자는 2019년에 타이밍을 잘 잡아 달러자산을 보유하는 것이 좋습니다. 즉, 아마존 같은 기업이 조정을 받으면 그때 투자하십시오.

스스로 체험하고 투자하라

다시 한 번 강조하지만 세상의 흐름을 따라가십시오. 요즘 HMR, 즉 가정간편식 시장이 빠른 속도로 성장하고 있습니다. 일본의 경우 소득이 3만 달러에 이르렀을 때 HMR 시장이 엄청나게 성장했지요. 한국에서 가정간편식의 출발점은 오뚜기 3분카레인데 그 시장이 지금 하루가 다르게 성장하는 중입니다.

시중에서 파는 가정간편식으로 차례상을 차리면 14만 원 정도가 든다는 보도가 있었습니다. 실제로 시중에 나와 있는 제품이 워낙 다양해 그것으로 제사상을 차리는 것이 가능합니다. 만약 여러분이 투자를 하고 있다면 스스로 그 시장이 얼마나 커지고 있는지 직접 체험해보십시오. 최근 최저임금 인상으로 자영업이 고전하고 있다는 말을 많이 하는데 실은 그 원인이 여기에 있습니다. 이렇게 성장하는 가정간편식 시장이 자영업의 영역을 훨씬 더 많이 깎아먹고 있습니다.

투자를 하고 있다면 이런 간편식을 한번 이용해보십시오. 여러분이 15만 원으로 이렇게 제사상을 차릴 경우 며느리, 딸, 아들이 죄다 만세를 부르며 좋아할 겁니다. 지금은 육식을 꺼리는 사람들을 위해 콩고기로 햄버거를 만들 만큼 많은 음식이 개발되고 있습니다. 그 맛은 우리가 흔히 먹는 콩 반찬과는 차원이 다릅니다. 이것은 몸에도 좋고 일반 고기와 다름없이 맛이 뛰어납니다.

콩고기 햄버거는 어느 나라에서 가장 잘 팔릴까요? 바로 소고기를 먹지 않는 인도에서 잘 팔리고 있습니다. 그러니 콩고기 시장이 인도에서 어마어마하게 커지는 것은 당연합니다. 내가 좋으면 다른 사람들도 좋아하게 마련입니다. 그러니 여러분 스스로 애용해보고 투자하십시오. 이것이 투자하는 사람의 기본자세입니다.

마지막으로 주식과 관련해서 생각해봐야 할 것은 한국의 경우 철강,

화학, 정유, 기계, 조선, 건설, 운송 같은 소재·산업재를 비롯해 IT와 자동차가 산업의 70퍼센트를 차지한다는 점입니다. 전 세계적으로 이런 나라는 없지요. 그래서 한국이 지금 어려운 겁니다.

이들 산업의 비중이 너무 크면 여러분은 어디에 투자를 해야 할까요? HMR처럼 다른 투자대상으로 눈을 돌려야 합니다. 더구나 IT는 이익 변동폭이 너무 커서 한번 수그러들면 그야말로 푹 주저앉습니다.

아무튼 지난 60년 동안 한국경제는 소재·산업재, IT, 자동차 위주로 성장해왔는데 2018년 말 현재 자동차는 많이 무너졌고 IT는 거의 고점에 와 있습니다. 소재·산업재 중에서도 잘나가는 것이 별로 없어요.

그러니까 여러분 스스로 목표수익률을 얻는 기간을 짧게 보고 전보다 더 많이 공부해야 합니다. 오히려 이것이 생활습관을 바꾸는 계기가 되었으면 좋겠다는 생각도 듭니다. 앞으로는 지금처럼 고수익이 나는 시장은 없을 겁니다. 짧게 할 수밖에 없을 정도로 세계경제나 한국경제가 녹록치 않다는 점을 스스로 인정하고 거기에 맞게 행동하길 바랍니다.

글로벌 투자

신동준

KB증권 리서치센터 수석전략가. 데이터와 논리에 기반해 옳다고 판단하면 주류 의견과 다른 주장을
과감히 펼치는 것으로 유명하다. 애널리스트와 펀드매니저를 넘나들면서 2004년부터 채권 전략과
자산배분 전략에서 여러 차례 베스트 애널리스트 1위에 선정되었다. 2010년부터는 본격적으로 자산
배분 전략 분야를 개척하며 리서치센터를 PB와 투자자문 비즈니스에 알맞게 변화시키는 데 공헌했
다. 숭실대학교 금융경제학과 겸임교수로도 활동하고 있다.

11장

통장에 지금 담아야 할
글로벌 자산

신동준, KB증권 리서치센터 수석전략가

자산투자에서 핵심은 지금 시장 예상치가 어느 정도고 그것이 가격에 얼마나 반영되어 있는지 판단하는 것입니다. 최근 언론 기사를 보면 초단기 달러채권과 원화 장기국채를 사고 현금 비중은 늘리는 반면 주식 비중은 줄이라는 견해가 많습니다. 저는 오히려 현재 거의 저점에 이른 것은 아닌지 고민하고 있습니다. 또 그것이 2019년 1분기로 앞당겨져 먼저 반영될 가능성은 없는지 체크하는 중입니다. 아무튼 지금은 좀 더 보수적인 전략을 선택하는 것이 옳다고 보는데 그 내용을 중심으로 먼저 결론을 요약하자면 다음과 같습니다.

2019년 투자 방향

경기 상승기 후반부(Late Cycle) 논쟁: 중장기 상승 추세 유효하지만 감속 성장

❶ 글로벌 경제를 주도하는 미국경제가 2019년부터 감속 성장에 진입.

❷ 완만한 상승 추세는 2020년 1분기까지 이어질 전망. 미국경제와 주식시장 장기 상승 추세 유효.

❸ 연준은 금리 인상 속도 조절로 일드커브(Yield Curve, 수익률곡선) 역전을 피하고 미국경제 확장 기조 장기화.

글로벌 자산배분 전략: 2019년 봄에 찾아올 새로운 기회

❶ 미중 무역분쟁의 부정적 영향 2019년 1분기에 극대화. 역설적으로 양국의 의미 있는 협상 기대.

❷ 2019년 1분기까지는 달러 초단기채권과 원화 장기국채 편입 비중 확대하고 새로운 위험자산에 진입할 준비 필요.

❸ 중국경제는 2019년 상반기 중 수축 국면 마무리 예상. 금리인하가 저점 신호. 밸류에이션 매력 감안 시 2019년 1분기 중 중국과 한국주식 편입 전략 유효.

자산군별 투자전략

❶ 선진 주식시장은 일본 선호. 미국주식은 완만하지만 핵심 자산 가치는 유효. 상반기 조정 예상.

❷ 신흥 주식시장은 상반기에 중국·한국·러시아, 하반기에는 인도·베트남·브라질 선호.

❸ 한국 장기금리는 경기 둔화 우려로 하락. 미국 장기금리는 상반기 하락, 하반기 완만한 반등 전망.

❹ 국제유가(WTI)는 3분기 중 평균 배럴당 62달러까지 상승 후 소폭 하락 전망. 금 가격은 2019년 1분기 말 저점 이후 연말까지 추세적 반등.

2019년에는 두 가지 측면에서 투자 아이디어를 만들어낼 기회가 있습니다. 하나는 미국의 장기경제와 단기경제가 다르게 가는 것으로

이는 몇 년 만에 나타나는 특징입니다. 다른 하나는 2019년 2분기부터 미국경제와 중국경제가 반대로 가는 것입니다.

전통적인 자산배분에서는 보통 성장하는 나라의 주식과 안전한 나라의 채권을 결합했습니다. 그동안 안전한 나라 자산은 달러국채였지요. 그래서 한쪽에는 달러국채를 다른 한편으로는 가장 성장하는 이머징 대표국가의 주식을 담는 것이 가장 효율적인 전략이었지요. 불과 3~4년 전만 해도 그랬습니다.

신흥주식 중에서 가장 성장성이 높은 나라는 바로 한국이었습니다. 2011~2012년 전 세계 투자자들이 가장 유망한 투자처를 꼽을 때 한국은 항상 톱3 안에 들었지요. 그러다가 2012~2013년을 기점으로 처지기 시작했고 요즘에는 콘셉트가 바뀌었습니다.

달러국채와 한국주식을 사면 주식시장이 좋을 때는 한국 주식시장에서 성과가 나고, 시장이 좋지 않을 때는 주식이 떨어져도 금리 역시 하락해 달러가치가 오릅니다. 이때 미국 달러국채로 돈을 법니다. 이런 이유로 이 두 개의 균형을 맞추는 것이 핵심이었으나 최근의 전략은 확 달라졌습니다.

예를 들어 한국은 더 이상 성장하는 나라로 보기 어렵습니다. 지금 성장하는 나라를 꼽을 때 대표국가는 의외로 미국입니다. 성장하는 기업, 성장하는 정책이 모두 미국에 있기 때문입니다. 소위 4차 산업혁명과 관련된 기업은 죄다 미국에 있습니다.

빠르면 2~3년 전, 늦으면 2017년부터 성장하는 국가의 대명사로 올라선 것은 미국주식입니다. 오히려 한국은 장기국채가 안전한 나라의 대표선수입니다. 알다시피 한국은 경상수지, 외환보유고, 재정수지가 모두 흑자입니다. 그러다 보니 2018년 현재 일본보다 국가신용등급이 더 높습니다. 당연히 중국보다도 더 높지요. 실제로 한국의 경우 경제위기가 극단으로 흐르는 상황이 아니면 원화가치가 오히려 강해지는 현상이 나타나고 있습니다. 세계 경제가 좋지 않은데 한국은 불황형 흑자를 유지하니까요. 이럴 때 한국국채에 투자하는 외국 투자자는 한국국채의 신용을 높게 평가합니다. 이를 반영하듯 전 세계에서 가장 신용이 높은 노르웨이나 스위스 중앙은행이 한국의 원화 장기국채를 많이 사고 있습니다.

결국 지금은 성장하는 나라의 대표선수 미국주식, 안전한 나라의 대표선수 원화 장기국채로 포트폴리오를 조정하는 시대입니다.

플러스 성장이 이어질 미국

그럼 미국의 장기 사이클과 단기 사이클이 오랜만에 엇갈리는 상황 그리고 미국경제와 중국경제 역시 2019년 중반쯤 엇갈리는 상황에서 어떻게 투자기회를 찾아야 할지 살펴봅시다.

다음 도표에 미국경제 GDP 흐름이 나타나 있는데 경제는 1퍼센

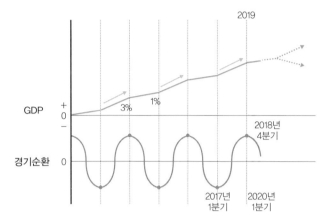

2019년 미국경제, 장기상승 추세와 단기순환 감속 구간의 충돌

자료: KB증권

트가 오르든 3퍼센트가 오르든 성장은 성장입니다. 흔히 우리는 3퍼센트 성장은 호황이라 부르고 1퍼센트 성장은 불황이라 하지요. 그러나 외환위기나 금융위기 같은 것이 오면 마이너스 성장도 합니다.

언론에서 미국경제가 역사상 두 번째로 가장 긴 팽창 국면에 있다고 말할 때는 이 그래프에 나타난 상황을 의미하는 것입니다. 미국경제가 계속 플러스 성장을 하면 팽창 국면은 지속됩니다. 저 관점에서는 2019년과 2020년에도 미국경제의 팽창이 끝날 가능성은 없습니다.

경기 침체는 과잉투자, 과잉소비, 과잉대출, 과잉부채, 과잉재고 등이 쌓여야 발생합니다. 한데 미국경제는 아무리 찾아봐도 그런 과열이 보이지 않습니다. 이러한 현실이 미국경제는 당분간 침체에 빠질 것이다, 경제가 망가질 것이다, 마이너스 성장할 것이다 같은 얘기가 맞지 않는다는 것을 보여줍니다. 제가 '전혀'라고 말할 수 있을 정도로 그런 조짐은 없습니다.

그래프에 나타낸 경기순환은 플러스 혹은 마이너스 성장이 아니라 잠재성장률보다 더 위의 성장인지, 아니면 그것을 밑도는 성장인지를 말하는 것입니다. 이것을 흔히 경기 사이클이라고 하지요. 경기 사이클은 보통 1년 반에서 2년 주기로 왔다 갔다 합니다. 2009년 6월 이후 2018년 말 현재까지 미국경제는 거의 10년 가까이 계속 팽창했지만 그 안에서도 사이클은 오르락내리락합니다.

자산을 투자할 때는 저 사이클에 맞춰서 해야 합니다. 제가 미국경제는 2019년과 2020년에도 괜찮을 거라고 한 것은 미국경제가 망가지거나 침체에 빠지지 않는다는 것이지 주식이 계속 간다는 말은 아닙니다. 이 두 가지를 잘 구별해야 합니다. 좋게 말하는 사람은 장기 사이클을 뜻하는 것이고 좋지 않다고 하는 사람은 단기 사이클을 말하는 것입니다.

사이클 측면에서 저점은 2017년 1분기이고 2018년 말 현재가 정점입니다. 그렇게 1년 9개월 정도 상승 국면을 지나왔는데 2019년부터 미국경제는 내려갑니다. 이 말은 경제속도가 줄어드는 국면으로 넘어간다는 뜻이고 설령 내려갈지라도 여전히 잠재성장률 위에 있습니다.

2016년과 2017년에는 경제가 상승 국면이라 미국주식을 사거나 미국 IT 기업의 주식을 산 다음, 주가가 폭락했을 때 더 사면 혹은 기다리면 편안하게 주가가 다시 올랐습니다. 상승 사이클이라 투자하기가 쉬운 시기였지요. 그러나 2018년 4분기에 정점을 형성하고 2019년부터는 내려갑니다. 이 사이클에서는 미국주식과 미국 IT 기업의 주식도 주도주가 되기 어렵습니다. 이런 이유로 2019년 1분기에 내려가기 시작하면 경제가 갑자기 꺾인다 혹은 끝났다 같은 말이 나올 수 있습니다. 이때 미국주식의 낙폭이 예상보다 더 클 가능성도 있습니다.

2016년과 2017년 경제가 상승하는 사이클에 들자 미국 중앙은행(연준)은 분기에 한 번 정도 꽤 빠른 속도로 금리를 인상했습니다. 그래도 시장은 끄덕하지 않았지요. 이제 2019년부터 경제가 살짝 내려가는 국면에 들어갑니다. 상황이 이런데 똑같은 속도로 금리를 인상하는 중앙은행은 없습니다. 즉, 2019년 연준은 좀 더 서서히 금리를 인상할 확률이 높습니다.

2019년 미국의 S&P500 기업의 주당순이익 전망 추정치는 10퍼센트 가깝게 증가할 것으로 예상되고 있습니다. 물론 1분기까지는 2~3퍼센트 수준으로 이익증가율이 뚝 떨어질 것입니다. 이것은 어디까지나 사이클이 내려가는 상황이라 그런 것이고 이후에는 다시 올라가는 흐름이므로 그다지 우려할 필요는 없습니다. 2분기, 3분기, 4분기를 넘어서면 미국경제 성장률은 2019년에도 2퍼센트대 초중반을 예상하는데 그 정도면 잠재성장률보다 위입니다. 경기 침체에 빠질 정도는 아니라는 이야기입니다.

미중 무역분쟁의 부정적 영향이 나타날 1분기

이제 미국경제와 중국경제가 엇갈리는 상황을 생각해봅시다. 다음 도표를 보면 맨 위에 있는 미국이 내려가는 시점을 앞두고 있습니다. 반면 거의 저점에 다가가는 중국은 불황의 한복판에 있지요.

2018년 말 현재 중국은 경제지표와 신용이 가장 좋지 않고 기업 디폴트(채무 불이행)가 제일 많이 일어나고 있습니다. 중국경제는 아마 2019년 2분기면 거의 저점 부근으로 내려갈 겁니다. 그때 미국은 오히려 막 내려오기 시작하는 초창기라 주식을 살 용기를 내기 어렵지만, 중국주식은 물론 중국과 관계가 깊은 한국주식은 담아야 하는 타이밍입니다.

매년 연말이면 저는 지금 아무도 기대하지 않는 자산은 어디인가, 아무도 기대하지 않는 지역은 어디인가를 찾아 거기에 돈을 넣습니다. 2018년 말 현재 그 기준을 갖춘 곳은 중국주식입니다. 2019년 중반쯤 중국이 금리를 인하하고 바닥을 형성하는 과정을 거치면 연간으로 볼 때 중국주식과 한국주식이 꽤 성과를 낼 것이라고 생각합니다.

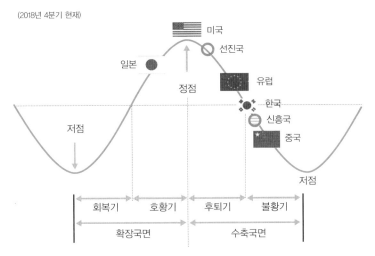

단기순환주기상 국가별 위치

(2018년 4분기 현재)

미국

일본

선진국

정점

유럽

한국

신흥국

중국

저점

저점

회복기　호황기　후퇴기　불황기

확장국면　수축국면

자료: KB증권

　미중 무역분쟁은 2019년 1분기에 가장 크게 부정적 효과를 낼 것으로 보입니다. 일단 중국의 경제성장률이 이미 6퍼센트대 초중반으로 내려왔는데 2019년 1분기에는 숫자 '6'마저 보기가 만만치 않을 전망입니다. 즉, 2019년 1분기는 미국이 막 내려가는 초창기에다 상황이 좋지 않은 중국이 끝물에 놓여 모든 시장가격이 부정적일 것입니다. 그때는 채권에 돈이 몰리면서 채권투자 수익률이 많이 나리라고 봅니다. 그러면 채권을 잘 정리하고 서서히 중국주식과 한국주식으로 갈아타야 합니다.

구체적으로 말하자면 2019년 1~2분기에 중국의 경제성장률은 5퍼센트 후반대로 떨어지고 관세의 영향으로 대미수출 증가율은 현재의 두 자릿수에서 마이너스로 바뀔 가능성이 큽니다. 미국도 무역 갈등의 영향에서 벗어나기 어렵습니다. 달러가치(달러 인덱스) 저점은 2018년 2월이었고 8월까지 10퍼센트 정도 올랐습니다. 물론 연말에는 그보다 좀 더 올랐지요.

미국경제는 달러가치가 약 10퍼센트 오른 다음 그 가치를 유지하면서 6개월이 지날 경우 환율 때문에 체질이 바뀌는 것이 전형적인 패턴입니다. 2018년 2분기에 미국 GDP는 4.2퍼센트 성장했고 3분기에는 3.5퍼센트 성장했습니다. 미국경제는 규모가 크면서도 한국보다 훨씬 더 높은 경제성장률을 보였는데 이는 트럼프의 감세 효과 덕분입니다.

흥미로운 것은 2018년 3분기의 상품 수입의 기여도가 마이너스 1.3이라는 사실입니다. 이는 달러 강세로 달러가치가 오르자 미국인이 많이 수입해서 소비했다는 뜻입니다. 한국도 원화가 강세를 보이면 직구를 많이 합니다. 수입은 국내 돈을 해외에서 쓰는 것이라 GDP에 마이너스 효과를 줍니다. 그러니까 미국은 2018년 3분기에 수입으로 1.3퍼센트를 갉아먹고도 3.5퍼센트나 성장한 겁니다.

이 경우 국내 물건이 팔리지 않아 재고가 늘어납니다. 국내에 재고가 쌓이면 국내 투자가 줄어들어 체질이 허약해집니다. 그 원인은 바로 달러 강세에 있습니다. 이 정도면 연준은 금리 인상 속도를 조절할 수밖에 없습니다. 달러가치가 강해지는 것을 막으려면 연준이 금리 인상을 멈추거나 천천히 가거나 심지어 내려야 하기 때문입니다.

앞서 미국경제는 달러가치가 약 10퍼센트 오른 뒤 6개월이 지나면 체질이 바뀐다고 했는데, 2018년 2~8월까지 달러가 강했으니 그 6개월 뒤는 2019년 1분기입니다. 그때 미국경제 성장률이 1퍼센트대로 떨어질 가능성이 큽니다.

그런데 왜 미국경제는 2018년 3분기에 벌써 GDP에서 허약한 체질을 드러냈을까요? 이것은 트럼프 대통령이 2019년 1월부터 중국 수입품에 매기는 관세를 25퍼센트로 올린다고 말하는 바람에 수입업자들이 미리 수입해 물건을 쌓아둔 결과입니다. 이에 따라 2019년 1월 관세 효과로 나빠져야 할 지표가 이미 2018년 3분기부터 나타난 것이지요. 이렇듯 미국경제 수치가 좋지 않게 나타난 까닭에 연준이 금리 인상을 멈출 수도 있고 천천히 갈 가능성도 높습니다.

무역전쟁을 넘어 첨단부품 전쟁을 시작한 트럼프

미국 IT 기업은 해외매출 비중이 대부분 50퍼센트가 넘습니다. 특히 그중에서도 반도체 기업은 80퍼센트가 넘습니다. 달러 강세로 이머징 국가의 통화가치가 폭락했는데 그러면 이머징 국가가 해외 물건을 구매할 힘은 확 줄어듭니다. 그 영향으로 해외매출 비중이 높은 미국 IT 기업과 반도체 기업의 실적이 줄어들었습니다. 이로 인해 2019년 1분기 미국 경제성장률이 약간 낮아질 전망이라 미국 기업들은 이익 전망치를 하향 조정하고 있습니다.

알고 있다시피 미국의 IT 기업 주가는 2018년 10월부터 급락했습니다. 아직 잘 벌고 있는데도 급락했다는 얘기입니다. 이는 환율 효과와 관세 효과가 작용한 결과입니다. 여기에다 〈블룸버그 비즈니스위크〉가 스파이칩 관련 기사를 내보내면서 미국의 대중국 고립 전략이 이어지고 있습니다.

그 내용은 애플과 아마존의 데이터센터에서 스파이칩을 발견했는데 그걸 중국 인민해방군의 주도 아래 누군가가 심었다는 것입니다. 그 스파이칩은 미국 기업은 물론 정부, NASA, 의회, CIA 같은 기관에 모두 심어졌을 수 있으며 미국의 핵심 정보가 중국으로 빠져나갈지도 모른다는 겁니다. 이 소설 같은 이야기가 사실인지 아닌지는 중요하지 않습니다. 핵심은 그런 프레임이 짜였다는 것이지요.

이러한 프레임은 확인할 수는 없어도 지지자를 결집하는 데는 커다란 힘을 발휘합니다. 스파이칩 보도가 나가기 전인 2018년 3월, 미국의 통신장비 네트워크 회사 브로드컴이 무선통신 연구개발 기업인 퀄컴 인수에 나섰습니다. 둘 다 미국 기업이지만 트럼프 대통령은 국가안보를 이유로 이 인수를 막았습니다. 브로드컴은 10월 컴퓨터어소시에이츠라는 또 다른 미국 기업을 인수하려 했으나 이것 역시 안보 차원에서 의회가 가로막았습니다.

컴퓨터어소시에이츠는 원자력과 전력 시스템을 공급하는 미국의 첨단기업입니다. 그런데 브로드컴의 최대 고객이 바로 중국 기업 화웨이입니다. 화웨이는 차세대 통신 네트워크 5G를 놓고 미국과 치열하게 경쟁 중인 중국의 대표기업이죠. 또 화웨이는 중국의 ZTEC(중흥통신) 회사와 함께 미국이 블랙리스트에 올려놓은 회사입니다. 미국은 브로드컴이 퀄컴이나 컴퓨터어소시에이츠 같은 첨단기업을 인수하면 그들의 최대 고객 화웨이에 정보가 유출되지 않으리라는 보장이 있는가, 전력 시스템에 중국의 스파이칩을 심지 않으리라는 보장이 있는가 하는 명분 아래 의회와 행정부에서 IT 기업 확장을 차단하고 있습니다.

2018년 10월 미 국방부에서 두툼한 150쪽짜리 보고서를 발표했는데 제목이 〈중국이 미 방위산업에 미치는 위협〉입니다. 그 내용은 미국이 방위산업 군수물자에 중국 부품을 너무 많이 쓰고 있다는 것입니다. 그 때문에 만약 양국이 전쟁을 벌이면 중국의 부품 조작으로 위험해질 수 있다는 겁니다. 스파이칩을 계기로 미국이 군수물자를 최대한 국산화하고 중국과 첨단부품을 거래하지 않아야 한다는 얘기입니다.

이런 흐름이 당장 쉽게 바뀌지는 않을 것입니다. 앞으로의 싸움은 무역전쟁, 즉 트레이드 워(Trade War)가 아니라 첨단부품 전쟁인 칩 워(Chip War)로 불릴지도 모릅니다. 중국의 추격을 뿌리치려 하는 미국의 목적은 단순히 관세를 매기는 정도가 아니라 첨단부품을 차단하는 데 있습니다. 한데 미국 IT 기업의 해외매출 비중이 50퍼센트가 넘고 또 부품을 아시아에서 조립하는 경우가 많아 미국 IT 기업들의 비즈니스가 어려워지고 있습니다.

미국 투자 기회는 2019년 중후반

많은 사람이 미국경제가 끝날 거라며 걱정하지만 사실 2018년 말 현재 미국은 과거에 경제가 상승할 때보다 더 완만한 기울기로 경제가 상승하고 있습니다. 그나마 최근 들어 기울기가 조금 가팔라졌는데, 물론 이것은 감세 효과 덕분입니다.

다음 도표 맨 밑의 굵은 선이 2009년 6월부터 지금까지 이어져온 미국경제 흐름입니다. 가장 길었던 것이 1990년대 후반에서 IT 버블이 발생하기 직전까지고, 그 두 번째가 2018년 말입니다. 아마 2019년 상반기가 지나면 2018년 말이 역사상 가장 긴 미국의 경제 팽창 사이클로 바뀔 것입니다. 그만큼 미국경제는 꺼질 가능성이 없습니다.

왜 미국경제는 이토록 완만하게 상승했을까요? 그것은 288쪽 도표가 보여주듯 레버리지가 없었기 때문입니다.

미국경제 성장기에 가계가 대출해서 소비하거나 투자하지 않았던

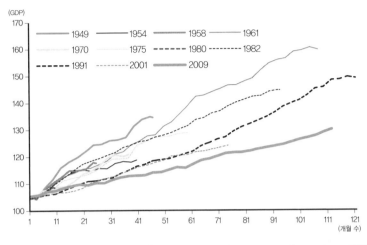

역사상 두 번째로 긴 상승국면에 돌입한 미국경제

(GDP)

범례: 1949 1954 1958 1961 1970 1975 1980 1982 1991 2001 2009

(개월 수)

자료: Bloomberg, KB증권

적은 한 번도 없었는데 지금은 사이클이 다릅니다. 한국은 가계부채가 계속 늘어나고 있지만 미국은 금융위기 이후 가계부채가 계속해서 줄어드는 중입니다. 경제가 성장하고 있음에도 불구하고 가계부채가 줄어드는 이례적인 현상이 나타나고 있는 셈입니다.

한국도 2000년대 초반 카드채 버블이 있었는데 그 문제가 터진 뒤 은행은 대출을 꺼렸고 국민도 잘 빌리려고 하지 않았습니다. 기업도 마찬가지였죠. 이는 빚을 많이 졌다가 크게 당한 트라우마 때문입니다. 당시 거기에서 벗어나는 데 10년 정도 걸렸습니다. 미국도 똑같

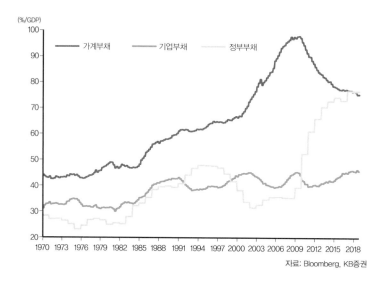

미국은 역사상 유래 없는 부채 없는 성장 중

(%/GDP)

— 가계부채　— 기업부채　— 정부부채

자료: Bloomberg, KB증권

습니다. 2009년 금융위기 이후 가계부채 문제가 터졌기에 2018년 현재 가계는 최대한 빚을 지지 않으려고 노력 중입니다. 이것이 10년 가까이 이어져오고 있습니다.

　실제로 미국 은행의 대출증가율은 2018년 말 현재 3퍼센트 수준에 불과합니다. 과거 미국경제가 정점에 갔다가 침체에 빠질 때 은행대출 증가율은 대부분 10퍼센트대 중반이었습니다. 경제가 좋으면 당연히 돈을 빌려 사업하는 사람이 늘어나 대출증가율이 10퍼센트 이상 쭉 오릅니다. 그러다가 제품이 팔리지 않아 재고가 쌓일 경우 경제가 꺼지는 것이지요.

과거 사례를 보면 경제의 정점은 대개 대출증가율이 10퍼센트 초중반일 때였습니다. 지금 미국의 대출증가율은 고작 3퍼센트입니다. 이런 상태에서 경제가 끝난다, 침체에 빠진다고 말하는 것은 지나친 비약입니다. 빌려간 것이 없어서 꺼질 것도 없으니까요. 이렇게 덜 빌려간 이유는 규제가 많아서입니다. 미국 정부는 빌려주지 못하게 했고 국민도 빌려갈 생각을 하지 않았습니다.

이처럼 민간이 돈을 빌려 신용창출을 하지 못하자 정부가 나서서 계속 경기부양을 했습니다. 그 탓에 미국 정부는 부채가 굉장히 많아졌지요. 하지만 알다시피 미국은 기축통화국입니다. 중앙은행이 돈을 찍어 미국국채를 사도 아무도 미국이 위험하다고 하지 않습니다. 저는 적어도 2~3년은 미국 부채가 문제로 떠오를 가능성은 별로 없다고 봅니다. 기축통화국의 특권을 살려 연준이 또 돈을 찍어 사주면 되니까요.

2018년 말 현재 미국은 금융규제를 풀고 있습니다. 그래서 최근 대출증가율이 적어도 두 자릿수로 올라가고 인프라 투자를 늘릴 거라는 얘기가 많이 나오고 있습니다. 이는 미국 민주당과 공화당이 다 좋아하는 정책으로 인프라 투자를 하면 대출이 늘어납니다. 여기에다 미국산만 쓰라는 행정명령 〈바이 아메리카(Buy America)〉를 발동했습니다.

이 모든 정황을 보면 아직 미국경제는 끝날 단계가 아닙니다. 단기 사이클로는 조심할 필요가 있지만 장기 사이클로 보면 미국경제는 건강합니다. 장기 흐름에서 2019년 중반 이후나 하반기에 투자기회가 있을 것입니다.

금리 차가 복원되는 타이밍을 잡아라

미국의 장단기 금리 차를 걱정하는 사람도 많은데 지난 30년을 돌아보면 10년 금리가 2년 금리보다 낮아질 경우 이후 경기가 침체에 빠졌습니다. 2018년 말 현재 미국의 10년물과 2년물의 금리 차는 불과 10bp(basis point, 금리 표시 단위로 1bp=0.01퍼센트)에서 15bp 사이를 왔다 갔다 하고 있습니다. 그래서 사람들이 걱정하다 보니 미국 주가가 하락폭이 좀 더 커지고 있는 상황입니다. 장기 사이클에서는 문제가 없으므로 잠깐 역전되어도 침체에 빠질 가능성은 낮습니다. 역전 과정은 투자기회로 삼을 필요가 있는데 다음 도표를 보면 그 이유를 알 수 있습니다.

미국의 장단기 금리 차가 역전되면 연준은 '시장이 미래경제가 침체에 빠질 가능성이 크다고 해석하는구나'라고 받아들여 금리 인상을 멈춥니다. 그런 의미에서 지는 늦어도 2019년 3월이면 미국이 금리 인상을 멈출 거라고 봅니다. 그렇게 9개월 정도가 지날 경우 자연스럽게 금리인하 기대심리가 생기면서 단기금리가 떨어지기 시작합

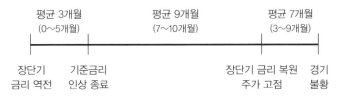

장단기 금리 역전 이후 과거 시나리오 정리(1983년 이후 3차례 역전 사례)

평균 3개월
(0~5개월)

평균 9개월
(7~10개월)

평균 7개월
(3~9개월)

장단기
금리 역전

기준금리
인상 종료

장단기 금리 복원
주가 고점

경기
불황

자료: KB증권

니다. 이때 역전된 장단기 금리 차가 복원됩니다. 이와 함께 주가가 고점에 이르고 그 후 7개월 정도가 지나면 경기 침체에 빠지는 것이 지난 30~40년간 이어져온 미국경제의 전형적인 패턴입니다.

여기서 금리 차가 복원되는 시점이 장기추세 측면에서도 주식을 팔아야 하는 타이밍입니다. 이 순간이 미국 주가가 절정에 이르는 시점이기 때문입니다. 그 뒤 7개월이 지나면 침체에 빠집니다. 단, 여기에는 여러 경로가 있습니다. 장단기 금리 차가 역전된 상태로 6개월 정도 지난 후에 금리 차가 플러스로 복원되었을 때 유효한 이야기입니다. 저는 2019년은 이 경로로 갈 거라고 생각하지 않습니다. 2019년은 금리 차가 역전되어 6개월을 갈 만한 환경이 아니라고 봅니다. 그러나 만약 제 예상과 달리 역전되고 6개월이 지난다면, 그때는 정말 금리 차가 복원되었을 때 미국주식을 팔아야 합니다.

이러한 패턴에서 실수를 반복하지 않기 위해 연준의 제롬 파월 의장은 2018년 8월부터 계속 똑같은 얘기를 하고 있습니다. 그는 8월부터 1994년 사례를 들며 "나는 1990년대 그린스펀 의장의 연준을 따라하겠다"라고 말했습니다.

그린스펀은 1994년 한 해 동안 무려 300bp의 금리를 인상했습니다. 지금 1년에 0.75bp를 올리고도 시장이 이토록 힘든데 그때는 1년 만에 3퍼센트를 올린 거지요. 그 여파로 당시 시장이 폭락하고 난리가 났습니다. 그러자 우리가 미래의 경기 침체를 예고한다고 배운 장단기 금리 차가 잘 가다가 푹 주저앉았습니다. 연준은 곧바로 금리 인상을 멈췄고 심지어 몇 번 인하하기도 했습니다.

그때부터 IT 버블이 생기는 2000년대 초반까지, 즉 4~5년간 연준은 금리를 딱 한 번 인상했습니다. 그 시절 미국은 역사상 가장 긴 경기 팽창 사이클을 누렸고 비록 아시아는 1990년대 후반 외환위기를 겪었으나 미국경제는 호황 국면이었습니다. 성장률이 5~6퍼센트에 이르렀어도 연준은 금리 인상을 한 번밖에 하지 않았습니다. 왜냐하면 성장률은 높았어도 IT 혁명 덕분에 물가가 상당히 안정적이었기 때문입니다. 그걸 두고 그린스펀 연준 의장은 '신경제'라고 했지요.

성장률이 높아 경제가 좋고 IT 혁명이라는 신경제 효과로 물가가 안정적이니 물가를 보고 금리를 조심스럽게 천천히 올리겠다는 것이 그린스펀의 의견이었습니다. 제롬 파월 역시 그런 1990년대 연준을 추구할 거라는 얘기입니다. 지금 성장률이 높게 나오니 빨리 금리를 올려야 한다고 말하는 사람도 있지만 연준은 물가를 보고 천천히 하겠다는 것이지요. 2018년 말 현재 미국의 물가는 상당히 안정적입니다.

이를 두고 사람들은 '아마존 효과'라고 부릅니다. 요즘에는 소비자가 인터넷을 검색해 최저가로 물건을 구매하는데 아마존이 각 주마다 다른 물건 값을 모두 저렴한 방향으로 모으기 시작했습니다. 이것이 최근 미국의 경제학계에서 말하는 아마존 이펙트(Amazon Effect)입니다.

미국은 유통혁명으로 물가는 안정적이고 정부가 돈을 풀어도 가계대출이 별로 없으니 유동성이 딱 거기서 멈춰 있습니다. 그래서 중앙은행이 대출을 유도하는 방향으로 규제를 푸는 정책을 펴는 것입니다. 그런 방향에서 물가를 보며 금리를 천천히 올리겠다는 것이 연준의 의도입니다. 결국 금리를 많이 올려 미국경제가 망가질 거라는 시나리오는 염두에 두지 않아도 좋습니다.

질문자1　중국주식을 사기가 굉장히 어려운데 새로 들어갈 수 있는 업종으로 IT를 봐야 하는지, 내수 쪽을 봐야 하는지 설명해주십시오.

신동준　2018년 말 현재 상황에서는 그 부분을 얘기하기가 굉장히 어렵습니다. 2019년 1분기 때 미국은 2퍼센트, 중국은 6퍼센트 성장률을 달성하리라고 보기가 어렵거든요. 만약 상황이 나빠지면 미중은 서로 좀 더 적극적으로 양보할 수도 있습니다. 핵심은 어떤 산업부터 양보할 것인가 하는 점이죠.

제가 볼 때 중국이 금융은 절대 포기하지 않을 듯하고 제조업을 비롯한 중국 산업계에 제공하던 보조금을 줄이거나 지식재산권을 인정해주는 쪽으로 양보할 가능성이 있습니다. 앞서 미중이 IT산업에서 갈등을 일으키고 있다는 얘기를 했는데 이런 상황에서 중국 알리바바나 텐센트를 계속 가져가기는 만만치 않을 겁니다. 중국뿐 아니라 한국도 그들의 양보와 개방에 따라 피해를 보는 업종과 수혜를 얻는 업종이 나뉠 것입니다. 그러므로 지금 예단하기보다 협상 과정을 지켜보며 업종을 선택하는 것이 좋을 듯합니다.

아직은 양국이 대등하게 협상하지만 미국의 의도는 중국을 밑으로 내려 체인을 형성하는 데 있습니다. 미국이 맨 위 첨단산업을 쥐고 그 밑에 중국 또 그 밑에 한국이 있거나 중국과 한국이 나란히 있는 정도의 그림이겠지요. 한때 미국이 중국 반도체 기업 푸젠진화에 자국 첨단부품을 주지 말라는 규제를 발동하면서 당일 삼성전자 주가가 많이 오르기도 했습니다. 이처럼 미국이 어떤 규제를 발표하느냐가 한국과 중국에 굉장히 중요한 영향을 미칩니다.

질문자2   2019년 초 중국이 바닥을 칠 거라고 말씀하셨는데 오히려 2019년이나 2020년부터 중국기업이 부채를 정리하는 과정에서 금융기관 부실이나 기업의 부도율이 높아져 2019년 말 혹은 2020년부터 본격적으로 무너지지 않을까 하는 생각이 듭니다. 중국기업의 부채비율로 볼 때 단기적으로 2019년 초에 하락하는 것은 잠깐의 상황이고 중기적으로는 2년 내에 큰 폭으로 하락할 듯한데 이 문제를 어떻게 보는지요.

신동준   중국의 기업부채는 굉장히 오래된 문제입니다. 한국의 가계부채와 중국의 기업부채는 이머징의 부채 문제 중 경제규모 대비 가장 심각한 부채입니다. 중국은 이미 구조조정을 하고 있고 중국기업의 디폴트도 일어나고 있습니다.

일단 전제조건으로 이 얘기를 먼저 하고 싶습니다. 전 세계 대장주는 미국주식인데 대장주가 내려갈 때 중국과 한국이 올라가는 속도는 2017년 이머징 국가주식이 오른 것만큼 오를 수 없습니다. 2019년은 지금처럼 주가가 1년에 30퍼센트씩 하락하는 시장이라기보다 저점에서 샀을 때 바닥을 다지고 2020년부터 올라가는 그런 그림의 초입이라고 생각합니다.

기업부채 문제는 미국도 마찬가지입니다. 경기 둔화가 막바지에 왔을 때 기업이 부도가 나고 신용이 나빠지는 것은 자연스러운 현상입니다. 한국도 그럴 수 있습니다. 만약 기업부채 문제로 중국경제가 무너지거나 망하면 그것이 전 세계에 미치는 영향이 너무 크기 때문에 미국도 그냥 놔두지는 않을 겁니다.

그래서 저는 2019년 1분기에 양국이 어느 정도 협상하면 중국이 일단 구조조정을 멈출 거라고 봅니다. 나아가 금리를 내리거나 재정을 조금씩 풀면서 경기부양 노력을 하리라고 봅니다. 그 과정에서 중국주식은 저점을 형성한 뒤 서서히 오를 것입니다.

몇 년 전 제가 중국을 방문해 신용평가사, 부동산회사, 중국 기업, 은행 관련자들을 만났는데 중국은 기업부채가 늘어나면 한국의 자산관리공사 같은 기관 4개가 기업부채를 사들인다고 합니다. 물론 그 자산관리공사의 재무제표는 공개하지 않습니다. 또한 중국은 가계가 상당히 건전합니다. 한국은 기업부채는 별로 없고 가계부채가 많은데 중국은 그 반대입니다. 당시 저는 이것을 가계부채로 이전할 수도 있다는 말을 들었습니다.

중국은 자유시장경제 국가의 눈으로 보면 굉장히 위험하게 느껴지지만 독재국가라 내부적으로 해결할 방법이 얼마든지 있습니다. 이런 이유로 저는 2020년 중국경제가 끝난다고 보기는 어렵다고 생각합니다. 만약 그 정도 상황까지 간다면 모든 자산을 팔아 달러만 보유해야 할 텐데 그럴 가능성은 없다고 봅니다.

무엇보다 한국의 가계부채와 마찬가지로 중국의 기업부채도 대부분 자국통화 부채, 즉 위안화 부채입니다. 국내금리가 오르면 금융기관이 부실화되면서 어려워지는 경로를 밟을 위험이 있는데요. 국내경제 상황이 워낙 좋지 않기 때문에 당분간 금리가 큰 폭으로 올라서 부채가 문제될 가능성은 낮다고 봅니다. 물론 금융위기 때처럼 급격한 자금유출로 인한 금리상승 가능성이 있긴 합니다만, 자본규제를 하고 있고 외국인 투자자가 많지 않은 중국에서 그런 일이 벌어질 가능성은 낮다고 봅니다.

마경환

미국계 글로벌운용사인 프랭클린템플턴투자신탁운용 리테일총괄 본부장. 1995년부터 대한투자신탁 (현 하나금융투자)에서 해외펀드 투자 및 상품 전략을 담당했고 2006년부터는 프랭클린템플턴운용에서 해외펀드 마케팅을 담당했다. 총 24년 투자업계 경험 중 17년간 해외자산 투자전략 및 마케팅 업무를 담당했다. 특히 다양한 해외채권(미국 하이일드 채권, 현지통화표시 이머징 채권, 미국국채 등)의 투자와 마케팅 경험을 한 국내 최고 해외펀드 전문가다. 저서로 《채권투자 핵심노하우》가 있다.

12장

연 5% 수익의 힘, 해외채권에 주목하라

마경환, 프랭클린템플턴투자신탁운용 본부장

투자할 때는 90퍼센트를 확신하더라도 나머지 10퍼센트의 오류 가능성을 무시하지 말고 투자결정을 내려야 합니다. 투자는 수익과 위험이라는 양날의 칼을 품고 있으므로 투자 앞에서는 항상 겸손한 위험관리가 필요합니다.

경기 침체가 오면 대다수는 몹시 불안해합니다. 반면 채권을 아는 사람은 경기 침체를 설레는 마음으로 기다립니다. 즉, 채권을 알면 더 이상 경기 침체를 두려워하는 것이 아니라 오히려 그것을 엄청난 투자기회로 받아들입니다.

사람들의 재산 포트폴리오를 보면 크게 세 가지로 나뉩니다. 먼저 부동산으로 한국인이 소유한 자산 중에서 가장 많은 비중을 차지합니다. 그다음이 직장 내지 내 사업체고 마지막이 주식입니다. 아마 80~90퍼센트가 여기에 해당할 겁니다.

문제는 이 3가지 포트폴리오가 이론적으로 경기가 좋아질 때 좋아진다는 점입니다. 그러다 보니 뉴스에서 경기 침체라는 말이 나오면 두려움이 앞섭니다. 설령 주택이 없어도 경기가 침체되면 직장이 불안정해져 어려움에 처하니까요. 그러나 현재의 포트폴리오에 채권을 더하면 완전히 다른 포트폴리오로 거듭납니다.

간단히 말해 채권가격은 경제가 나빠질수록 올라갑니다. 이를테면 채권과 달러는 거의 같이 돌아갑니다. 사실 경기 침체기에 현재 많은 사람이 갖고 있는 포트폴리오의 취약점을 보완해주는 것이 채권입니다. 채권을 보유하면 오히려 경기 침체기가 기다려집니다.

우리가 투자에 성공하려면 기본적으로 메가트렌드를 정확히 이해해야 합니다. 제가 생각하는 트렌드는 바로 고령화와 저성장 국면입니다. 한국은 전 세계에서 가장 빠른 속도로 고령화가 진행 중입니다. 저성장 역시 리먼 브러더스 사태 이후 한국을 비롯한 전 세계 성장엔진이 둔화하면서 이전보다 성장률이 많이 저조합니다.

고령화와 저성장 환경에 딱 맞는 투자처

그러면 새로운 트렌드가 된 고령화와 저성장에는 어떤 뜻이 담겨 있을까요?

10년 전만 해도 60세 무렵 10억 원 정도를 가지고 은퇴하면 평생 편안하게 노후를 즐길 수 있었습니다. 당시 기대수명이 70~75세라 돈을 쓸 기한도 짧았고 예금금리가 5퍼센트였기에 10억 원을 넣어두면 연간 최소 5,000~6,000만 원이 나왔습니다. 지금은 과거와 달리 은퇴 이후 30~35년을 더 살고 예금금리가 2퍼센트에 불과합니다. 어쩔 수 없이 지금은 투자를 해야 하는 환경이지요.

그런데 일단 연세가 있으면 투자를 해도 보수적으로 해야 합니다. 연세가 있는 사람이 공격적으로 투자했다가 돈을 날리면 복구할 방법이 없으니까요. 채권보다 공격적인 주식투자의 경우 저성장 상태에서는 기대수익이 떨어지고 변동성도 커집니다. 이런 이유로 보수적인 투자와 변동성이 낮은 자산을 찾아야 하는데 여기에 딱 맞는 것이 채권입니다.

채권은 큰 위험 없이 안정적으로 수익을 낼 수 있는 자산입니다. 다음 도표는 20년간의 글로벌 채권 수익을 연도별로 나타낸 것입니다.

보다시피 연평균 수익률이 5.4퍼센트인데 연도별로 보면 20년 동안 2번 마이너스 수익이 났습니다. 우리가 예금금리가 낮아도 예금

글로벌 채권 연도별 수익

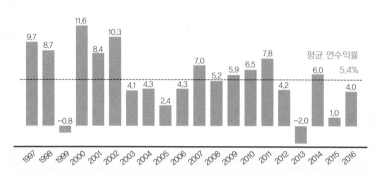

자료: 블룸버그, 글로벌 채권–Barclays Global Aggregate Index

2년 투자 연간 수익률

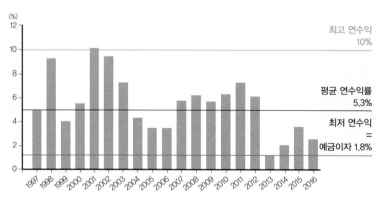

자료: 블룸버그, 글로벌 채권–Barclays Global Aggregate Index

에 집착하는 이유는 원금손실이 없기 때문입니다. 채권에 투자했을 때 수익은 5퍼센트대로 좋지만 1년 단위로 하면 원금이 깨질 수 있습니다. 이를 피하는 방법은 투자기간을 길게 가져가는 겁니다. 그 아래 도표는 20년 동안 투자기간을 1년이 아니라 2년씩 했다는 가정 아래 작성한 것입니다. 운이 좋아 성과가 오르면 연 10퍼센트 수익도 나옵니다.

운이 나빠 금리가 올라가는 구간에 투자했다면 1년짜리는 원금 손실이 날 수 있으나, 2년을 하면 운이 나빠 한 해가 원금이 깨져도 2년을 두면 최저 연평균 2퍼센트 예금금리는 나옵니다. 이처럼 채권은 투자기간을 길게 할 경우 충분히 예금의 대안 역할을 합니다.

주식이 폭락할 때 가격이 더 오르는 채권

부동산, 주식, 사업체는 경기 상승 국면에는 좋지만 경기가 하락하면 불안정해지고 심지어 무너집니다. 반면 채권은 주식이 폭락할 때 가격이 더 오릅니다. 다음 도표는 지난 20년간 한국주식이 마이너스로 떨어진 구간을 나타낸 것입니다. 2018년을 제외하고 과거 20년 동안 모두 6차례 마이너스였지요.

이처럼 경기가 나빠져 무너진 구간의 글로벌 채권수익률을 보면 평균 8.4퍼센트에 달합니다. 오히려 경기가 가라앉는 것이 채권투자

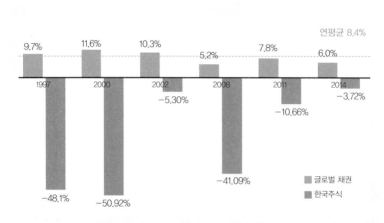

과거 20년 주식 하락구간 채권투자 수익률

연평균 8.4%

9.7%　11.6%　10.3%　5.2%　7.8%　6.0%

1997　2000　2002　2008　2011　2014

−5.30%　−10.66%　−3.72%

−41.09%

−48.1%　−50.92%

■ 글로벌 채권
■ 한국주식

자료: 블룸버그, 국내주식 – KOSPI, 글로벌채권 – Barclays Global Aggregate Index

자에게는 좋은 기회라는 얘기입니다. 만약 주식에 투자하고 있다면 포트폴리오에 반드시 채권도 넣어야 재산이 침몰하지 않습니다.

　우리가 보통 투자하는 대안자산은 예금, 주식, 채권인데 일반적으로 변동성 위험이 낮아 가장 안전한 것이 예금입니다. 주식이 가장 많이 흔들리지요. 한데 아이러니하게도 예금금리가 낮아 어쩔 수 없이 투자를 하면서 많은 사람이 4가지 자산, 즉 예금, 국내채권, 해외채권, 주식 중 가장 위험한 국내주식을 선택합니다.

　예금에 플러스알파를 원할 경우 이론적으로 주식은 대안이 아닙니다. 주식은 연 10~20퍼센트 이상을 원하는 사람에게 적합한 투자입니다. 실상은 주식에 투자하면서 한 자릿수 후반대 수익만 꾸준히 났으면 좋겠다고 하는데, 이런 사람은 주식이 아니라 채권에 투자해야 합니다.

채권투자 수익은 크게 2가지입니다. 하나는 이자수익이고 다른 하나는 가격의 오르내림입니다. 이자수익은 가격의 움직임과 상관없는 시간가치입니다. 가령 채권펀드 A의 이자가 5퍼센트면 1년 후 가격의 움직임과 상관없이 5퍼센트가 나옵니다. 여기에 같은 기간 동안 채권가격이 오르고 내린 것까지 합산해서 수익을 얻습니다. 이 자본이득 부분 때문에 시장을 예측해야 합니다.

채권투자에서 가격 하락 위험은 3가지로 나타납니다.

첫 번째, 경기가 상승하면 시중금리가 오르면서 채권가격이 하락합니다. 두 번째, 경기가 하락할 경우 채권발행기업 위험이 증가해 채권가격이 하락합니다. 세 번째, 해외채권에 투자했을 때 투자국 통화가 하락할 경우 채권가격이 하락합니다. 다시 말해 이자율 위험, 신용 위험, 통화 위험이 있지요.

이 관점에서 브라질 국채를 살펴봅시다.

큰 범주에서 브라질 국채는 현지통화표시 이머징 채권 중 하나입니다. 레알화 표시 브라질 국채는 현지통화표시 채권으로 이 채권의 수익구조는 이자수익, 금리가 움직이는 자본수익, 환차손익으로 구성되어 있습니다.

지난 10여 년간 현지통화표시 이머징 마켓 채권수익률을 보면 2012년까지는 평균 11퍼센트에 육박하는 수익이 났습니다. 반면 2013년부터는 4~5년간 연평균 10퍼센트 정도의 손실을 봤지요. 그런데 많은 한국인이 하필 2012~2013년 브라질 채권에 투자했다가 꽤 손실을 봤습니다.

그러면 채권의 이자율 위험을 좀 더 살펴봅시다. 채권가격은 기본적으로 금리와 반대로 움직입니다. 금리가 올라가면 채권가격이 하락하고 금리가 내려가면 채권가격은 오릅니다. 따라서 채권

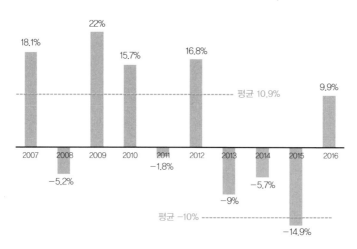

10년간 현지통화표시 이머징 채권 연수익

자료: 블룸버그

은 금리가 내려갈 때 투자해야 합니다. 즉, 경기가 나빠 금리가 내려갈 때가 채권투자 타이밍입니다.

인플레이션 데이터를 보면 채권 투자의 방향이 보인다

투자에서는 항상 금리 동향을 예측하는 것이 굉장히 중요합니다. 금리 동향을 예측할 때는 가장 먼저 중앙은행 금리정책에 주목해야 합니다. 한국은행이나 미국 연준이 금리를 내릴지, 올릴지가 그 나라 채권시장 금리를 결정하는 변수 중 하나입니다.

각국의 중앙은행은 여러 가지를 고려하지만 가장 크게 눈여겨보는 것이 인플레이션 데이터입니다. 인플레이션이 일정 수준 이상 올라가면 그때부터 금리 브레이크를 잡습니다. 금리는 경제의 브레이크입니다. 경제가 너무 빨리 가면 금리라는 브레이크를 잡아 경제속도를 떨어뜨리지요.

중요한 것은 브레이크를 잡는 시기입니다. 각국 중앙은행은 목표 인플레이션을 세워놓고 있는데 그 속도가 너무 빠르면 브레이크를 잡습니다. 목표 인플레이션을 보면 미국 2퍼센트, 한국 2퍼센트, 일본 2퍼센트 그리고 브라질이 4.5퍼센트에서 +/-1.5퍼센트입니다.

브라질의 경우 그 밴드가 3~6퍼센트이므로 만약 브라질 인플레이션이 6퍼센트를 초과하면 브라질 중앙은행이 금리를 올릴 거라고 예상할 수 있습니다. 실제로 브라질은 2013년 중반 인플레이션이 6퍼센트를 초과했고 같은 해 5월부터 계속 브레이크를 잡았습니다. 당시 인플레이션이 6퍼센트를 초과해 계속 올라가면서 속도를 떨어뜨리기 위해 브레이크를 잡자 브라질 채권가격이 많이 하락했지요. 그러므로 채권투자를 할 때는 반드시 인플레이션 데이터를 확인해야 합니다.

국채라서 이론적으로 신용 위험은 없고 환율 변동에 따른 통화 위험은 설명이 필요합니다. 주요 환율변수에는 양국 간 인플레이션 차, 실질이자율 차, 경제성과 차 그리고 투자환경 차가 있습니다. 브라질 국채에 투자할 경우 통화 위험을 가장 많이 걱정하는데, 해외투자를 할 때 좋은 환경이 만들어지면 그 나라에 자금이 더 유입되어 통화 강세를 보입니다. 내가 투자한 나라의 통화가 강세면 더 좋습니다. 그럼 인플레이션은 어떨까요? 인플레이션이 높다는 것은 실질구매력이 떨어진다는 얘기니 인플레이션이 높은 것은 좋지 않습니다.

극단적인 예로 과거에 1년간 100퍼센트 이상 인플레이션이 발생한 라틴아메리카를 생각해봅시다. 그때 라틴아메리카에 1억 원을 넣었다면 1년 뒤 그 돈의 가치가 5,000만 원이 될 텐데 당연히 좋지 않지요. 따라서 통화 강세가 유리한데 이를 위해서는 먼저 실질구매력이 높아야 합니다. 그다음으로 시중금리에서 인플레이션을 차감한 실질금리가 높을수록 좋습니다.

통화 강세 요건을 정리하자면 첫째, 인플레이션이 낮게 형성되어 실질구매력이 높아야 합니다. 둘째, 실질금리가 높아 투자기대 성과가 높아야 합니다. 셋째, 무역수지가 흑자여야 합니다. 넷째, 투자환경이 좋아서 글로벌 자금 유입이 가능해야 합니다. 이 4가지 중 앞의 2가지는 정량적 데이터고 뒤의 2가지는 정성적 데이터입니다. 여기에서는 우리가 눈으로 쉽게 확인할 수 있는 첫째와 둘째 요건으로 브라질을 분석해보겠습니다.

310쪽 도표는 2013년 7월부터 2017년 6월까지 4년의 투자기간 동안 원화 대비 브라질 레알화의 통화 움직임을 나타낸 것입니다.

보다시피 2015년 말까지 2년 내내 통화가 하락했는데 무려 35퍼센트나 내려왔습니다. 이후 2년 정도 반등했지요. 이때 인플레이션은 어땠을까요? 당연히 인플레이션은 오르고 실질금리는 낮아졌습니다. 실질구매력이 떨어지면 통화가치도 떨어지는데 2015년 12월 말부터 인플레이션이 잡히기 시작했습니다.

실질금리는 곧 성장률로 봐야 하며 도표에 나타나 있듯 브라질 성장률은 2015년 말까지 계속 마이너스였습니다.

보다시피 성장률이 계속 악화하다가 2015년 말부터 반등합니다. 아이러니하게도 인플레이션과 실질금리를 예측할 수 있는 실질경제성장률은 정확히 같이 갑니다. 통화가 붙어 있는 현지통화표시 이머징 마켓 채권은 기본적으로 통화펀드입니다. 채권보다 통화가 압도적으로 영향이 크지요. 그러므로 반드시 통화 부분을 확인하고 다른

원화 대비 브라질 레알 통화의 움직임

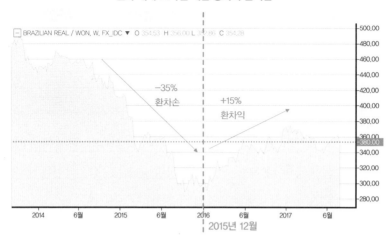

브라질 인플레이션율

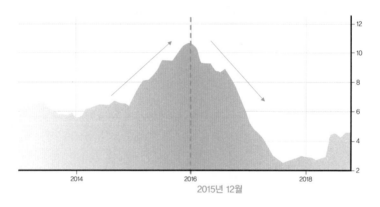

브라질 성장률

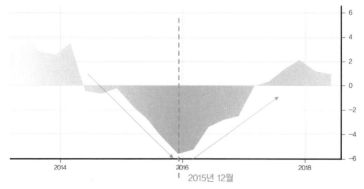

자료: TRADINGECONOMICS.COM

원칙 역시 대략이라도 확인하고 들어가야 합니다.

모든 경기 상황에 투자할 수 있는 해외채권

국내채권과 달리 해외채권은 경기 상승과 하락 시 모든 사이클에 투자할 수 있습니다.

다음 표는 2008년 금융위기로 주가가 폭락했을 때 바닥을 찍고 돌아서기 시작하던 2009년의 성과를 보여줍니다.

채권 중에서도 신용등급이 가장 안전한 것은 국채, 가장 하위 채권은 투자부적격 채권 내지 하이일드 채권(고수익·고위험 채권, 즉 신용 등급이 낮은 회사가 발행한 채권)입니다. 그러니까 가장 안전한 순으로 말하면 정부기관 채권, 회사채, 하이일드 채권입니다. 표에서 2008년 성과를 보면 미국국채가 플러스 20퍼센트입니다. 그런데 만약 경기가 나빠질 때는 채권에 투자해야 한다는 말만 믿고 미국 하이일드에

채권 수익률 : 경기침체기 vs 경기회복기

기간	경기 상황	미연준 금리변동폭	미 10년 국채	정부기관 채권	회사채	하이일드
2008	경기침체기	-2.75%	20.30%	9.26%	-3.07%	-26.17%
2009	경기회복기	0.00%	-9.92%	1.53%	16.04%	54.22%

투자했다면 무려 26퍼센트가 깨졌을 겁니다. 채권은 등급이 낮을수록 주식과 비슷한 속성이 있는데 우리가 흔히 알고 있는 채권은 등급이 높은 것입니다.

그다음에 경기가 반등할 때 미국국채가 정반대로 10퍼센트 깨졌습니다. 부도가 나서 그런 게 아니라 금리가 올라서 가격이 하락한 겁니다. 반면 미국 하이일드 채권은 무려 50퍼센트 이상 성과가 났습니다. 그러니까 경제가 나빠질 때는 우량채권, 경제가 반등할 것 같으면 하이일드 채권에 투자하면 채권 안에서 자산배분이 가능합니다.

주식투자자는 흔히 주식은 실물보다 앞서는데 주식에 선행하는 것은 없다면서 고민합니다. 사실 주식보다 선행하는 것이 채권이며 채권의 종류는 크게 국채와 회사채로 나눕니다. 그러면 먼저 국채로 예측을 해봅시다.

돈을 하루 빌려줄 때와 1년 빌려줄 때를 비교하면 후자가 더 위험하니 금리를 더 많이 받습니다. 즉, 기간에 비례해 금리가 올라가지요. 하지만 단기금리가 높고 장기금리가 낮은 경우도 있습니다. 대표적으로 국채금리의 이자율 커브는 정상 금리곡선이 아니라 기간에 비례해 금리가 내려가는 역전 금리곡선으로 나타납니다. 이처럼 장단기금리가 역전되면 이를 경기 침체 신호로 봐야 합니다.

다음 도표는 미국의 10년 만기 국채금리와 2년 만기 국채금리를 차감한 것입니다.

플러스는 정상적인 경우고 마이너스는 장단기 금리가 역전되었다는 뜻입니다. 정상적일 때 10년 국채금리가 만약 5퍼센트면 2년은 3퍼센트일 테고 결국 플러스 2퍼센트가 됩니다. 이것이 0으로 가까이 간다는 것은 경기가 과거 대비 둔화된다는 점을 보여줍니다. 또한 0 아래, 마이너스를 넘어서는 경우는 경기 침체를 준비하라는 선행지표로 이해할 수 있습니다. 여기서 어둡게 칠한 부분은 미국의 경기 침체 구간입니다. 이것은 계속 선행하고 있는데 무려 12개월을 선행했습니다. 이처럼 주식보다 채권이 선행하므로 주식투자를 하는 사람은 반드시 이것을 확인해야 합니다.

장단기 금리 역전현상과 금리 침체

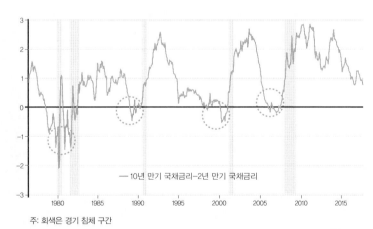

주: 회색은 경기 침체 구간

자료: FRED

금리구조는 경제성장의 선행지표 역할을 하고 우리는 장단기 국채금리 차로 경기를 예측할 수 있습니다. 경기 침체란 분기별 경제성장률이 2분기 연속 마이너스인 상태를 말합니다.

도표를 보면 장단기 금리가 역전되었을 때 시차를 두고 미국의 GDP가 마이너스로 떨어집니다. 시차를 두고 일정하게 그런 현상이 두드러집니다.

여기서 장단기 금리가 주식보다 더 선행지표인 이유를 생각해봅시다. 일단 10년 국채금리는 미국의 시장금리입니다. 시장금리는 시

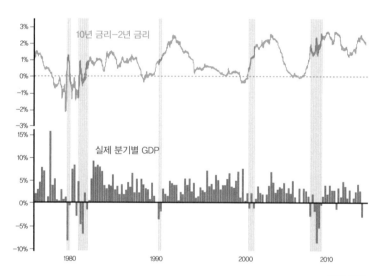

장단기 금리 차 vs. 분기별 GDP

자료: FRED

장 참여자가 결정하며 장단기 금리 역전현상은 장기금리가 내려가고 단기금리가 올랐다는 의미입니다.

먼저 단기금리는 미국 연준위 금리와 연동되기 때문에 연준위가 계속 금리를 올리면 따라서 올라갑니다. 반면 장기금리는 시장 참여자가 결정하므로 이것이 내린다는 것은 시장이 향후 경제를 불투명하게 본다는 의미입니다. 미국 국채시장을 쥐락펴락하는 것이 전 세계 중앙은행과 세계적인 연기금인데 이들이 미국국채를 많이 산다는 것은 미래 경제를 나쁘게 본다는 뜻입니다. 이때 미국 국채금리는 내려갑니다. 결국 미국 국채금리가 내려간다는 것은 전 세계의 저명한 거시경제 팀이 경제를 나쁘게 보고 있다는 방증입니다. 반대로 단기금리가 오르는 것은 연준위가 브레이크를 너무 과하게 잡고 있다는 말입니다. 지금까지 이것은 정확히 들어맞았습니다.

316쪽 자료는 2006년 9월 독일 드레스너 증권사 리포트에 수록된 것입니다. 2006년에는 주식이 굉장히 좋았지만 그것이 2007년 10월에 꺾였습니다. 이 리포트는 그 시점으로부터 1년 전에 작성한 것입니다.

도표를 보면 10년과 3개월 국채금리 역전현상은 1968년 이후 모두 경기후퇴 국면으로 연결됩니다. 제가 이것을 참고해서 10여 년 전 몇몇 사람에게 채권투자로 자산을 분배하라고 권했습니다. 그러다가 6개월 뒤 그들에게 심하게 욕을 먹었지요. 2007년 초 중국이

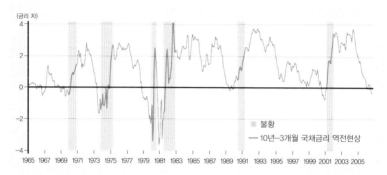

전형적인 경기 침체 시그널의 시작: 10년과 3개월 국채금리 차가 마이너스로 전환

자료: 드레스너, 2006년 9월

마지막 불꽃을 날리면서 30~40퍼센트나 올랐던 겁니다. 저 때문에 주식투자를 못했다고 비난이 쏟아졌는데 놀랍게도 그로부터 1년 뒤 대세가 딱 꺾이고 내려갔습니다. 그래서 장단기 국채금리를 봐야 합니다. 물론 과거가 모든 미래를 예측해주는 것은 아니지만 이것은 지난 60년 동안 검증된 데이터입니다.

가산금리는 시장의 선행지표

하이일드 가산금리(기준금리에 신용도 등의 조건에 따라 덧붙이는 금리)는 채권투자자가 보는 시장의 위험지표입니다. 경제가 나빠지면 가산금리가 올라가고 경제가 좋아지면 가산금리는 떨어집니다. 예를 들어 미국경제를 놓고 주식과 채권으로 게임을 한다고 해봅시다. 그러면 주가 저점에 가산금리는 최고점을 찍어야 하고 주식은 최저점을 찍어야 합니다. 과연 그럴까요?

318쪽 표를 보면 주가 저점은 2003년 3월인데 가산금리 최고점은 2002년 10월로 5개월 선행했습니다. 어쩌다 한 번 그렇게 된 것이 아닐까 싶어서 추가로 그 밑에 있는 자료를 준비했는데 여기에서는 가산금리를 뒤집어놓았습니다. 아래로 내려갈수록 가산금리가 커지니 방향을 같이하기 위해서입니다.

가산금리 고점은 2002년 10월이고 주가는 2003년 2월에 5개월 선행했습니다. 리먼 브러더스 사태 때는 가산금리 최고점이 2008년 11월이며 주가 최저점은 2009년 2월로 여전히 5개월 선행했습니다. 결국 선행지표를 알려면 가산금리를 봐야 합니다.

주가 고점을 보면 2007년 10월인데 이론적으로 이때 가산금리는 최저점을 찍어야 합니다. 주가가 가장 좋다는 것은 경제를 가장 좋게 본다는 뜻이고 시장 위험은 가장 낮은 상태지요. 가산금리는 2007년 5월이 가장 낮았습니다. 앞서 가산금리는 채권투자자가 보는 시장의 위험지표라고 했는데 실제로 2007년 5월부터 시장 위험이 폭발적으로 올라갔습니다.

하이일드 가산금리 vs. 미국금리

미국 하이일드 가산금리 vs. 주식시장

주 : 하이일드 가산금리-크레딧스위스 하이일드 인덱스 Spread to Worst

자료: 블룸버그

2019년 투자테마는 연착륙, 높은 변동성

2018년 말 현재 시장의 경기확장 국면이 매우 깁니다. 미국 기준으로 9.5년, 즉 112개월째 경기확장 국면입니다. 이것은 미국 근대역사상 지난 150년 동안 경기 사이클을 측정한 구간 중 두 번째로 긴 국면입니다. 지금까지 가장 길게 성장한 경기확장 국면은 120개월이었습니다. 2018년 말 현재 역사상 두 번째로 긴 경기확장 국면에 진입했고 2019년 7월이 넘어가면 최장 국면에 접어듭니다.

경제는 무역전쟁, 유가급등 등 수만 가지 데이터로 말할 수 있지만 2019년 가장 많이 봐야 하는 데이터를 딱 하나 꼽으라면 바로 연준위 금리입니다.

금리 인상에는 두 가지 기능이 있습니다. 하나는 순기능으로 금리를 인상할 경우 버블이 잡힙니다. 다른 하나는 역기능으로 과도하게 금리 인상을 하면 개인이나 기업의 조달비용이 올라가 경제에 주름이 잡힙니다. 금리는 초기에 올리면 순기능 역할이 크지만 그것이 일정 수준 이상 올라갈 경우 역기능이 더 커지는 양날의 칼입니다.

금리가 주식에 미치는 영향도 마찬가지입니다. 경기 상승 초기에 금리를 올리면 경제가 더 좋아져 주식에 긍정적입니다. 반면 일정 수준 이상 올라가면 기업에 부담을 주기 때문에 주식에 부정적입니다. 따라서 금리는 역기능은 최소화하고 순기능은 극대화하는 선을 지켜야 하며 이를 위해 나온 것이 중립금리입니다.

2018년 말 현재 미국 금리는 2.25퍼센트인데 연준위는 2019년 말 3.13퍼센트까지 전망합니다. 많은 사람이 미국이 금리를 올릴지, 올리지 않을지 궁금해 하는데 제가 볼 때는 올립니다. 그 이유를 살펴봅시다. 다음 도표는 미국의 아웃풋 갭(Output Gap)을 나타낸 것으로 이는 미국의 실질 GDP 성장률과 잠재 GDP 성장률의 차이를 말합니다.

커다란 버블 없이 인플레이션을 유발하지 않고 성장할 수 있는 것이 잠재성장률입니다. 최근 미국의 실질성장률이 인플레이션을 자극하지 않고 성장하는 수준보다 더 올라갔습니다. 즉, 인플레이션을 자극하기 시작했어요. 인플레이션을 자극하면 미국은 브레이크를

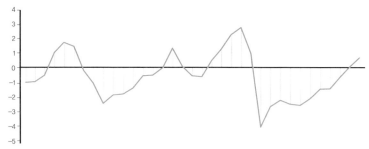

미국 아웃풋 갭 변화 흐름

주: 1985~2017년 현황, 2018~2019년 전망치

자료: 블룸버그

좀 더 잡을 수밖에 없습니다.

그다음으로 2018년 말 현재 트럼프 대통령의 정책을 보면 크게 세 가지로 분류할 수 있습니다. 관세장벽으로 무역적자 해소, 법인세를 인하하는 감세정책, 인프라에 1,000억 달러(한화 약 1,200조 원) 투자가 그것입니다. 1,200조 원을 도로나 항만 건설 같은 인프라에 투자하겠다는 얘기인데 그 돈은 어디서 나올까요? 그건 분명 세금이지만 법인세를 줄이겠다고 했습니다. 즉, 수입은 줄고 지출은 늘어나는 상황입니다. 이 경우 재정적자가 늘어나고 이때 미국 정부는 국채를 발행합니다. 결국 2019년 미국이 발행하는 국채물량이 커집니다. 그러면 채권가격은 하락하고 채권가격이 하락하면 금리는 올라갑니다. 과연 어디까지 오를까요? 미국의 중립금리는 일반적으로 2.75~3퍼센트로 예측합니다. 오르긴 오르되 인플레이션을 잘 컨트롤하고 있으니 3퍼센트 정도에서 멈춰주기를 기대하는 것이지요.

만약 미국 인플레이션 데이터가 더 세면 어쩔 수 없이 브레이크를 더 잡아야 합니다. 이 경우 미국경제는 쭉 꺾이고 맙니다. 3퍼센트 정도에서 브레이크가 멈출 경우에는 약간의 성장 둔화로 그칠 것입니다. 2019년 중반이면 3퍼센트 근처에 가리라고 보는데 그때부터는 브레이크를 잡는지, 잡지 않는지 잘 살펴야 합니다. 브레이크를 더 잡으면 일정 시점을 두고 경기가 꺾일 겁니다. 아직까지는 일단 3퍼센트 근처에서 브레이크가 멈출 것이라고 보고 있습니다.

브레이크를 잡는 것은 성장률 하락을 예고합니다. 물론 저는 경착륙보다 연착륙 쪽을 기대합니다. 아무튼 브레이크를 잡아 조달비용이 올라가면 2019년 한 해는 기본적으로 변동성이 커질 것입니다.

그러므로 포트폴리오에 반드시 주식과 채권을 섞어서 담으십시오. 비록 2019년은 연착륙일지라도 그다음 어느 시점에 다시 경기가 꺾일 것이므로 주식과 채권을 잘 분산투자해야 합니다.

경기 하락기에는 장기채권에 투자

경기 하락기에는 국채에 투자해야 합니다. 다음 표는 리먼 브러더스 사태 때 미국 ETF에 투자해서 올린 수익률을 나타낸 것입니다.

미국의 단기채권과 장기채권 중 금리가 하락할 때는 장기채권에 투자할수록 가격이 더 많이 올라갑니다. 2008년 미국국채에 투자했을 때 6~7퍼센트가 나왔는데 장기채권에 투자한 것은 주식처럼 30퍼센트 이상 나왔습니다. 그러므로 경기 하락기에는 민감도가 큰 장기채권에 투자해야 합니다.

그다음으로 달러를 보유하십시오. 여윳돈이 있다면 그중 절반은 달러로 보유하는 것이 좋습니다. 그렇다고 은행에 외화예금을 하라는 얘기가 아닙니다. 증권사에서 해외주식계좌를 열어 달러로 파이를 키워야 합니다. 즉, 2퍼센트짜리 외화예금에 넣지

1. 미국국채 ETF 수익

구분	미국 단기국채 ETF	미국 중기국채 ETF	미국 장기국채 ETF
2008년 펀드수익	6.6%	17.9%	33.9%

출처: 블룸버그. 미국 단기국채 ETF – 듀레이션 1.8년, 미국 중기국채 ETF – 듀레이션 4년, 미국 장기국채 ETF – 듀레이션 25년

2. 환율 변동폭

구분	원화대비 달러 변동폭(%)
2008년	34.5%

3. 미국국채 ETF 총수익(=1+2)

구분	미국 단기국채 ETF	미국 중기국채 ETF	미국 장기국채 ETF
2008년 총펀드수익	41.1%	52.4%	68.4%

말고 달러 형태로 투자하는 것이 좋습니다.

2008년 1월부터 2008년 12월 말까지 원화 대비 달러 변동폭이 34.5퍼센트입니다. 당시 증권사에 가서 달러계좌를 열어 미국국채에 투자했다면 환차익도 그 정도였을 겁니다. 환차익은 비과세고 미국 ETF는 분리과세입니다. 만약 달러 형태로 미국국채를 갖고 있으면 성과가 단기국채를 들고 있어도 약 40퍼센트고, 장기국채는 무려 70퍼센트에 육박합니다.

달러와 채권은 속성이 같습니다. 경기 하락기에 달러와 채권은 가격이 올라갑니다. 따라서 만약 달러를 경기 하락 대비용으로 투자한

다면 매일매일 환율의 움직임에 신경 쓸 필요는 없습니다. 문제는 내가 들고 있는 대다수 자산이 밀려 내려올 때 버텨주는 것이 필요하다는 점인데, 이를 위해 채권투자를 해야 합니다.

다른 투자자들은 경기 하락으로 투자손실을 기록할 때 국채에 투자해 우수한 수익을 기록하고, 이후 경기저점에서는 주식이 아닌 하이일드 채권에 투자해야 합니다. 채권투자자에게는 경기 침체가 심할수록 투자기회와 과실이 커지게 됩니다. 즉 경기 침체가 커질수록 국채투자자의 수익이 커지고, 경기 침체가 심할수록 경기저점에 하이일드 채권에 투자하면 투자성과가 커집니다. 경기저점에 주식보다 하이일드 채권을 추천하는 것은 하이일드 채권이 주식보다 선행하기 때문입니다. 이 방식은 지금이 아니라 앞으로 4~5년간의 투자 방법입니다.

2019년은 경기가 약간 둔화되고 변동성도 있으므로 주식과 채권에 잘 분산투자하고, 일정 시점에 주식과 채권을 섞었다가 경기가 나빠지면 조정을 하십시오. 가령 채권에 더 집어넣으면 됩니다. 파도치는 국면을 오히려 투자기회로 활용하고 마지막에 다시 하이일드 채권으로 돌리면 그 변혁기가 최고의 기회로 다가올 것입니다.

세금 04

안수남

세무법인 다솔 대표. 세무사와 세무공무원을 가르치는 대한민국 최고의 양도소득세 전문가다. 세무공무원 13년, 세무사 28년 동안 터득한 절세 비법을 통해 세무법인 다솔을 대한민국 최대의 절세 컨설팅 법인으로 특화시켰다. 세무전문가들의 필독서인 《양도소득세 실무해설서》를 12년 동안 매년 집필하고 있으며, KBS라디오 〈경제투데이〉에서 13년간 생방송으로 세무 상담을 진행하는 등 외부 활동도 활발히 하고 있다.

13장

무거워진 주택 세금, 상황별 절세 가이드

안수남, 세무법인 다솔 대표이사

여러분이 궁금한 게 있어서 세무사를 만나러 가면 세무사 가운데 50~60퍼센트는 주택 관련 상담을 포기합니다. 1세대 1주택 판정을 내렸는데 만일 1세대 1주택 요건에서 벗어나 다주택자 중과세 규정을 적용받으면 그 순간 한 집안이 망할 수도 있기 때문입니다. 엄청난 세금폭탄을 맞는다는 얘기입니다.

세금이 얼마나 무서운지 아십니까? 다주택자 중과세 규정의 최고 세율은 양도차익의 68.2퍼센트에 달합니다. 내가 지금 판매한 금액에서 과거에 구입한 금액을 뺀 액수에 세율 68.2퍼센트를 적용하는 겁니다. 물론 물가상승률 같은 것은 하나도 감안하지 않습니다. 여러분이 그걸 알고 팔 수 있을까요?

세금 문제로 어마어마한 일이 벌어질 수 있기 때문에 정확한 상담은 세법 관련 내용을 확실히 꿰뚫고 있는 사람만 할 수 있습니다. 그건 일반 세무사에게 거의 불가능한 일이지요. 지금은 세금 문제가 굉장히 복잡하고 혼란스럽습니다.

제가 여기서 말하는 내용도 상식이나 전문지식의 기본 개념 정도로 받아들여야지 이를 바탕으로 판단까지 하면 굉장히 위험합니다. 다만 저는 여러분이 실수하는 것을 막아주고 싶을 뿐입니다. 먼저 권하고 싶은 것은 앞으로 양도, 증여, 상속과 관련된 일이 생기면 최소한 전문세무사 3명을 꼭 만나보라는 것입니다. 3명의 얘기가 일치하면 실행하고 1명이라도 불투명하거나 견해가 다르면 또 물어봐야 합니다. 이것이 사고를 막는 방법입니다.

세상에는 세 종류의 사람이 있습니다.

먼저 부동산 거래를 자주 하는 사람입니다. 이들은 보통 전문가와 친하며 반드시 전문가에게 조언을 구한 뒤에 행동합니다.

그다음으로 부동산을 어쩌다 거래하는 사람입니다. 이들은 주위 사람들에게 조언을 구합니다. 세법을 상식 정도로 생각하면서 전문가를 찾지 않는 것이지요.

마지막은 선무당으로 세상에서 가장 무서운 사람입니다. 이들은 강연도 자주 듣고 유튜브로 동영상도 많이 시청합니다. 인터넷 검색도 해서 자기 나름대로 상식을 갖춥니다. 문제는 서너 가지가 결합한 상황이라 섣불리 끼어들면 안 되는데 거기에 끼어들어 판단을 내리면서 생깁니다.

제가 들은 사례인데 장기임대주택을 소유한 어느 교감선생이 집을 양도하면서 공인중개사에게 "내가 양도하는 이 집에 거주해야 합니까, 아니면 하지 않아도 됩니까?" 하고 묻자 조정대상지역이 아니니 거주요건을 채울 필요가 없다는 대답을 들었답니다. 그때 중개사 사무실에 놀러온 다른 사람도 그 말에 동조했습니다. 여기에다 주택을 구입하는 사람 역시 자기 언니가 집을 팔았는데 그런 요건이 필요 없었다고 말했습니다.

장기임대주택을 소유한 상태에서 양도하는 집이 조정대상지역이 아닐 경우 2년 거주를 해야 할까요? 당연히 해야 합니다. 이것은 조정대상지역과는 상관이 없어요.

조정대상지역이 무언지 전혀 모르는 사람은 오히려 그렇게 판단하지 않는데 적당히 아는 사람은 문제를 일으킵니다. 2011년 6월 5일에 주택 양도 시 2년 거주 요건이 폐지되었습니다. 그러다 보니 사람들은 거주요건이 없어진 것인 줄 알고 있습니다. 세무사 중에도 그렇게 알고 있는 사람이 꽤 많습니다. 결국 그 교감선생은 세금으로 2억 7,000만 원을 내야 했습니다. 퇴직금을 3억 원 받았는데 세금이 2억 7,000만 원이나 나왔으니 심정이 어떠했겠습니까?

세금폭탄을 피하는 방법은 세금 정보를 제대로 아는 것

이제부터 세금폭탄을 맞은 사례를 살펴봅시다.

첫 번째로 압구정 현대아파트를 팔아 5억 6,000만 원의 세금폭탄을 맞은 사례인데 너무 황당합니다. 나이 팔십이 넘은 이분은 21억 원짜리 아파트를 팔아 구리에 자신이 살 집을 6억 원에 구입하고 6억 원은 월세를 받는 수익형 부동산에 투자할 생각이었답니다. 나머지는 자녀들의 빚을 좀 갚아주고 노후 생활자금으로 쓸 계획이었고요.

이때 압구정 아파트를 내놓고 먼저 받은 중도금으로 집 2채를 새로 샀는데 이미 12억 원을 확보한 상태라 잔금을 치르고 등기 처리까지 했습니다. 그러니 일이 어떻게 되었겠어요? 막상 압구정 아파트의 잔금을 받을 때에는 집이 3채가 되어버린 겁니다. 도둑을 맞으려면 개도 짖지 않는다더니 그야말로 말도 안 되는 실수를 한 것이지요. 집을 사고팔 때는 날짜를 정하는 일을 꼭 전문가에게 물어봐야 합니다. 돈 거래와 이사 갈 날짜만 생각하다가는 엉뚱한 실수를 할 수도 있습니다.

두 번째로 2억 5,000만 원짜리 오피스텔 하나 때문에 세금을 11억 원이나 낸 사례가 있습니다. 이분은 다가구주택을 47억 원에 팔고 12억 원짜리 아파트를 샀어요. 처음엔 2017년 10월 말일 자로 다가구주택 잔금을 받고 아파트 잔금도 치르기로 했습니다. 같은 날 사고팔려고 한 것이지요.

그때 하필이면 아파트를 파는 분이 잔금을 13일만 당겨달라고 했습니다. 이사를 미리 나가겠다는 것이었지요. 그분도 돈에 여유가 있다 보니 13일을 당겨서 2017년 10월 17일 잔금을 치렀어요. 당시에는 일시적으로 1세대 2주택이면 비과세 혜택을 받을 수 있었습니다. 그래서 그분은 기존주택을 취득해 1년이 지나 내 집을 2년 이상 보유했고 새로운 주택을 취득한 다음 3년 안에 팔면 비과세가 되니 13일을 당겨주어도 괜찮겠지 하고 팔았습니다. 그런 다음 고가주택이라 세금을 2억 5,000만 원 지불했지요.

그런데 2018년 6월 세무서에서 "선생님은 1세대 2주택이 아니라 3주택입니다" 하는 연락이 왔어요. 내가 3주택이라고? 공교롭게도 이분에게는 오피스텔이 하나 있었습니다. 오피스텔을 분양하는 사람들은 광고할 때 주택이 아니라고 합니다. 당연히 분양 시점에 오피스텔은 주택이 아닙니다.

그분의 사정은 이렇습니다. 과거에 부가세를 환급받고 세무서에 일반사업자 등록을 했습니다. 그런 다음 오피스텔에 세입자를 받았는데 이때 특약사항에 주민등록 전입을 하지 말라는 조항을 썼습니다. 하지만 세입자는 그 조항을 어기고 전입신고를 했지요.

세입자가 전입신고를 하지 않아도 전세금을 확보하려고 주민센터에 가서 확정일부인을 받으면 그것이 행정안전부 자료와 국세청 전산에 동시에 전송됩니다. 즉, 실제 거주하고 있다는 사실이 입증되지요. 2018년 말 세입자를 내보냈지만 그분 아내가 쓰려고 사놓은 2억

5,000만 원짜리 오피스텔 때문에 결국 세금이 11억 원이나 나왔습니다. 한마디로 소름끼치는 일이 벌어진 것입니다.

세 번째는 74억 원짜리 과수원을 양도한 분의 얘기인데, 이분은 2016년 11월 21일 계약과 동시에 74억 원을 모두 받았습니다. 이처럼 계약과 동시에 74억 원짜리 거래가 이뤄지면 매도자가 급합니까, 매수자가 급합니까? 과수원 부지를 사면서 74억 원을 들고 와 계약과 동시에 잔금을 치르는 갑질이 어디 있습니까! 사실 그 땅은 64억 원에 팔려다 팔지 않고 1년을 버티자 10억 원이 올라간 거였어요. 10억 원을 더 주겠다고 하고 그것도 계약과 동시에 주겠다니 매도자는 얼른 돈을 받고 그날로 등기를 넘겨줬지요.

그런 다음 세금계산을 하니 무려 34억 원이 나왔습니다. 이분이 74억 원 중에서 세금 34억 원을 내도 40억 원이 남으니 행복하다고 생각할까요? 아마 잠도 오지 않고 밥이 목에 넘어가지도 않을 겁니다.

사실 잔금을 40일만 늦춰 받았다면 세금 10억 원을 깎을 수 있었습니다. 같은 해 12월 2일 세법이 국회에서 통과될 예정이었어요. 장기보유특별공제(이하 장특공제)로 비사업용 토지를 최대 30퍼센트까지 세금을 공제해주도록 법이 바뀌고 있었지요. 한 번만 전문가를 만나봤더라면 계약과 동시에 잔금을 받는 게 아니라 2017년 1월 1일 이후에 받아 세금 10억 원을 공제받았을 겁니다.

문제는 여기가 끝이 아닙니다. 과수원을 팔면서 계약서에 사과나무, 배나무 5,500주를 모두 포함해 74억 원으로 기록하는 실수를 했습니다. 사과나무, 배나무는 가격이 1주당 20만 원입니다. 그것만 해도 무려 11억 원인데 사과나무, 배나무는 양도소득세 과세대상이 아닙니다. 그걸 모르고 나무까지 계약서에 넣은 거지요. 그러니 세금 4억 원을 더 낼 수밖에 없는 겁니다. 제가 강조하고 싶은 것은 탈세를 하라는 게 아니라 최소한 부당하게 내지는 말라는 것입니다.

가령 토지를 사서 건물을 지은 뒤 매도할 때 대개는 토지와 건물을 한꺼번에 작성합니다. 토지가액과 건물가격을 구분하느냐 하지 않느냐에 따라 세금이 달라지는데 말입니다. 양도소득세는 계약서 하나만 잘 써도 절세할 방법이 굉장히 많습니다.

마지막 사례로 연세가 팔십에 이른 어느 어르신이 국가에서 토지 보상금으로 60억 원을 받았습니다. 세금 10억 원을 내고 50억 원이 남자 아들에게 30억 원, 딸에게 10억 원을 주고 자신의 이름으로 50억 원짜리 건물을 남은 10억 원에 대출과 보증금을 끼고 샀어요. 물론 건물을 살 때 세무사에게 상담을 받았는데 긍정적인 대답을 들었답니다.

그 건물을 사고 어르신이 20년 정도 사셨으면 좋았겠지만 아쉽게도 8년 만에 돌아가셨어요. 이럴 경우 무슨 일이 벌어지는 아십니까? 어머니가 60억 원을 보상받고 세금 10억 원을 냈으니 50억 원이 남아야 하는데 건물을 산 지분의 5분의 1밖에 없잖아요. 당연히 국세청은 그 돈이 어디로 갔는지 조사합니다. 수표를 추적하자 아들한테 30억 원, 딸에게 10억 원이 간 것이 나왔습니다. 8년이 지난 뒤 증여세를 추징당하는 상황이라 애초에 증여세 10억 원을 냈으면 그만인 것을 가산세만 12억 원이 붙었습니다. 합해서 무려 22억을 내야 했던 거지요. 여기에다 상속세까지 또 내야 합니다. 세금으로 65퍼센트가 빠져나간 것입니다.

양도할 때는 단순히 양도소득세만 생각하면 안 됩니다. 부동산을 처분해 자녀에게 현금증여를 할 계획이라면 최소한 15년, 20년은 살아 있을 자신이 있을 때 하세요. 내 기대수명이 10년 미만이라면 반드시 컨설팅을 받고 해야 합니다. 그냥 팔아치우고 자녀에게 돈을 줬다가는 큰일 납니다.

부동산시장에 영향을 주지 못했던 8.2대책

요즘 많은 사람이 다주택중과세에 관심이 많지요. 이것은 수요억제책으로 나온 것인데 실제로는 공급억제까지 이뤄지는 바람에 세법 때문에 오히려 집값이 오르고 말았습니다. 중과세 규정은 2주택자부터 3주택 이상 소유한 사람에게 해당하는 것으로 2주택은 10퍼센트, 3주택은 20퍼센트를 플러스합니다. 2018년 말 현재 소득세 세율이 최고 42퍼센트니 여기에 20퍼센트를 플러스하면 62퍼센트지요. 또 지방소득세 6.2퍼센트를 더해야 하므로 결국 68.2퍼센트라는 경이적인 세율을 과세하는 구조입니다. 물론 장특공제도 해주지 않습니다. 이렇듯 2018년 9.13조치를 시행하면서 결국 끓어오르던 부동산 경기가 가라앉기 시작했습니다.

그 이전에 발표한 8.2대책에서는 임대사업자에게 투자기회를 활짝 열어주는 바람에 효과가 별로 없었지요. 그때는 사실 국가에서 어느 부동산에 투자하라고 공개적으로 가르쳐준 꼴이었습니다. 정부는 집값이 오르는 곳을 투기과열지구, 조정대상지역으로 지정했는데 그러면 그곳 집값이 올랐어요. 미국에서 인터넷으로 그냥 집을 사듯 볼 것도 없이 사도록 만들어준 셈이죠. 이때 돈이 많은 사람은 투기지역 아니면 투기과열지구, 조정대상지역에 마구 들어갔습니다. 이곳을 벗어난 지역에 집을 산 사람은 투자에 실패했지요.

국가가 가르쳐준 것은 또 있습니다. 정부가 국민주택 규모 이하, 즉 6억 원 이하 집을 사면 세금을 한 푼도 물리지 않겠다고 해서 소형이 인기를 끌었지요. 이 세제를 정확히 아는 사람은 8.2대책이 있든 말든 계속 투자를 했습니다. 제가 상담한 한 임대사업자는 집을 250채나 소유하고 있었지요. 한마디로 대한민국은 임대사업자의 천국입니다.

한데 어떤 분이 청와대 게시판에 청원을 올렸습니다. 그분이 '집을 100채 소유한 사람이 재산세를 한 푼도 내지 않았다, 소득세를 75퍼센트 감면받았다, 양도소득세 100퍼센트를 감면받는다'라고 글을 올리면서 많은 사람이 대체 이런 나라가 어디 있느냐며 울분을 터뜨렸지요.

사실 그 임대사업자는 법을 정확히 알고 그대로 시행한 것입니다. 그는 장기일반 임대사업자로 등록하고 다가구주택이나 도시형생활주택 중 39제곱미터 이하만 구입해 재산세를 100퍼센트 면제받았습니다. 양도소득세도 100퍼센트 면제받고 농특세 20퍼센트만 냈지요. 또한 종합소득세를 75퍼센트 면제받았으며 세입자에게 받은 전세금에서는 세금을 한 푼도 내지 않습니다. 그분은 탈세한 것이 아니라 현행법을 잘 활용해 세금을 절약한 것뿐입니다.

9.13조치의 핵심은 조정대상지역에서 1주택자가 새로 주택을 취득해 임대사업자 등록을 할 경우 세제혜택을 주지 않는다는 점입니다. 다주택자 중과세 규정과 종합부동산세(이하 종부세) 합산에서 모두 빼주지 않겠다는 것이지요. 이전의 8.2대책에서 정부는 수요억제책으로 다주택중과세 규정을 내놓으며 임대사업자에게 혜택을 주는 문을 열어놓았습니다. 이때 임대사업자가 국민주택 규모 이하 또는 6억 원 이하를 구입해 임대사업자로 등록하면 다주택중과세와 종부세에서 빼주고 소득세 감면을 넘어 양도소득세 혜택까지 주었습니다. 그 결과 오히려 주택 수요가 더 늘어났습니다. 여기에다 그들에게 80퍼센트까지 융자를 해줬어요.

그걸 9.13조치로 막은 것입니다. 이로써 임대사업자 혜택이 줄었지만 이는 9.13조치 이후 취득한 주택에만 해당하며 소급적용이 아니라서 기존 소유자는 여전히 혜택을 받고 있습니다. 시중에는 2018년 말까지 임대사업자 등록을 해야 혜택을 받는다고 알려져 있으나 세법 어디에도 그런 말은 없습니다. 조세특례제한법 (이하 조특법) 제97조의5에 10년 이상 임대하면 양도세를 100퍼센트 감면해주는 규정이 나오는데 이것은 2018년까지만 한시적으로 시행합니다. 2019년부터는 그 법 자체가 아예 사라집니다. 바로 여기에서 그런 오해가 나온 것이지요. 2018년 계약을 체결한 사람은 2019년 잔금을 청산하고 임대사업자 등록을 해도 여전히 혜택을 받을 수 있습니다.

조정대상지역을 가장 먼저 확인하라

2019년, 2020년에 달라지는 것이 또 하나 있습니다. 지금은 조정대상지역에서 주택을 취득할 경우 9억 원 초과 고가주택도 보유하기만 하면 장특공제를 80퍼센트 해줍니다. 하지만 2020년부터는 2년 이상 거주했을 때만 80퍼센트 비과세 혜택을 줍니다. 2년 이상 거주하지 않으면 장특공제를 30퍼센트만 해주지요.

이럴 때 가령 집을 3억 원에 샀는데 느닷없이 집값이 20억 원으로 올라버리면 문제가 생깁니다. 전세금을 14억 원 받았는데 나는 전세 5억 원짜리에 살고 있다면 내가 그 집에 들어갈 수 있나요? 당연히 못 들어가지요. 이들이 투기를 부추긴 것도 아닌데 유예 규정도 없이 2020년 양도분부터 곧바로 적용을 받습니다. 이것은 서울의 조정대

336

9.13 부동산 대책 내용

적용 지역	적용 강화 세법		시행시기
전체	**고가1주택자 장기보유특별공제 요건 강화**		2020.1.1. 양도분
	현행	2년 이상 보유 → 최대 80% 장기보유특별공제 적용	
	개정	• 2년 이상 보유 + 2년 이상 거주 → 최대 80%(10년) 장기보유특별공제 적용 • 2년 이상 보유 + 2년 미만 거주 → 최대 30%(15년) 장기보유특별공제 적용	
조정대상 지역	**일시적 2주택 중복보유 허용기간 단축**		2018.9.14. 취득분
	현행	신규 주택 취득 후 3년 이내 종전주택 양도하면 양도소득세 비과세 적용	
	개정	신규 주택 취득 후 2년 이내 종전주택 양도하면 양도소득세 비과세 적용	

※ 조정대상지역에 종전주택이 있는 상태에서 조정대상지역에 신규 주택을 취득한 자 단, 2018.09.13. 이전 주택 또는 주택을 취득할 수 있는 권리(분양권,조합원입주권)를 취득하거나, 취득하기 위하여 매매계약을 체결하고 계약금을 지급한 경우 종전규정(3년) 적용

상 지역뿐 아니라 전국적으로 다 해당하는 일입니다.

현재 서울은 25개구 전체가 조정대상지역입니다. 세법에서는 투기지역이나 투기과열지구는 내려놓고 조정대상지역만 기억하면 됩니다. 모든 세제가 조정대상지역에 몰려 있으니까요. 경기도는 8.2대책 때 과천, 성남, 하남, 고양, 광명, 남양주, 동탄2신도시를 처음 지정했고, 9.13조치로 구리시·안양 동안구·광교신도시를 추가했습니다. 부산에도 있는데 이것은 도표를 참고하십시오.

구분	투기지역 (2017.8.3, 2018.8.27)	투기과열지구 (2017.8.3, 2017.9.6)	조정대상지역 (2016.11.3, 2017.6.19, 2018.8.27)
서울	강남, 서초, 송파, 강동, 용산, 성동, 노원, 마포, 양천, 영등포, 강서(11개구)	전 지역(25개구)	전 지역(25개구)
경기	–	과천시	경기 7개시 (과천, 성남, 하남, 고양, 광명, 남양주, 동탄2)
기타	세종시	세종시	부산 7개구(해운대, 연제, 동래, 수영, 남, 기장, 진), 세종시
추가 2017.9.6		성남시 분당구 대구시 수성구	
추가 2018.8.27	종로구, 중구, 동대문구, 동작구	광명시, 하남시	• 구리시, 안양시 동안구, 광교 택지개발지구 • 기장군(일광면 제외) 조정대상지역 해제
추가 2018.12.31			• 수원 팔달, 용인 수지, 기흥 • 부산 진, 남, 연제, 기장(일광면) 조정대상지역 해제

주의할 것은 다주택중과세 규정은 조정대상지역에 있는 주택을 팔 때만 중과세한다는 사실입니다. 조정대상지역이 아닌 지역의 집을 팔 때는 중과세를 걱정할 필요가 없어요. 이를테면 의정부나 인천은 여기에 해당하지 않습니다. 사실 안타까운 것 중 하나는 정부에서 공개적으로 조정대상지역을 죄다 알려주었는데도 오르지도 않을 의정부, 인천, 부천, 포천, 구미, 창원 같은 곳에 투자하는

일입니다.

예를 들어 평택은 집값이 오른다고 말만 무성하지 조정대상지역이 아닙니다. 조정대상지역 이 외의 지역은 집을 팔 때 중과세 때문에 긴장할 필요가 없습니다.

다주택자의 세금 전략

알고 있다시피 1세대 1주택 규정은 대한민국에 있는 모든 주택이 적용받습니다. 손바닥만 한 집이든 대궐 같은 집이든 모두 주택 수에 들어갑니다. 그것이 섬에 있든 도시에 있든 마찬가지입니다. 그런데 중과세 규정은 조정대상지역에 있는 주택을 팔 때 적용하되 그 대상 주택 수 계산은 다르게 해놨습니다. 중과세 대상 주택 수를 셀 때도 똑같이 조정대상지역으로 해야 하지만 그렇게 하지 않았어요.

중과세는 조정대상지역에 있는 모든 주택이 해당하고 그 외의 지역은 3억 원을 초과하는 것만 적용받습니다. 그래서 지역기준을 알고 있어야 합니다. 지역기준에서 수도권(서울, 인천, 경기)과 세종시 및 광역시에 있는 모든 주택은 주택가액에 상관없이 중과세 대상 주택 수로 헤아립니다. 해당 지역이 아니면 3억 원 이하는 중과세 대상 주택 수에 들어가지 않습니다. 예를 들어 성남에 있는 8,000만 원짜리 집을 팔려고 할 때 중과세를 적용받을까요, 받지 않을까요? 적용받습니다. 성남이 조정대상지역이기 때문이지요.

중과세 대상 주택 수를 헤아릴 때 부천에 있는 집은 어떨까요? 수도권이라 당연히 포함됩니다. 그러나 창원에 있는 2억 원짜리 집은 들어가지 않습니다. 천안에 있는 2억 원짜리 집도 마찬가지입니다. 물론 청주에 있는 4억 원짜리 집은 주택 수에 들어갑니다. 3억 원이 넘는 집이니까요.

그럼 성남 집을 팔 때 청주 집 때문에 중과세를 받는다면 어디에 있는 집부터 팔아야 할까요? 물어볼 것도 없이 청주 집부터 팔아야

1세대 3주택 이상자의 중과배제 주택의 범위

구분		장기임대사업자 (2018.3.31. 이전)		장기일반민간임대사업자 (2018.4.1. 이후)	
		매입	건설	매입	건설
임대 요건	규모	규모제한 없음	대지: 298m² 이하 주택: 149m² 이하	규모제한 없음	대지: 298m² 이하 주택: 149m² 이하
	가액기준	6억 원 (비수도권 3억 원)	6억 원	6억 원 (비수도권 3억 원)	6억원 이하
	호수	1호 이상	2호 이상	1호 이상	2호 이상
	의무임대기간	5년	5년	8년	8년
	구청/세무서 등록요건	등록요건	등록요건	등록요건	등록요건

※ 2018.9.14. 이후 1주택 이상자가 조정대상지역에서 취득한 주택은 다주택중과세 배제규정과 종합부동산세 합산배제를 적용받지 못함. (매입임대에 한함)

합니다. 이런 이유로 서울에 있는 똘똘한 집은 보유하고 지방에 있는 집은 팔면서 지방주택 값은 폭락한 반면 서울주택 값은 계속 치고 올라갔지요.

중과세 대상 주택 수 계산도 똑같이 조정대상지역으로만 한정했어야 하는데 이걸 놓쳐서 지방주택 값이 계속 떨어지는 겁니다. 현행법에 이런 문제가 있다는 것을 반드시 기억해야 합니다.

실제로 천안에 2억 원짜리 집을 30채 소유하고 있어도 중과세와는 아무 상관이 없습니다. 3억 원 이하 주택이니까요. 중과세 배제기준과 관련해 참고로 알아둬야 할 것은 중과세 배제 주택 중 임대주택과 관련된 것입니다. 세법에서 임대주택은 두 가지로 나눕니다. 소득세법에서 규정하는 임대주택과 조세특례제한법에서 규정하는 임대주택이 그것이지요. 이 두 가지를 혼용하면 황당한 일을 겪게 됩니다.

소득세법에 나오는 장기임대주택은 다주택자 중과세를 배제하려고 만든 법입니다. 즉, 소득세법에 나오는 장기임대사업자가 다주택자 중과세를 받지 않게 하려고 만든 법이죠. 그 요건은 규모, 즉 주택면적과 상관없이 공시가격이 6억 원 이하(지방은 3억 원)면 해당합니다.

이것이 2018년 3월 말까지는 5년이었는데 4월 1일부터 8년으로 늘렸습니다. 이 요건만 충족하면 다주택 중과세 규정을 적용받지 않고 종부세 합산에서도 빼줍니다. 1세대 1주택 비과세 규정을 적용할 때 주택 수에서도 제외하고요. 이때 요건은 가액기준만 보면 됩니다. 공시가격이 임대 개시 당시 6억 원 이하면 해당하니까요.

그런데 조특법에 나오는 임대주택은 이런 혜택을 주는 게 아니라 양도소득세를 줄여주려고 만든 것입니다. 여기에는 두 가지 규정이 있는데 하나는 장특공제를 50~70퍼센트 감면해주는 것이고, 다른 하나는 양도소득세를 100퍼센트 감면해주는 것입니다. 그 감면 규정은 2018년에 끝납니다. 이 중 장특공제 50~70퍼센트는 임대사업자 등록기간만 해주는 게 아니라 취득일부터 양도일까지 발생한 모든 양도차액까지 해줍니다.

사실 소유한 주택이 서울 시내에 있어도 국민주택 규모 이하면 시세가 20억 원일지라도 임대등록이 가능했는데, 9.13조치에서 이것을 바꿨습니다. 규모와 가액기준을 넣어 9월 13일 이후 취득한 것부터 6억 원 이하에만 혜택을 주고 있습니다. 그 이전에 소유한 것은 국민주택규모 이하일 경우 공시가격에도 불구하고 장기일반민간임대주택(준공공임대주택) 8년짜리 등록을 해서 세제혜택을 받을 수 있습니다.

조특법에 나오는 이 혜택은 소득세법에 나오는 장기임대사업처럼 다주택자 중과세와 종부세 합산에서 배제해주는 혜택이 없습니다. 그러므로 이들 요건과 혜택을 구분해서 기억해야 합니다.

한편 1세대 2주택에서 중과세를 하지 않는 것 중 하나가 소형주택입니다. 다음 표에서 7번을 보면 양도 당시 기준시가가 1억 원 이하

1세대 2주택자의 중과배제 주택의 범위

1세대 3주택자의 중과 배제 주택으로서 다음 1~8에 해당하는 주택

❶ 취학, 근무상 형편, 질병 요양 등의 사유로 취득한 다른 시·군 소재 주택(취득 당시 기준시가 3억 원 이하, 취득 후 1년 이상 거주하고 사유 해소 후 3년 이내 양도)

❷ 취학, 근무상 형편, 질병 요양 등의 사유로 취득한 수도권 밖에 소재하는 주택

❸ 부모봉양합가일로부터 10년 이내 양도하는 주택

❹ 혼인합가일로부터 5년 이내 양도하는 주택

❺ 소송진행 중이거나 소송결과에 따라 취득한 주택(확정판결일로부터 3년 이내 양도)

❻ 일시적 2주택인 경우 종전 주택

❼ 양도 당시 기준시가가 1억 원 이하 주택(정비구역으로 지정된 지역에 소재한 주택은 제외)

❽ 1세대가 1부터 6까지에 해당하는 주택을 제외하고 1개의 주택만을 소유하고 있는 경우의 해당 주택

인 소형주택은 중과세하지 않는다고 나옵니다.

여러분은 이 부분에서 특별히 주의해야 합니다. 사고가 가장 많이 발생하는 지점이 바로 소형주택 규정이니까요. 예를 들어 일반주택 1채와 소형주택 1채를 소유하고 있을 때는 처분 순서가 아주 중요합니다. 이 경우 반드시 소형주택을 먼저 처분한 다음 일반주택을 처분해야 중과세를 물지 않습니다. 이 순서가 바뀌면 중과세를 내야 합니다. 소형주택을 보유한 상태에서 일반주택을 양도하면 중과세 대상자에 해당하기 때문입니다. 분명 소형주택은 중과세에

서 배제하지만 일반주택을 양도하는 시점에서는 주택 수를 헤아려 세액을 결정하므로 주의해야 합니다.

또 한 가지 알아둬야 할 것이 있습니다. 소유한 장기임대주택이 가액기준 6억 원 이하일 경우 장기임대사업자 등록을 해서 5년 이상 임대하면 현재의 거주주택을 팔 때 비과세 혜택을 받습니다. 그러면 임대주택 1채를 갖고 있다가 나중에 팔 때도 비과세 혜택을 받을 수 있어야 하겠지요. 당연히 비과세 혜택을 줍니다.

문제는 먼저 양도한 집을 보유한 기간, 즉 임대주택과 거주주택을 동시에 갖고 있던 기간에 발생한 양도차액은 비과세 혜택을 받지 못하다는 데 있습니다. 이건 굉장히 중요한 내용입니다. 예를 들어 내가 팔려는 집의 양도차액이 1억 원이고 임대사업자로 등록한 것은 양도차액이 3억 원이라면 어떻게 될까요? 이는 1억 원짜리로 비과세 혜택을 받으면 나중에 임대주택 처분 시 3억 원짜리로 비과세 혜택을 받지 못한다는 뜻이잖아요. 따라서 임대사업자 등록을 할 때도 어떻게 해야 하는지 많이 알아보고 해야 합니다.

이처럼 법이 세밀하게 간섭하기도 하므로 거주주택과 임대주택을 모두 보유한 경우 그 기간에 발생한 양도차액은 비과세 혜택을 받지 못한다는 사실을 기억해야 합니다.

임대주택 소유 시 주의할 점

임대주택과 관련해 민간임대주택법에서 규정하는 것과 세법 내용이 많이 다르다는 것을 알아야 합니다. 같은 것도 있고 다른 것도 있는데 여기서 몇 가지만 정리해보겠습니다.

첫째, 임대료 5퍼센트 상한선의 경우 민간임대주택법은 반드시 규정을 준수해야 합니다. 반면 소득세법에는 준수 규정이 없습니다. 단, 조특법에 나오는 장특공제 70퍼센트나 감면 규정을 적용받는 것은 5퍼센트 상한선을 지켜야 합니다.

둘째, 5퍼센트 상한선을 지켜 임대를 개시하고 등록했을 때 그 기준금액은 등록일 이후 최초 갱신계약을 하는 것부터 적용합니다. 간혹 임대료가 너무 싸다고 시장가격이 정상화될 때까지 비워두는 사람도 있는데 그럴 필요가 없습니다. 만약 지금 임대하면 계약기간은 어차피 2년입니다. 임대하고 임대등록을 할 경우 기준금액이 아니라 그다음 갱신계약분이 기준금액이 되므로 상관없습니다. 즉, 선임대하고 나중에 등록하면 됩니다.

그런데 분양권 상태에서 미리 임대등록을 하고 임대하면 이것이 최초임대 기준이 됩니다. 결국 분양을 받자마자 입주하기도 전에 임대등록을 하는 것은 바람직하지 않습니다. 입주하고 60일 내에 하면 취득세를 감면받을 수 있어요. 천천히 해도 되니까 입주 전에 임대하려고 애쓰지 마십시오.

셋째, 민간임대주택법상 재개발·재건축 주택은 폐업한 뒤 다시 준공이 떨어지면 신규 등록해야 합니다. 대신 의무기간은 지키지 않아도 상관없습니다. 그런데 세법은 공사기간까지도 계속 임대사업자로 인정해줍니다. 이는 임대사업자를 유지해주는 것일 뿐 임대기간으로 산입해주는 것은 아닙니다. 공사를 하느라 임대하지 못했으니 임대기간으로 봐주지 않는 것이지요.

만약 재건축 전에는 국민주택 규모 이하였는데 재건축을 완료한 다음 국민주택을 초과할 경우에는 어떻게 될까요? 이 경우 준공공임대주택에서 탈락합니다. 양도할 때도 국민주택 규모 이하여야 합니다. 자격을 계속 유지하려면 국민주택 규모 이하, 예를 들어 원 플러스 원으로 가야 하며 이를 초과하는 것을 받으면 탈락합니다. 만약 원 플러스 원을 선택할 경우 임대기간은 2채 다 인정해줍니다. 이

민간임대주택법과 세법상 관련 규정 비교

구분	분리과세	종합과세
① 수입금액	수입금액	수입금액
② 필요경비	② × 60%(미등록시 50%)	장부로 계산/추계로 계산
③ 소득공제	400만 원(미등록시 200만 원)	부양가족에 따라 공제
④ 과세표준(①-②-③)		다른 소득과 합산
⑤ 세율	14%(1.4%)	초과누진세율
⑥ 산출세액(④×⑤)		

는 혜택이 아주 큰 셈이지요.

넷째, 의무임대기간에 주의해야 합니다. 민간임대주택법에서는 포괄양도양수하면 의무임대기간을 승계할 수 있지만 세법에는 승계 조항이 없습니다. 가령 의무임대기간 5년을 지켜야 양도소득세 비과세 혜택을 받으므로 무작정 양도양수하고 승계했다고 하면 안 됩니다.

이 외에도 1세대 1주택과 관련해 알아둬야 할 것이 몇 가지 있습니다.

먼저 자녀나 부모님과 함께 사는 사람 중에 위장으로 세대분리를 하는 경우가 꽤 있습니다. 그게 일반적으로 통용되고 있는데 현재 국세청이 그 부분을 집중적으로 세무조사하고 있습니다. 이를테면 부모님과 멀쩡히 잘 살다가 새집 계약일쯤 세대를 분리할 경우 세무공무원은 당연히 의심을 합니다. 중과세를 부과하면 3억 원이나 5억 원이 나올 수 있으므로 그들은 현장을 조사하지요. 30세 넘어 직장에 다니면 세대분리 요건을 갖춥니다. 이때 위장으로 세대분리해서 집을 구입한 뒤 그곳으로 자녀의 주소를 옮겨놓는 경우가 있습니다. 그렇다고 그 집에 누군가가 살지 않는 게 아니니 국세청은 전산에 나오는 대로 일을 진행해 세금을 추징합니다. 1세대 2주택을 피하려는 꼼수지만 요즘은 전산만 두드리면 다 나옵니다.

그다음으로 대한민국은 법률혼주의라 과거 법 판례가 위장이혼을 해도 세대가 분리된 것으로 봤어요. 이걸 이용해 다주택 중과세 규정을 피하려고 위장이혼한 사람이 많은데 2019년 법이 바뀝니다. 위장이혼하고 사실상 함께 살면 동일세대로 보도록 바뀌는 것이지요. 또 하나 기존에는 분양권을 부부 간 증여해 3개월 내에 양도하면 양도소득세가 나오지 않았지만 2019년 2월부터 시행령이 바뀝니다.

마지막으로 세법상 다가구주택은 공동주택으로 취급합니다. 한데 이것을 한꺼번에 팔면 단독주택으로 보고 전체에 비과세 혜택을 줍니다. 이때 중요한 것은 다가구주택 요건 3가지를 그대로 유지해야 한다는 점입니다. 즉, 3개 층 이하, 19세대 이하, 660제곱미터 이하여야 합니다. 문제는 다가구주택이 전부 불법으로 용도변경을 했다는 데 있습니다. 이런 사실이 밝혀지면 단독주택으로 인정하지 않고 공동주택으로 처리합니다. 이 경우 19세대 중에서 1세대만 비과세 혜택을 주고 나머지 18세대는 다주택 중과세 규정에 걸려 세금폭탄을 맞습니다. 다가구주택 소유자는 이 점에 유의해야 합니다.

노후 설계 05

박진

NH투자증권 100세시대연구소장. 유통·미디어 애널리스트(21년), 글로벌에쿼티세일즈(3년) 등의 리서치 경험을 기초로 보통 사람들의 장수 리스크를 줄이는 것이 사회공헌이라는 사명감을 갖고 노후설계 전도사로 활동 중이다. 〈조선일보〉, 〈매일경제〉, 〈한국경제〉 등 각종 언론사에서 베스트 애널리스트로 37차례 선정된 바 있다. 현재 한국개발연구원 자문위원, 산업통산자원부 유통산업발전법 연구과제 평가위원이기도 하다. 저서로 《100세 쇼크》, 《한국유통산업흐름》 등이 있다.

14장

평균 퇴직금
1,650만 원
쇼크에 대비하라

박진, NH투자증권 100세시대연구소장

'은퇴'와 '노후'라는 단어는 그냥 듣기만 해도 막연하게 불안감을 안겨줍니다. 고령화시대이자 100세시대를 살아가는 우리에게 은퇴 설계란 과연 무엇일까요?

가령 A와 B가 같은 해에 태어나 같은 학교를 졸업하고 같은 회사에 들어가 똑같이 부장까지 승진했다가 함께 명퇴한다고 가정해봅시다. 두 사람이 똑같은 과정을 거쳤으니 수입이 같았을 텐데 그럼 두 사람의 노후설계도 같을까요? 그렇지 않습니다. 무엇보다 은퇴 시점에 재무상태가 같을 수 없고 부모봉양, 자녀양육, 유산 등에서 차이가 있을 것이기 때문입니다.

이처럼 개인의 재무상태와 환경이 서로 다르기 때문에 저는 그것을 어떻게 평가해야 하는지, 어떻게 대응해야 하는지 방법론에 초점을 맞추려 합니다.

혹시 세계 공식기록 최장수자로 기네스에 오른 사람이 누구인지 아십니까? 바로 프랑스 배우로 활동한 잔 칼망(Jeanne Calment)으로 무려 122년 164일을 살았습니다. 이분은 담배를 피운 기간만 거의 100년입니다. 당시에는 담배가 지금보다 훨씬 더 독했을 텐데 타고난 강골이었던 모양입니다. 이분에게는 딸이 하나 있었는데 그 딸이 자손 없이 엄마보다 먼저 사망했습니다. 그래서 90세 생일을 맞이한 1964년 이분은 옆집에 사는 변호사와 자신이 살던 아파트를 걸고 내기를 했답니다. 그때 시가가 1억 원짜리였다니 상당히 비싼 아파트였을 텐데 이렇게 말했다고 합니다.

"내가 죽으면 내 아파트를 줄 테니 살아 있는 동안 내게 한 달에 50만 원씩만 주세요."

1960년대 OECD 국가의 평균 기대수명은 60세였습니다. 한국은 평균 수명이 52.4세였지요. 변호사가 볼 때 그 내기는 자신이 무조건 이기는 게임이었습니다. 이미 관 속에 들어간 지 족히 30년은 지났어야 할 분이 집을 두고 내기를 하자고 했으니 말입니다. 한데 결론을 보자면 변호사가 먼저 죽었습니다. 90세에 내기를 했는데 122세에 사망했으니 내기 이후 무려 30년 이상을 산 거잖아요. 그래서 변호사의 남은 가족이 이분이 돌아가실 때까지 생활비를 계속 댔답니다. 그 돈이 합해서 2억 원이 넘었는데 아무튼 돌아가신 다음 1억 원짜리 집은 변호사 가족에게 돌아갔지요.

평균의 함정이라는 말을 들어보셨는지요? 그 당시 평균 수명은 60세였는데, 이분은 그 갑절을 살다가 가셨어요. 내기를 했던 변호사는 평균의 함정에 빠졌던 겁니다. 그런데 이제는 그런 수명이 보편화할지도 모릅니다.

2015년 텍사스대학교 헬스사이언스 팀이 "앞으로 태어날 신생아의 수명은 140세"라고 발표했습니다. 그 팀이 항노화물질 라파마이신(Rapamycin)을 발견했는데 그것을 쥐에 주사하자 쥐의 수명이 1.8배 늘어났다고 합니다. 이를 수명이 80세인 인간에게 적용하면 무려 140세를 살 수 있다는 얘기입니다. 물론 여기에는 부작용이 따르며 아직 그것을 해결하지 못했습니다. 그것만 해결하면 모두가 140세 정도는 살 수 있는 겁니다.

흥미롭게도 구글은 인간의 수명을 500세까지 연장하겠다는 목표 아래 연구를 진행하고 있습니다. 대체 인간의 수명은 어디까지 연장될까요? 2009년 노벨생리의학상을 수상한 엘리자베스 블랙번(Elizabeth Blackburn) 교수는 사람이 성장·노화할 때마다 텔로미어(telomere) 길이가 조금씩 줄어든다는 것을 밝혀냈습니다. 텔로미어가 사라지면 사람이 죽는다는 사실도 알아냈죠. 텔로미어란 염색체 제일 끝에 있는 부분을 말합니다. 만약 텔로미어가 일정 길이 이상 줄어들지 않으면 인간은 영원한 생명을 누릴 수 있습니다.

실제로 그런 세포가 있는데 바로 암세포입니다. 암세포는 증식하면서 텔로머라제라는 효소로 사라진 텔로미어를 계속 복구합니다. 암세포의 비밀을 밝혀 그것을 일반적인 인간세포에 적용하는 데 성공하면 영원히 살 수 있습니다.

한국의 대표적인 과학자 김창경 교수가 아주 재미있는 얘기를 했었지요.

"과학자들이 신의 모든 창조물을 다시 만들 수도 있다. 웬만하면 100세까지 산다. 그리고 재수 없으면 200세까지 살 수 있다."

200세까지 사는 게 왜 재수 없는 일일까요? 그건 그렇게 살 만큼 준비되어 있지 않기 때문입니다.

노후준비, 얼마나 하셨습니까?

유엔은 65세 이상 고령인구가 7퍼센트인 사회를 고령화사회, 14퍼센트인 사회를 고령사회, 20퍼센트인 사회를 초고령사회로 정의합니다. 그런데 한국이 2017년 고령사회에 진입했습니다. 1994년 고령사회에 진입한 일본은 고령화사회에서 고령사회로 가는 데 24년밖에 걸리지 않았습니다. 선진국이 평균 45년 걸린 고령화 속도를 일본이 아주 빨리 단축했는데 한국은 그보다 더 빠른 17년만에 고령사회에 진입한 겁니다. 그러다 보니 전 세계 생물학자와 사회학자가 한국을 바라보고 있습니다. 저 나라는 어떻게 저토록 빨리 늙어갈 수 있지?

세계적으로 일본을 '노인의 나라'라고 부릅니다. 일본은 2017년 말 65세 이상 고령인구가 28퍼센트를 차지했습니다. 10명 중 3명이 고령인구라는 얘기지요. 문제는 한국이 일본보다 훨씬 더 빠른 속도로 고령화하고 있다는 사실입니다.

출산율이 극도로 낮은 것도 그 이유 중 하나입니다. 이미 태어난 세대는 과학의 도움으로 생명이 길어진 반면 새로 태어나는 신생아는 40만 명이 채 되지 않습니다. 베이비부머 세대 때는 1년에 100만 명 이상이 태어났습니다. 2018년에는 출산율이 1 이하입니다. 2명이 만나 결혼했는데 출산율이 1 이하라는 얘기입니다. 정부가 저출산을 해소하기 위해 지난 10여 년간 130~140조 원을 투입했는데 출산율에는 변동이 없습니다.

사실 나라에서 가장 신경 써야 할 것은 출산율이 아니라 노후를 보장받는 삶을 만들어주는 일입니다. 노년이 먹고살기 힘들지 않으면 젊은 층에게 아이를 낳지 말라고 해도 낳을 겁니다. 실은 이 문제가 가장 중요한데 정책적으로 중요하게 취급하지 않습니다.

수명은 길어졌으나 직장에서 은퇴하는 시기는 10~20년 전이나 지금이나 큰 차이가 없습니다. 은퇴 후 노년기가 길어지다 보니 모두들 제2인생, 인생2막을 고민하는 겁니다. 자산을 축적하는 시간이

356

끝나 앞으로는 모아둔 자산을 인출하며 죽을 때까지 살아야 하는데 그게 가능할까 걱정스러울 수밖에 없지요.

NH투자증권 100세시대연구소에서는 1~2년에 한 번씩 1,000여 명을 대상으로 설문조사를 합니다. 노후준비를 잘하고 있습니까? 무엇이 가장 큰 걱정거리입니까? 이런 질문을 하면 연령대와 상관없이 모두 노후가 불안하다고 말합니다. 또 은퇴 후의 삶을 물어보면

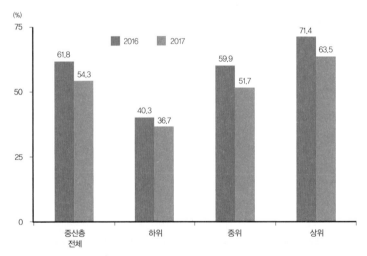

한국 중산층 100세시대 준비지수

주: 설문 응답(약 1,100 여명)에 의한 주요 가정
1) 노후준비자산은 평균 나이 45세, 은퇴연령 58세, 준비기간 13년
2) 노후필요자산 은퇴 58세, 기대수명 81세, 노후기간 23년
3) 월 노후생활비는 은퇴~70세까지 100%, ~80세까지 70%, 80세 이상은 50%로 점진 감소하는 것으로 가정

자료: NH투자증권 100세시대연구소

절반이 빈곤층으로 살아갈 것이라고 예상합니다. 굉장히 슬픈 현실이지요. 실제로 노후준비를 잘 해둔 가구는 8.8퍼센트에 불과합니다. 제대로 하지 못한 가구가 55.4퍼센트고 전혀 하지 않은 가구도 17.4퍼센트에 이릅니다.

100세시대연구소는 지난 2012년 서울대와 함께 노후준비를 얼마나 하고 있는지 확인하는 '한국 중산층 100세시대준비지수'를 개발한 바 있습니다. 이에 따르면 한국인의 준비지수는 대략 60퍼센트입니다. 적정수준이 90~110퍼센트이므로 한참 미치지 못하는 상황입니다.

60세에 은퇴해 100세까지 산다고 가정할 때 60퍼센트를 준비했다는 것은 40년의 노후기간 동안 24년만 생활할 준비를 갖췄다는 의미입니다. 즉, 25년째 아침에 일어나면 아무것도 없다는 얘기지요.

이것은 금융자산을 기준으로 한 것이고 먹을 게 아무것도 없는데 집 한 채만 달랑 남은 사람도 있을 것입니다. 부동산을 제외하고 금융자산을 다 소진하는 시기가 남은 생애의 60퍼센트라는 것이지요. 한 달에 얼마나 쓰기를 원하느냐고 묻자 230만 원 정도로 응답했습니다. 그만큼도 준비되지 않았다는 뜻입니다.

노후 비용, 한 달 기준으로 따져봐야

통계청의 데이터에 따르면 한국은 5가구 중 1가구가 적자상태에 있습니다. 쓰고 남은 돈이 있어야 노후를 대비할 텐데 적자를 보는 상황이니 당연히 노후준비는 생각을 못하는 것이지요. 그 이유는 가장 큰 것이 교육비고 그다음이 주거비입니다. 조사해보니 아이 하나를 대학졸업 때까지 키우는 데 평균 4억 원이 들어간다고 합니다. 결혼비용은 평균 2억 7,000만 원입니다. 유치원부터 대학을 졸업할 때까지 드는 모든 비용을 빼고 이 두 가지만 합해도 7억 원입니다. 아이 둘을 키우면 14억 원이고 셋을 키우면 20억 원입니다. 그러니 언제 내 노후를 준비합니까?

그래서 저는 젊은 층에게 마구 퍼준다고 아이가 잘된다는 보장은 없으니 교육비를 노후와 바꾸지 말고 합리적인 수준에서 비용을 쓰라고 말합니다. 2017년 퇴직자들을 확인해보니 전체 100명 중 98명이 퇴직금을 일시금으로 받았는데 한 사람당 평균 1,650만 원입니다. 도중에 주택자금 혹은 치료비로 쓰거나 이직하면서 정산한 돈 때문에 실제로 은퇴 후에 요긴하게 써야 할 퇴직금이 그다지 의미 없는 돈으로 전락한 것입니다.

안타깝게도 한국의 노인 빈곤율이 전 세계에서 가장 높습니다. OECD 기준으로 노년층의 절반이 빈곤층에 들어가 있습니다. 경제적인 이유로 늦은 나이까지 일해야 하는 상황입니다. 많은 노년층

인구가 취미생활을 하면서 노후를 보내고 싶어 하지만 현실은 먹고 살기 위해 벌어야 합니다.

1980년대에 직장생활을 한 사람들은 은행금리가 15~20퍼센트라 예금이자만으로도 충분히 생활이 가능했습니다. 지금 같은 저금리, 저성장 시대에는 그것이 불가능합니다. 저성장, 저금리 시대가 온 이유는 똘똘한 한국 기업이 줄어들면서 자금수요가 줄었기 때문입니다. 즉, 한국경제의 성장 동력이 굉장히 약해진 겁니다. 그 결과 예전보다 재테크가 힘들어졌고 자산관리 필요성은 더 커지고 있습니다.

흔히 자산관리와 재테크를 동일시하는데 여기에는 엄연한 차이가 있습니다. 재테크는 내가 얼마만큼 벌어야겠다는 목표가 없고 그냥 많이 벌기를 바라는 겁니다. 여윳돈이 있는 사람이 '그 돈 없어져도 괜찮아' 하는 자세로 자산을 증식하는 방법이 재테크입니다. 자산관리는 어떻게 지출할 것인가로 시작해 매달 현금이 꾸준히 들어오도록 구조를 만드는 것입니다.

먼저 내가 생각하는 노후를 위해 돈이 얼마나 필요한지 계산해야 합니다. 앞서 한 달에 230만 원을 원한다고 했는데 나이가 듦에 따라 생활비가 감소한다는 것을 전제로 만약 56세에 은퇴해 86세까지 산다면 약 5억 5,000만 원이 필요합니다. 그다음에 내가 갖고 있는 것을 계산해봅니다.

내가 연금을 얼마나 받을 수 있지? 내가 퇴직연금이나 개인연금에 넣어둔 돈이 얼마나 있지? 별도의 금융자산을 얼마나

생애자산관리 프로세스(노후재무설계 프로세스)

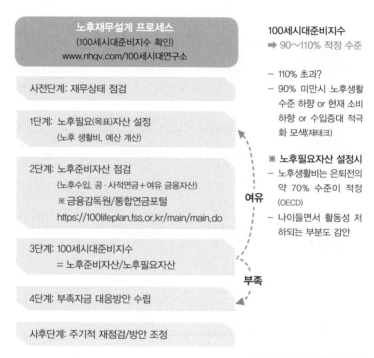

노후재무설계 프로세스
(100세시대준비지수 확인)
www.nhqv.com/100세시대연구소

사전단계: 재무상태 점검

1단계: 노후필요(목표)자산 설정
(노후 생활비, 예산 계산)

2단계: 노후준비자산 점검
(노후수입, 공·사적연금＋여유 금융자산)
※ 금융감독원/통합연금포털
https://100lifeplan.fss.or.kr/main/main.do

3단계: 100세시대준비지수
＝ 노후준비자산/노후필요자산

4단계: 부족자금 대응방안 수립

사후단계: 주기적 재점검/방안 조정

100세시대준비지수
➡ 90~110% 적정 수준

− 110% 초과?
− 90% 미만시 노후생활
수준 하향 or 현재 소비
하향 or 수입증대 적극
화 모색(재테크)

※ **노후필요자산 설정시**
− 노후생활비는 은퇴전의
약 70% 수준이 적정
(OECD)
− 나이들면서 활동성 저
하되는 부분도 감안

여유

부족

자료: NH투자증권 100세시대연구소

갖고 있지? 이런 것을 계산하고 그 비율까지 구해봐야 합니다.

만약 5억 5,000만 원이 필요한데 6억 원을 준비했다면 자신이 생각하는 수준으로 쓰면서 인생을 즐기면 그만입니다. 뭔가 자산증식수단을 선택할 수도 있지만 가장 좋은 자산관리 방법은 자산에 크게 손대지 말고 안전하게 사는 것입니다. 그런데 4억 원밖에 없다면? 혹은 2억 원밖에 없다면 어떨까요? 이때는 재테크 수단을 강구해야 하는 것이 자산관리입니다. 전자는 1억 5,000만 원, 후자는 3억 5,000만 원이 더 필요하므로 동일한 방식으로 재테크를 하면 안 됩니다. 1억 5,000만 원이 더 필요한 사람은 트리플A 등급 회사채처럼 안정적인 수단을 선택해야 합니다. 반면 3억 5,000만 원이 더 필요한 사람은 위험부담을 각오하고 공격적으로 재테크를 해야 합니다. 이런 이유로 현재의 준비 수준을 먼저 판단하는 것이 중요합니다.

사실 자신이 처한 환경을 돌아보면 스스로 통제할 수 있는 것이 생각보다 많지 않습니다. 그러므로 5억 5,000만 원이 필요하지만 4억 원을 준비했다면 1억 5,000만 원을 더 버는 게 아니라 1억 5,000만 원을 더 안 쓰는 것도 하나의 전략입니다. 즉 생활비를 230만 원보다 더 줄이는 겁니다.

사람은 생각보다 비합리적인 동물입니다. 가령 카드명세서를 몇 달 동안 꼼꼼히 체크하면 자신이 쓰지 않아도 되는 돈을 썼다는 것이 드러납니다. 보통 카드명세서에서 20퍼센트 정도 목록을 줄이는 것이 가능하다고 합니다. 사람이 얼마나 비합리적인가 하면 현금을 주고 살 때보다 신용카드로 살 때 구매의사를 결정하는 속도가 훨씬 더 빠릅니다. 신용카드도 내 돈인데 말입니다.

결국 우리가 통제할 수 있는 것은 크게 자산배분과 소비지출 2가지라는 것을 기억해야 합니다. 일단 노후에 필요한 자산을 설정하고 노후준비 자산을 점검해 부족 자금에 대응할 자

생애자산관리를 위한 자산배분 원칙

5533

자산 중 금융자산	50%
금융자산 중 투자형 자산	50%
금융자산 중 해외자산	30%
자산 중 연금자산	30%

산배분을 통제합니다. 그리고 내가 갖고 있는 돈을 최대한 합리적으로 지출함으로써 소비지출을 통제합니다.

만약 자산증식이 필요할 때는 5533의 자산배분 원칙을 지향하는 것이 바람직합니다. 이것은 자산 중 금융자산 50퍼센트, 금융자산 중 투자형 자산 50퍼센트, 금융자산 중 해외자산 30퍼센트, 자산 중 연금자산 30퍼센트로 배분하는 것을 말합니다.

현금흐름을 만드는 자산을 구성하라

100세시대 노후에 필요한 자산은 월급처럼 나오는 현금흐름입니다. 안타깝게도 한국 가계의 자산구성을 보면 부동산에 너무 많이 치중하고 있습니다. 사실 은퇴하면 생활비가 떨어지는 상황도 가정해야 합니다. 10억 원짜리 집에 앉아 있어도 생활비가 나오지 않으면 굶어야 합니다. 내가 소유한 부동산이 적정한지 아닌지는 부동산을 처분하지 않고도 생활비를 충당할 수 있는 현금흐름(수입원)이 있다면 적정한 겁니다. 반면 생활비를 해결하지 못한다면 현재 부동산을 과다하게 보유하고 있는 것이므로 부동산 축소를 고민해봐야 합니다.

안정적인 현금흐름을 창출하려면 금융자산이 총자산의 50퍼

주요국 가계의 자산 구성 현황

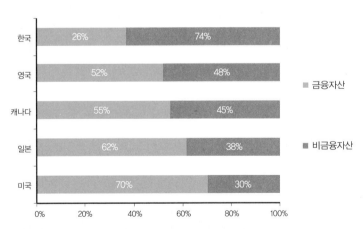

주: 미국, 영국, 캐나다는 2014년 기준, 일본은 2013년, 한국은 2017년 기준

자료: OECD, 통계청, NH투자증권 100세시대연구소

센트가 넘어야 합니다. 이를 위해 더 높은 수익을 창출하고 자산 증식이 가능한 금융자산을 보유하는 방법을 찾는 것이 현명합니다. 그중 하나가 비과세종합저축계좌인데, 2019년 기준으로 65세 이상인 분들만 가입이 가능합니다. 은행이든 증권사든 거래하는 금융기관에 가서 요청하면 해주고 가입한도는 5,000만 원이며 금융소득에 따른 세금 부담이 전혀 없습니다. 만약 나이가 여기에 해당하지 않는다면 ISA계좌를 하나 개설하십시오. 당장 돈을 넣지 않더라도 계좌를 하나 만들어두는 것이 현명합니다. 펀드를 하든 채권을 하든 수익이 생기면 저율과세 혜택을 받기 때문입니다. 계좌 밖에서 다른 투자를 할 경우 금융소득세 15.4퍼센트를 다 내야 하지만 이 계좌를 활용하면 세제 혜택을 받습니다.

이제 예금과 적금은 별다른 의미가 없습니다. 금리를 인상해도 은행금리가 전기세 정도도 나오지 않으니까요. 결국 자산증식을 고민한다면 투자형 자산, 즉 주식과 채권, 펀드 등과 같은 금융상품을 살펴보기 바랍니다. 특히 투자할 때는 해외투자까지 함께 생각하는 것이 좋습니다. 한국 주식시장과 금융시장이 전 세계에서 차지하는 비중은 2퍼센트에 불과합니다.

투자할 때는 보통 포트폴리오를 구성해 분산투자하는데, 한국에만 투자하면 시장 자체가 2퍼센트라 몰빵하는 것이나 마찬가지입니다. 먹고 마시고 쓰고 입는 것을 단순히 먹고 마시고 쓰고 입는다고 생각하는 것이 아니라 주식으로 여기면 커다란 투자수익을 낼 수 있을 것입니다. 나이키 신발도, 스타벅스 커피도, 유니클로 옷도 신고 마시고 입는 게 아니라 투자 개념으로 봐야 합니다. 이걸 투자상품으로 보면 엄청난 수익을 거둘 수 있습니다.

그런데 일반인이 해외투자를 하는 것은 만만치 않지요. 그래서 제가 권하고 싶은 것 중 하나가 미국에서 1993년 출시한 타겟 데이터 펀드(Target Date Fund, TDF)입니다. 이 펀드는 은퇴 시점을 설정하면 연령대에 맞춰 주식과 채권 비율을 조정하는 것은 물론 국내와 해외 비율도 조정해줍니다. 이 펀드가 언제나 성공한다고 장담할 수는 없지만 길게 봐야 합니다. 2017년 한국인의 최빈사망연령(가장 많은 수의 사망자가 나오는 연령)이 86세이므로 현재 60세라면 앞으로 20~30년을 더 살 텐데 주식투자를 10년 하는 것도 그리 길지 않습니다.

TDF는 미국 근로자의 3분의 2가 하나 이상 갖고 있을 정도로 성공한 펀드로 한국에서도 최근 급성장하고 있습니다. 거래하는 금융기관에 가서 어느 시점에 들어가는 것이 좋은지 꼭 물어보고 자산증식을 위해 펀드투자를 원한다면 TDF를 고려해보기 바랍니다.

이미 은퇴한 사람은 노후자산 인출 4퍼센트 룰에 주목해야 합니다. 이것은 미국의 은퇴전문가 윌리엄 벤젠(William Bengen)이 주장한 개념으로 은퇴 후 자산을 잘 활용하는 방법입니다. 노후자산을 매년 4퍼센트씩 인출하면 단순 계산했을 때 25년을 유지할 수 있습니다. 그런데 벤젠은 연구 결과 노후자산을 주식과 채권에 투자하

노후자산 인출 4퍼센트 룰

❶ 은퇴자산을 '주식'과 '채권(국채)'에 절반씩 투자하고
❷ 물가상승을 반영해 매년 자산의 '4%씩'을 인출하면
❸ 노후자산을 '최소 33년(최대 50년) 이상' 유지 가능
    ⓐ 주식에 전혀 투자하지 않은 경우 노후자산 소진 시점이 30년 이내로 단축
    ⓑ 부동산과 원자재 등 잘 분산된 포트폴리오를 활용하면 인출률을 4%보다 상향 가능

고 4퍼센트씩 인출할 경우 최소 33년, 최대 50년까지 유지가 가능하다고 합니다. 단, 주식에 전혀 투자하지 않으면 노후자산 소진 시점은 30년 이내로 줄어듭니다.

미래에셋자산운용에 따르면 노후자산 인출률이 연간 4퍼센트 이하면 은퇴파산 리스크가 최대 10퍼센트 이하로 줄어들지만, 연간 인출률이 7퍼센트를 넘어서면 60퍼센트 이상으로 늘어난다고 합니다. 이미 연금을 받는 사람도 있을 텐데 젊은 시절부터 꾸준히 연금을 쌓아왔다면 노후는 그다지 문제될 것이 없습니다.

국민연금, 퇴직연금, 개인연금 탑을 쌓아라

불행히도 한국은 다른 선진국보다 국민연금과 퇴직연금을 시행한 지 그리 오래되지 않았고 개인연금에 가입한 사람도 많지 않아 자산 내 연금자산이 매우 적습니다. 연금자산이 30퍼센트에 이르는 것이 좋지만 현실적으로 국내 가계자산 중 연금보험 비중은 2017년 기준 8.1퍼센트에 불과합니다.

노후에는 국민연금, 퇴직연금, 개인연금으로 3층 연금을 쌓아 활용하는 것이 가장 바람직합니다. 국민연금은 최대한 60세까지 납입했다가 수령하고 퇴직연금은 연금으로 받는 것이 좋습니다. 만약 국민연금을 5년 후부터 받기로 되어 있는데 상황이 어렵다면 먼저 청구할 수도 있습니다. 대신 1년 먼저 받으면 개시시점을 100으로 보았을 때 7퍼센트를 삭감하고, 2년 먼저 받으면 14퍼센트를 감액합니다.

거꾸로 내년부터 국민연금을 받는 연령인데 여유가 있다면 내년에 받지 않고 내후년부터 받겠다고 할 수 있습니다. 이 경우 내후년부터 7퍼센트씩 더 붙여서 줍니다. 5년을 미뤘을 때 6년째부터 32퍼센트를 붙여주기 때문에 13년 이상 살아 있으면 이것이 훨씬 더 이득입니다.

아직 직장에 다니고 있다면 퇴직연금을 일시금으로 찾아 쓰지 말고 반드시 연금으로 수령해야 합니다. 어쩔 수 없이 연금을 깨야 하는 상황이 발생한다면 퇴직연금을 담보로 대출을 받는 것이 세제 혜택상 더 낫습니다.

개인연금의 경우 연 700만 원까지 넣으면 당해년도에 세제 혜택을 받습니다. 특히 연소득이 5,500만 원 이하일 경우 700만 원을 저축하고 115만 원까지 세금을 내지 않습니다. 이것은 이미 연금을 받고 있는 사람도 이용할 가치가 충분합니다.

노후준비에는 참으로 다양한 방법이 있는데 사람이 정신적, 육체적으로 가장 건강하게 오래 사는 방법은 계속 일하는 것입니다. 경제적 어려움이 없다고 해도 매일 놀라고 하면 그보다 힘든 일도 없을 겁니다. 꼭 경제적인 목적이 아니어도 사회에 봉사하는 일, 어린 시절부터 해보고 싶던 일 등을 찾아 제2의 인생을 시작하는 것이 바람직합니다. 그래서 100세시대에 가장 좋은 은퇴 전략은 은퇴하지 않는 것입니다.

일본은 점차 정년 65세 규정을 없애고 있습니다. 일하고 싶어 하는 모든 연령대가 일할 수 있는 사회를 만들겠다는 것이 일본 정부의 목표입니다. 실제로 요즘은 60대도 젊기 때문에 일본에서는 실제 나이에 0.7을 곱해서 신체 나이를 계산합니다. 현재의 70세를 과거의 49세 정도로 생각하는 겁니다. 이것은 허무맹랑한 게 아니라 신체적으로 맞는 얘기입니다. 일은 내가 재무적으로 안정되어 있든 아니든 생각해볼 필요가 있습니다. 그래야 노년기에 보너스로 주어진 30년 인생이 진정 보너스일 것입니다.

재테크가 필요한 사람에게는 주식투자도 하나의 방법입니다. 다만 개인투자자는 10명 중 7~8명이 주식으로 돈을 벌기보다 오히려 잃습니다. 1985년부터 최근까지 한국 증시는 반 토막 난 구간이 5번 있었습니다. 이것을 역으로 보면 더블로 오른 구간도 5번 있었다는 말입니다.

대체 언제, 어느 정도로 투자해야 하는 걸까요? 현재 60대인 사람도 20년 이상 여생이 있으므로 10년 정도는 투자할 수 있다고 봅니다. 단, 한국경제가 저성장기에 들어섰으므로 한국만 바라보기보다 해외자산에도 반드시 눈을 돌려야 합니다. 해외자산 중에는 월이나 분기별로 꾸준히 배당을 해주는 좋은 상품도 있습니다.

특히 내수시장이 큰 중국이 한국보다 훨씬 더 잠재력이 있습니다. 중국을 어떻게 믿느냐고요? 중국은 현재 1인당 소득이 9,000달러고 한국은 3만 달러입니다. 한국의 3분의 1에 불과하므로 우리의 20~30년 전을 생각하고 비교해야 합니다. 20~30년 전 한국 기업의 주가를 따져보고 그 후 어떻게 바뀌었는지 살펴보십시오.

혹시 1988년 삼성전자 주가가 얼마였는지 아시나요? 3만 원이었습니다. 1990년대 초반 신세계는 7,000~8,000원이었고 현대백화점은 2,000원이었습니다. 망하지 않을 회사를 선택해 투자한다면 삼성전자가 3만 원이던 시절처럼 이머징 마켓에서 기회를 찾을 수 있습니다. 한국에서는 그런 기업을 다시 찾을 확률이 매우 낮습니다. 그러므로 TDF펀드나 이머징 마켓에 투자하는 것을 고려해보기 바랍니다.

질문자1　투자자산에서 30퍼센트 정도는 해외에 투자하라고 했는데, 전체를 글로벌 펀드로 해야 하는지 아니면 선진국이나 중국 같은 성장시장에 국가별로 해야 하는지 궁금합니다.

박진　이것은 일률적으로 결정하기가 어렵습니다. 자신의 재무 상황과 목표 수준에 따라 이머징 비중을 높일지, 선진국에 더 투자할지 결정하는 것이 바람직합니다. 노후자금이 조금만 부족한 사람은 해외투자를 해도 선진국 채권 중심으로 하는 것이 좋고, 많이 부족한 사람은 고수익·고위험의 하이일드 펀드, 즉 이머징 채권 중심으로 가는 게 맞습니다.

질문자2　저는 60대 후반을 바라보는데 솔직히 주식도 모르겠고 해외주식은 더 어렵게 느껴집니다. 분산투자 개념은 이해하지만 아는 게 부동산밖에 없어서 그냥 소형아파트 몇 채로 죽을 때까지 월세만 받는 것이 어떨까 싶습니다. 어떻게 생각하는지요.

박진　저도 일본 사례가 한국에 나타나지 않기를 바랍니다. 만약 한국이 일본의 전철을 밟는다면 자산 버블 붕괴를 배제할 수 없습니다. 일본에서 나타난 전조증상이 고령화고 그 전조증상이 저성장이며 그 전조증상이 저금리입니다. 이런 상황이 이어지면서 일본에 자산 버블 붕괴가 왔는데 지금 주식은 어느 정도 회복했으나 부동산은 주식만큼 회복하지 못하고 있습니다.

한국의 상황이 일본과 똑같을 수는 없으나 아무튼 부동산만으로 자산 포트폴리오를 구성하는 것은 위험합니다. 1989년 일본의 닛케이지수가 3만 9,500까지 갔는데 고령화, 저성장, 저금리를 맞아 경제 탄력이 약해지면서 주식시장과 부동산시장이 조정을 받았습니다. 아베가 집권하기 직전인 2011년 닛케이지수는 7,800까지 내려갔지요. 부동산도 반 토막이 났고요. 그야말로 현금이 아니면 아무것도 믿지 못하는 상황이었을 겁니다.

그래서 포트폴리오 원칙을 적용해 자산을 구성하는 것이 가장 좋습니다. 자산이 어떤 형태든 이 원칙은 다 적용됩니다. 아파트만으로 자산구성을 하시는 것보다 오피스텔 혹은 아파트를 1채 장만할 돈 정도는 월 배당이나 분기 배당이 나오는 금융상품과 해외투자 종목을 같이 포트폴리오로 구성할 것을 권장합니다.

질문자3　저는 30대 무주택자인데 내 집 마련을 위해 부동산, 채권, 주식에 어떤 비율로 투자하는 것이 좋을지 알려주십시오.

박진　진짜 어려운 질문이네요. 사실 저는 주식시장에 오래 있었는데 주식시장에서 중립은 주식이 없는 것이라고 말합니다. 부동산시장에 오래 있던 사람은 부동산시장에서 중립은 내가 사는 집 1채를 갖고 있는 것이라고 하더군요.

무주택자는 당연히 일단 집 1채를 소유하는 것을 목표로 삼아야겠지요. 물론 청약통장은 있을 테니 당첨될 때까지 계속 도전해야 합니다. 이제 서울에서 집을 사는 것은 정말 어려운 일이 되어버렸습니다. 저는 부동산 전문가는 아니지만 2018년 집값이 급등할 때 주택을 가장 많이 구입한 연령대가 30대라는 게 참으로 부담스럽습니다. 그 집값이 조정을 받으면 누가 그 집을 살까요? 20대에게는 돈이 없습니다.

30대는 대부분 대출을 받아 집을 구매했을 텐데 기존 주택담보대출 거치기간이 끝나는 2020년부터 이자뿐 아니라 원금까지 갚아야 합니다. 주택을 포함해 모든 물품의 구매력이 굉장히 약해지는 단계로 들어가고 있는 것입니다. 그러니 자산시장이 전반적으로 조정될 가능성이 있음을 열어놓고 투자비율을 고려하는 것이 맞다고 봅니다. 앞으로 지금보다 더 좋은 조건이 주어질 가능성이 높으니 무주택이라면 일단 집에 무게를 두고 자산배분을 하셔도 좋겠습니다.

아트 테크 06

김재욱

주식회사 열매컴퍼니 대표이사이자 공인회계사. KPMG삼정회계법인, 미국계 사모펀드를 거쳐 간송
미술관에서 운영팀장으로 근무했다. 현재 국내 최초 온라인 미술품 공동구매 플랫폼 아트앤가이드를
운영하고 있으며, 행정안전부 지방회계제도심의위원, 은행연합회 자문위원 등으로 위촉되어 활동 중
이다.

15장

100만 원이면
김환기 그림이
우리 집 안방에

김재욱, 열매컴퍼니 대표이사

오래전부터 부자들의 전유물처럼 여겨지던 미술품이 이제 많은 사람의 관심을 받으면서 '아트테크'라는 말까지 나왔습니다. 미술품을 단순히 향유대상이 아니라 투자대상으로 인식하는 경향이 강해진 것이지요. 아직 부동산이나 주식만큼 관심도가 높지는 않지만 CF, 드라마, 영화에 유명작가의 작품이 많이 나오고 상품 혹은 패션과의 콜라보레이션도 늘어나면서 시장의 기대감이 커지고 있습니다.

많은 사람이 주식과 부동산에 투자하는데 그쪽은 시장도 넓고 전문가도 상당히 많습니다. 자칫하면 호구되기 십상이죠. 반면 미술품 시장에는 투자 전문가가 거의 없습니다. 업계 전문가가 별로 없다 보니 조금만 공부하면 금세 다른 사람보다 더 많이 알고 투자할 수 있습니다.

미술시장에는 엄청나게 많은 작가가 있습니다. 등록한 작가만 해도 5만 명에 이르고 예비 작가까지 합하면 12만 명에 육박합니다. 그중에서 작품 거래가 이뤄지고 있는 작가는 3,000명에 불과합니다. 그것도 오랜 기간 동안 3,000명의 작품 거래가 이뤄지는 것이지요. 신진작가를 발굴해 작품 거래를 돕고 이어 전속작가로 발탁하는 곳이 갤러리입니다. 전속작가가 되는 것을 주식에 비유하면 주식시장에 상장하는 것과 같습니다.

널리 알려지지는 않았지만 미술품 투자는 굉장히 매력적입니다. 그 이유는 간단히 7가지로 정리할 수 있습니다.

첫째, 미술품은 감가상각이 일어나지 않습니다. 시간이 지난다고 모든 작품이 가치가 오르는 것은 아니지만 자동차처럼 연식이 오래되었다고 가격이 떨어지는 것도 아닙니다. 여기에다 작가가 세상을 떠나면 희소성 가치가 높아집니다.

둘째, 포트폴리오 효과가 있습니다. 미술품은 주식이나 채권과 상관관계가 낮아 금융상품과 함께 포트폴리오로 구성하면 리스크를 더 낮출 수 있습니다. 외국의 유명한 리서치 회사에서 연구한 결과 모든 자산에 미술품을 편입해 투자한 경우 투자수익률이 훨씬 더 높았다고 합니다.

셋째, 수익률이 높습니다. 흔히 주가수익률과 미술품수익률을 고려할 때 당연히 주가수익률이 높을 거라고 여기지만 실은 미술품 수익률이 더 높습니다.

넷째, 미술품시장 규모가 커지는 중입니다. 현재 한국의 미술품시장 규모는 4,000억 원에 불과합니다. 웬만한 사모펀드 1곳에서 좌지우지할 수 있을 정도죠. 하지만 정부에서 이 시장을 6,000억 원으로 키우기 위해 노력하고 있습니다.

다섯째, 환금성이 있습니다. 많은 사람이 미술품 투자는 환금성이 떨어진다고 생각합니다. 한 번 사면 팔 수 없다고 여기지만 이것은 맞는 말이기도 하고 틀린 말이기도 합니다. 만일 아무 페어나 갤러리에 가서 마음에 드는 작품을 구입해 집에 걸어두면 진시황처럼 무덤까지 갖고 갈 수 있습니다. 이럴 때 환금성이 떨어진다고 하지요. 반면 옥션에서 활발하게 거래가 이뤄지는 1,000만 원에서 1억 원 사이 작품을 구입할 경우 환금성이 부동산과 거의 비슷합니다.

여섯째, 전문가나 투자 전문가가 거의 없어서 조금만 공부하면 충분한 수익을 거둘 수 있습니다.

일곱째, 세제 혜택이 있습니다.

그럼 이 7가지 매력 포인트를 중심으로 미술시장을 구체적으로 살펴봅시다.

불황기에도 미술품 시세가 떨어지지 않는 이유

다음 자료는 미술품 가격지수와 주가지수를 나타낸 것입니다.

메이모제스지수(Mei Moses Index)는 1875년 이래 크리스티 및 소더비 경매에 두 번 이상 나온 회화(8,000여 점 이상)의 낙찰가를 바탕으로 미술품가격을 지수화한 글로벌 지표입니다. 도표에서 메이모제스지수와 미국 S&P500지수를 보면 1952년 이후 계속 우상향하고 있습니다. 특히 2002년 이후부터 2012년까지의 투자수익률을 계산할 경우 S&P500지수는 7퍼센트이고 메이모제스지수는 7.25퍼센트입니다. 또한 MSCI지수(Morgan Stanley Capital International Index)와 더불어 세계 2대 투자지표로 꼽히는 FTAS(Financial Times All

메이모제스지수와 S&P500 추세(1952~2012년)

자료: 열매컴퍼니

Shares) 지수는 당시 5.2퍼센트였습니다. 그만큼 미술품 가격지수는 높게 나타나고 있습니다.

미술시장은 1차와 2차로 구분합니다. 신진작가나 중견작가 작품을 시장에 처음 선보이는 곳이 바로 1차시장입니다. 이때 작품을 판매하는 동시에 작가와 작품을 알리고 가치를 높입니다. 1차시장에는 대표적으로 갤러리, 아트딜러, 아트페어가 있습니다. 이렇게 선보인 작품들을 거래하는 곳이 옥션인데 이곳이 2차시장입니다. 보통 1차시장에서 한 번 이상 거래가 이뤄진 작품이 2차시장에 나옵니다.

미술시장의 구조

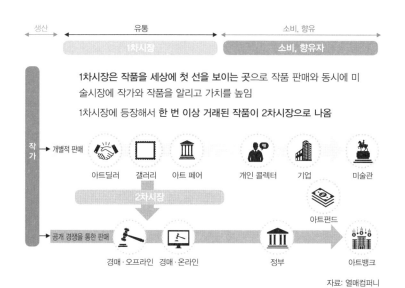

자료: 열매컴퍼니

사모펀드 형식으로 일정 기간 목돈을 예치받아 투자하는 아트펀드도 있지만 사실 그다지 활성화한 상태가 아닙니다.

국내 미술시장을 통찰하려면 아무래도 글로벌 시장 상황을 살펴볼 필요가 있습니다. 글로벌 시장은 2007~2008년 정점을 찍고 2009년 많이 하락했습니다. 이때 금융위기로 경제활동 자체가 엄청난 충격을 받으면서 약간의 시차는 있지만 미술품시장도 흔들렸습니다. 2009년 당시 미술품 거래액이 확 줄어들었지요. 대신 미술품의 거래가격, 즉 시세는 크게 달라지지 않았습니다. 금융위기로 미술품 시장에 유입되는 자금이 줄어 거래량은 줄었지만, 미술품은 감가상각이 일어나지 않고 시간이 지날수록 가치가 증가할 것으로 보고 부자들이 시장에 내놓지 않았기 때문입니다. 그만큼 미술품은 불황에도 안정적인 투자상품입니다.

그러다가 중국이 급격하게 성장하면서 2010년 중국 자금이 미술품시장으로 흘러들어오기 시작했습니다. 덕분에 미술품시장은 2010년 빠른 속도로 회복했지요. 하지만 2015년 들어 중국의 성장세가 둔화하면서 약간 하락했습니다. 중국이 성장세 둔화에다 반부패 정책으로 미술품시장에 들어갔던 자금을 일부 회수했기 때문입니다.

흥미로운 사실은 2000년대 이후 전 세계 시장에서 아시아 작품 수요가 크게 늘었다는 점입니다. 이에 가장 큰 혜택을 본 사람들은 바로 중국 작가입니다. 중국 작가들이 중국 자금에 힘입어 정점을 찍은 것입니다. 그러다가 2005년 중국 자금이 빠지면서 그 자리를 대체할 아시아 작가들이 필요해졌습니다. 그 자리를 누가 차지했을까요? 바로 한국 작가들입니다.

그동안 계속 저평가된 한국 작가들이 중국 작가의 위치를 선점한 덕분에 지금 전 세계 시장에서 한국 작가들이 빛을 보고 있습니다. 이러한 정황으로 보아 지금이 미술품시장에 들어가기에 적정한 시기가 아닐까 싶습니다.

미술품은 온라인에서도 거래가 이뤄지고 있습니다. 2013~2016년을 보면 연평균 증가율이 35.42퍼센트로 나타날 정도로 엄청난 성장세를 보이고 있습니다.

아직 많은 사람이 온라인으로 미술품을 사는 데 주저하는 경향이

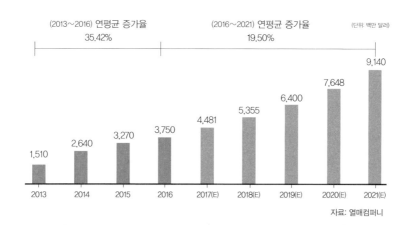

글로벌 온라인 미술시장의 성장

(2013~2016) 연평균 증가율
35.42%

(2016~2021) 연평균 증가율
19.50%

(단위: 백만 달러)

2013	2014	2015	2016	2017(E)	2018(E)	2019(E)	2020(E)	2021(E)
1,510	2,640	3,270	3,750	4,481	5,355	6,400	7,648	9,140

자료: 열매컴퍼니

있지만 조만간 미술품 온라인 거래가 대폭 늘어날 것으로 전망하고 있습니다.

이미 부자들은 돈이 되는 작품을 열심히 모으고 있다

전 세계 부유층 증가와 함께 그들의 기호품 중 투자비중이 높은 미술품시장도 성장세를 이어가고 있습니다. 부자들의 기호품 중 미술품은 무려 20퍼센트 가까운 비중을 차지하고 있습니다. 우리가 모르는 사이 이미 부자들은 돈이 되는 작품을 열심히 모으고 있습니다.

예를 들어 샤갈의 그림을 사는 것은 문화와 프리미엄을 소비하는 것입니다. 그리고 시간이 흐르면서 샤갈의 그림이 명품이 되는 것을 볼 수 있습니다. 이걸 알기에 부자들은 미술품을 선호합니다. 그래서 사람들은 돈을 벌면 가장 먼저 미술관과 갤러리를 찾습니다. 원래 부자였던 사람과 친해지고 네트워크를 쌓기 위해서 가는 겁니다. 그들이 어떻게 투자하는지, 어떤 삶을 누리는지, 어떻게 하면 그들처럼 더 많은 부를 얻을 수 있는지 그걸 알려고 가는 것이지요.

그럼 유명한 부자들은 어떤 그림을 사서 보유하고 있을까요? 각자 취향에 따라 선택하겠지만 우리가 이름만 들으면 알 만한 재벌집에는 가격이 상당히 비싼 유명작가의 작품이 걸려 있습니다. 한국에서 열리는 서울국제아트페어(KIAF) 같은 곳에서 선풍적인 인기를 끈 작품이 이미 한참 전부터 그들의 집에 걸려 있는 것을 보면 재벌들이 미술품에 얼마나 안목이 높은지 알 수 있습니다. 대를 이어 오랫동안 투자해왔기 때문이지요. 그들은 아트딜러나 큐레이터, 갤러리스트를 능가하는 안목으로 좋은 작품을 선정해서 모읍니다.

국내 미술시장은 4,000억 원 수준에서 별다른 변동이 일어나지 않고 있습니다. 물론 전 세계 미술시장과 마찬가지로 2008년 금융위기 여파로 2009년 조금 하락했다가 중국 자금이 들어오면서 2010년 꽤 많이 성장했습니다. 그렇게 회복세에 들어갔다가 2013~2014년 메르스와 세월호 사건이 터져 약간 흔들렸고 이후 현재까지 회복세에 있습니다.

미술품은 갤러리 외에 아트페어에서도 구입할 수 있습니다. 가장 대표적인 아트페어는 서울국제아트페어(KIAF)와 부산아트페어(ART BUSAN)인데 실은 한국에 43개의 아트페어가 있다고 합니다. 저는 1년에 5~6개의 아트페어에 가는데 43개나 있다는 것을 알고 깜짝 놀랐습니다.

미술품 2차시장 옥션은 한국에 모두 11개가 있습니다. 이를 거래액으로 분류할 경우 서울옥션과 K옥션이 전체 거래액의 94퍼센트를 차지합니다. 이를 세분하면 서울옥션이 60퍼센트, K옥션이 34퍼센트를 점유하고 있습니다.

한국 미술시장을 이끌어가는 단색화 작품들

미술품에 투자하려면 작품이 대충 어떤 화풍인지 정도는 알아야 합니다. 또 시대에 따라 유행하는 트렌드와 화풍도 있습니다. 요즘 자주 눈에 띄는 작품들을 대상의 형태를 표현한 방식으로 나눠보면 크게 추상미술, 구상미술, 극사실미술로 나눌 수 있습니다.

작품을 보고 '아, 이거 뭐지? 뭘 그렸지? 도저히 모르겠네' 하면 추상미술입니다. 사물의 사실적 재현이 아니라 점, 선, 면, 색채 등 순수 조형 요소로 구성하는 작품이니까요. 대표적으로 피에트 몬드리안(Piet Mondrian)과 윤형근 작가가 있습니다. 반대로 한눈에 '이거는 뭔지 알겠네' 하는 미술이 구상미술입니다. 실재하거나 상상할 수 있는 사물을 그대로 표현한 것이기 때문입니다. 대표적으로 천경자 작가와 도상봉 작가가 있습니다. 그리고 '이거 사진이 아닐까' 싶을 정도로 현실을 생생하고 완벽하게 묘사한 것이 극사실미술입니다. 이것은 1960년대 후반 미국에서 일어난 새로운 트렌드로 그야말로 사진처럼 그리는 화풍입니다. 윤병락 작가와 강강훈 작가가 이 분야를 대표하고 있지요.

혹시 '단색화'라는 말을 들어봤나요? 2014년부터 한국 미술시장의 성장세를 이끌고 있는 원동력이 바로 단색화입니다. 단색화는 사물이 대충 무엇인지 알아볼 수 있는 구상성을 완전히 배제하고 단순히 단색으로만 표현한 추상 양식입니다. 이 이것이 일반 서양화, 외국의 추상화와 다를 게 뭐가 있느냐고 생각할지도 모르지만 단색화는 한국 회화에서만 볼 수 있는 고유의 미술입니다. 이것이 어떻게 한국 고유의 화풍이 되었느냐고요? 단색화는 서양과 달리 붓으로 칠하고 또 덧칠하는 과정을 계속 반복하면서 그 과정에 집중합니다. 단순히 칠하는 색이 아니라 그 과정에 집중함으로써 자기수행적 작업, 즉 수행에 초점을 둔 것이죠. 이처럼 한국 회화에만 존재하는 단색화는 오랜 세월 수행하며 반복하는 작업에서 탄생한 '명상적 작품'으로 현재 한국 미술을 이끌어가고 있습니다.

그 밖에 미술품 트렌드를 이끌어가는 화풍으로 팝아트, 옵아트(Optical Art), 미니멀리즘(Minimalism) 등이 있습니다. 팝아트는 일상생활에서 자주 쓰는 대중적인 상품 이미지를 주제로 그림을 그리는 것입니다. 키스 헤링(Keith Haring)과 앤디 워홀(Andy Warhol)이 이 분야의 대표 작가입니다. 옵아트는 추상적 무늬와 색상을 반복해서 표현함으로써 실제로 화면이 움직이는 듯한 착각을 불러일으키는 예술입니다. 대표 작가로 최근 아시아에서 가장 주목받는 쿠사마 야요이(Kusama Yayoi)가 있습니다. 미니멀리즘은 최소한의 수단을 사용해 단순하고 기하학적인 그림이나 조각으로 표현하는 미술입니다. 말 그대로 미니멀한 그림, 단순한 그림, 현대적인 느낌이 물씬 묻어나는 작품이지요. 대표 작가로 댄 플래빈(Dan Flavin)과 도널드 저드(Donald Judd)가 있습니다.

미술품 가격을 결정하는 요소들

그럼 미술품 가격은 어떻게 결정될까요?

　미술품 가격은 작품에 담긴 내재적 가치와 외부 환경의 영향으로 결정됩니다. 물론 이것은 일반적으로 받아들여지는 이론일 뿐 완벽하게 들어맞는다고 볼 수는 없습니다. 언제든 예외적인 상황은 존재

미술품 가격결정 요소

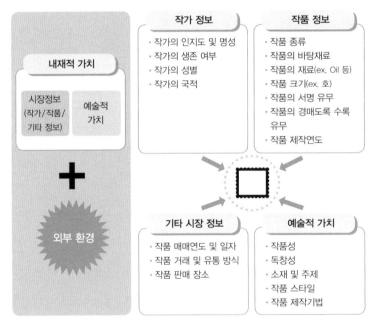

자료: 열매컴퍼니

하니까요. 그래도 이러한 구조를 바탕으로 공부하면 통찰을 확장할 수 있을 것입니다.

내재적 가치에는 작가 정보, 작품 정보, 기타 시장 정보 그리고 예술적 가치가 있습니다. 작가 정보란 작가의 생존 여부, 전속 갤러리, 전시 상황 등을 말합니다. 작품 정보에는 작품의 크기, 작품 재료 등이 있습니다. 기타 시장 정보는 거래량이나 거래가 이뤄진 곳 등입니다. 예술적 가치는 작품의 주제나 소재를 비롯해 추상인지, 구상인지 등을 뜻합니다.

외부 환경은 작품 거래시점의 경제 환경, 당시 유행하는 화풍 등을 의미합니다.

미술품 가격결정 요소 중 작가가 차지하는 비중이 70퍼센트에 달합니다. 작가가 거의 모든 것을 결정하는 셈이지요. 예를 들면 박서보 작가, 유영국 작가, 이건용 작가의 작품가격이 최근 급격히 상승하고 있습니다. 박서보 작가는 화이트 큐브(White Cube)라는 외국의 유명한 갤러리에서 후원하면서 더욱 가파르게 상승하고 있습니다. 유영국 작가와 이건용 작가는 국내 유명 갤러리에서 재조명하면서 가격이 상승하고 있지요.

가격결정 요소에서 작가가 70퍼센트면 작품의 크기는 15퍼센트 정도 차지합니다. 다른 조건이 모두 동일할 경우 일반적으로 작품가격은 크기와 많이 연결됩니다. 한국은 '호'로 크기를 결정하는데 엽서 1장 크기가 1호입니다. 그 크기에 따라 작품가격이

미술품 가격결정 요소-작품 크기

호수	인물	풍경
1	22.7×15.8	22.7×14.0
5	34.8×27.3	34.8×24.2
10	53.0×45.5	53.0×40.9
20	72.7×60.6	72.7×53.0
40	100.0×80.3	100.0×72.7
80	145.5×112.1	145.5×97.0
100	162.2×130.3	162.2×112.1
200	259.1×193.9	259.1×181.8

자료: 열매컴퍼니

달라지지요.

　작품을 만든 재료에 따라서도 가격은 달라집니다. 예를 들어 이우환 작가의 초기 작품 〈점으로부터〉와 후기 작품 〈무제〉는 언뜻 비슷해 보입니다. 크기만 따지면 〈무제〉가 20배 더 큰데 작품가격은 서로 비슷합니다. 그 이유는 〈점으로부터〉는 캔버스에 안료로 그렸고 〈무제〉는 종이에 수채로 그렸기 때문입니다. 일반적으로 다른 요소가 비슷하면 종이보다 캔버스에 그린 그림이 비쌉니다. 보관하기가 훨씬 더 좋거든요. 또한 수채로 그린 것보다 안료나 오일로 그린 작품이 더 비쌉니다. 아무래도 재료 자체의 가격도 비싸고 오랜 시간 보존하기도 더 용이하기 때문입니다.

작품 유통방식도 가격에 영향을 미칠 수 있습니다. 유명 아트딜러나 컬렉터 혹은 재벌이 작품을 살 경우 가격이 오릅니다. 그러므로 재벌이 소유한 문화재단에서 어떤 작가를 특정해 개인전을 열었다고 하면 일단 그 작가의 작품에 주목해야 합니다. 오를 가능성이 상당히 높으니까요.

예술적 가치도 작품결정 요소입니다. 예술적 가치란 작품 스타일을 말하는데 사실 이것은 시대적 배경과 외부 환경, 유행 트렌드와 많은 연관이 있습니다. 김환기 작가의 경우 예전에는 구상작품이 더 주목을 받았으나 단색화 열풍이 부는 최근에는 추상작품이 더 비싸게 팔리고 있습니다. 서울옥션 홍콩에서 김환기 작가의 작품이 한국 작가 중 가장 비싼 가격인 86억 원에 낙찰되기도 했지요.

미술품의 경우 현재 국내에 생존한 작가의 작품을 구매해 판매하면 비과세 혜택을 받습니다. 수익률이 1,000퍼센트든, 1만 퍼센트든 무조건 비과세입니다. 반면 돌아가신 작가의 작품은 6,000만 원 미만이면 비과세입니다. 실은 그 액수를 넘어가도 미술품 구매를 장려하기 위해 필요 경비를 80퍼센트까지 인정해줍니다. 10년 이상 보유하면 90퍼센트까지 인정하지요. 결국 나중에 엄청난 수익률을 거둬도 납부하는 세금은 최대 4.4퍼센트입니다. 10년 이상 보유할 경우에는 2.2퍼센트밖에 납부하지 않습니다.

조형물도 어떤 것이든 완전 비과세입니다. 취득세와 재산세도 없

습니다. 세제 혜택에서 이렇게 좋은 투자상품은 아마 본 적이 없을
겁니다.

비싼 미술작품을 공동소유하는 새로운 투자법

외국의 유명 펀드가 미술품에 공동 투자한 사례들이 몇 가지 있습
니다.

먼저 1974년 설립한 영국철도연금아트펀드(British Rail Pension
Fund)로 2,500여 점의 작품을 구매해 연평균 수익률 11.3퍼센트를
기록했습니다. 이들은 위험을 분산하기 위해 다양한 장르의 작품 컬
렉션으로 구성하고 A급 작품을 소장한다는 원칙을 세웠습니다. 그
리고 미술시장이 호황을 맞은 1980년대 후반부터 미술시장 트렌드
를 고려해 작품을 단계적으로 시장에 내놓았습니다.

그다음으로 2004년 설립해 연평균 수익률 35퍼센트를 달성하고
지금도 운영 중인 파인아트펀드(Fine Art Fund)가 있습니다. 이들은
위험을 분산하기 위해 8개 장르에서 5,000명의 작가를 대상으로 실
적을 추적한 뒤 상위 4퍼센트 작품에만 투자합니다. 포트폴리오를
그렇게 구성하는 것이죠. 이 펀드는 영국철도연금아트펀드와 달리
내부적으로 전문가 집단을 구성해 직접 펀드를 운용합니다.

한국의 경우 유명 금융기관들이 펀드를 운용하긴 했는데 잘된 펀

드가 없습니다. 일단 미술품 투자 전문가가 없었고 자문을 해주는 갤러리나 매니저들 사이에 모럴 해저드가 일어났기 때문입니다. 결국 거의 다 실패했습니다.

그러면 개인이 미술품에 투자하는 방법을 찾아야 하는데 사실 미술품에 투자하기가 쉽지는 않습니다. 왜 미술품 투자가 어려운 걸까요?

첫 번째, 진입장벽이 높습니다. 작품이 비싸다는 얘기입니다. 가령 갖고 있는 돈이 3,000∼4,000만 원인데 한 작품에 쏟아부을 수는 없는 일이잖아요.

두 번째, 정보 접근이 어렵습니다. 지금 작품이 어디서 팔리는지, 얼마에 팔리는지 도무지 알 수가 없습니다. 저도 그걸 알아보려고 열심히 다니는데 옥션이나 갤러리에 방문하는 것은 좀 부담스럽습니다. 실제로 그 앞에 갔다가 그냥 돌아선 사람도 꽤 있을 겁니다.

세 번째, 사기를 당할 가능성이 높습니다. 정해진 가격이 없다보니 어디서 누구에게 사느냐에 따라 가격이 달라질 수 있습니다. 그리고 위작의 거래에 대한 위험성도 존재하죠.

그래서 제가 생각한 방법이 공동소유입니다. 미술품을 공동소유해서 가격 진입장벽을 낮추는 것이죠. 공동소유를 하려면 관리대장이 있어야 하는데 그런 것이 없는 미술품은 어떻게 해야 할까요? 그 해답은 블록체인 기술에 있습니다. 비트코인 열풍 때문에 블록체인이 다소 오해를 받고 있긴 하지만 사실 블록체인은 사기, 위조, 변조

미술품 포트폴리오 구성

❶ 주어진 위험 하에서 가능한 가장 높은 수익률을 얻는 각종 자산들의 구성 조합
❷ 주어진 기대수익 하에서 가장 적은 위험을 얻는 각종 자산들의 구성 조합
　→ 이론적으로 가장 효율적인 포트폴리오는 시장포트폴리오(예: 주가지수)
❸ 공동구매를 통해 미술품으로 포트폴리오를 구성하여 투자

를 막고 거래 투명성과 안전성을 보완할 수 있는 좋은 기술입니다.

　블록체인으로 작품별 공동소유권을 기록하고 관리하는 작업이 가능합니다. 공동소유권 간의 거래도 기록해 최종 소유권자에게 작품 매각 수익을 나눠줍니다. 미술품을 공동소유하면 미술품 가격을 쪼개므로 적은 금액으로 여러 작품에 투자할 수 있지요. 즉, 주식처럼 미술품 포트폴리오를 구성하는 것이 가능합니다.

　공동구매를 통해 100만 원 단위로 소유권을 분할할 경우, 구매가격이 하락해 수익성과 환금성이 높은 유명 작품으로 미술품 포트폴

리오를 구성할 수 있습니다. 가격 정보나 공동구매 작품 정보는 조금이라도 더 아는 사람이 제공하고 온라인으로 공동구매를 진행합니다. 공동구매 진행 수수료가 없고 회사가 함께 참여하는 방식이면 모럴 해저드도 방지할 수 있지요. 그런 다음 원작을 공동구매자에 한해 프라이빗하게 이용할 수 있는 라운지에 걸어놓고, 공동구매자별 일련번호가 기재된 원작 프린트를 제공해 각자 집에도 걸어놓고 감상할 수 있습니다. 이를 통해 투자와 향유, 두 마리 토끼를 모두 잡는 것이지요.

최근 김환기 작가와 이중섭 작가의 작품을 공동구매했는데 김환기 작가의 작품은 7분, 이중섭 작가 작품도 3분 만에 마감되었습니다. 김환기 작가의 〈산월〉은 4,500만 원에 공동구매하고 한 달 만에 5,500만 원에 재판매해 수익률 22퍼센트를 올렸지요. 이 수익률은 블록체인에 기록된 공동소유권자에게 똑같이 나눠줍니다. 이것은 개개인이 미술품에 쉽게 접근해 투자할 수 있는 방법입니다.

저는 부자들만 접근해 수익을 올리고 혜택을 보는 시장은 결코 정상적인 시장이라고 여기지 않습니다. 만약 그런 시장이 존재한다면 그 시장 자체는 계속 성장할 수 없을 겁니다. 많은 사람이 미술품 투자에 좀 더 관심을 기울여 이 시장에서 수익을 거둬가길 기대해봅니다.

Q&A

질문자1　　공동구매한 뒤 그 그림을 임대했을 때 임대수익을 같이 분배하나요? 또 연간 임대수익은 어느 정도인가요?

김재욱　　그림을 임대하고 얻는 수익은 당연히 공동투자한 사람들에게 똑같이 분배합니다. 임대수익은 작품이나 임대해가는 곳마다 다르기 때문에 명확히 얼마라고 말하기가 어렵습니다.

질문자2　　그림에 투자했을 경우 자금회수 시점이 빠르면 한 달도 있겠지만 평균 어느 정도나 되나요? 평균 매도 시점도 궁금합니다.

김재욱　　자금회수 시점은 작품마다 다릅니다. 저희 회사는 1년에서 최대 3년 사이에 환금성이 있는 작품만 취급합니다. 그래서 작품마다 수익률이 다 다릅니다. 가령 김환기 작가 작품은 목표기간을 2년, 목표수익률을 20퍼센트로 잡았어요. 이중섭 작가 작품은 목표기간 1년에 목표수익률을 15퍼센트로 됐습니다. 앞으로 진행할 다른 작품도 각각 목표기간과 목표수익률은 다르겠지만 3년이 넘어가는 작품을 취급하기는 부담스러울 듯합니다. 솔직히 그런 작품은 피할 생각입니다. 또 다양하게 작품 구매를 원하는 사람도 있는데 중견작가나 신진작가는 아직 저희 회사 입장에서 힘든 영역입니다. 중견작가 중 갤러리에 전속된 작가 작품은 포트폴리오에 넣을 생각입니다.

질문자3   임대하지 않는 기간에는 그림을 어떻게 보관하는지, 만약 그림을 분실하거나 그림이 파손되었을 때는 해지가 가능한지 알고 싶습니다.

김재욱   일단 작품은 라운지에 보관하는데 공동구매자는 언제든 그곳에 와서 감상할 수 있습니다. 작품 관리는 미술관 보안팀의 자문을 받아 설계한 보안시설 안에서 이뤄지고 있습니다. 일차적으로 은행에서 사용하는 방화문을 비롯해 지문을 인식하는 문, 라운지 내 동작 감지기, 화재 감지기 등 최대한 설비를 갖추고 있지요. 제가 간송미술관에서 일한 경력이 있어서 작품을 잘 다루기 위해 애쓰지만 혹시라도 있을 분실과 파손에 대비해 한화손해보험에 박물관종합보험을 들어놨습니다. 전부 작품가액보다 더 높은 금액으로 보상가액을 책정했고요. 그걸로 얼마든지 보상을 받을 수 있습니다.

2019 대한민국 재테크 트렌드

첫판 1쇄 펴낸날 2019년 1월 25일
3쇄 펴낸날 2019년 3월 20일

엮은이 조선일보 경제부
발행인 김혜경
편집인 김수진
책임편집 김수연
편집기획 이은정 김교석 조한나 최미혜 유예림
디자인 박정민
경영지원국 안정숙
마케팅 문창운 정재연
회계 임옥희 양여진 김주연

펴낸곳 (주)도서출판 푸른숲
출판등록 2003년 12월 17일 제 406-2003-000032호
주소 경기도 파주시 회동길 57-9, 우편번호 10881
전화 031)955-1400(마케팅부), 031)955-1410(편집부)
팩스 031)955-1406(마케팅부), 031)955-1424(편집부)
홈페이지 www.prunsoop.co.kr
페이스북 www.facebook.com/prunsoop　**인스타그램** @prunsoop

ⓒ푸른숲, 2019
ISBN 979-11-5675-776-4(03320)

이 도서의 국립중앙도서관 출판시도서목록(CIP)은 e-CIP 홈페이지(http://www.nl.go.kr/ecip)와
국가자료공동목록시스템(http://www.nl.go.kr/kolisnet)에서 이용하실 수 있습니다. (CIP2019000257)